THEORETICAL CONSTRUCTION
AND PRACTICAL EXPLORATION
OF IN-SERVICE TEACHER EDUCATION

在职教师教育的理论建构与实践探索

刘胡权　著

中国发展出版社
CHINA DEVELOPMENT PRESS

图书在版编目（CIP）数据

在职教师教育的理论建构与实践探索 / 刘胡权著.
—北京：中国发展出版社, 2021.10
ISBN 978-7-5177-1009-7

Ⅰ.①在… Ⅱ.①刘… Ⅲ.①师资培养—研究 Ⅳ.
①G451.2

中国版本图书馆CIP数据核字（2021）第202867号

书　　　名：在职教师教育的理论建构与实践探索
著作责任者：刘胡权
责 任 编 辑：钟紫君
出 版 发 行：中国发展出版社
联 系 地 址：北京经济技术开发区荣华中路22号亦城财富中心1号楼8层（100176）
标 准 书 号：ISBN 978-7-5177-1009-7
经　销　者：各地新华书店
印　刷　者：北京市密东印刷有限公司
开　　　本：787mm × 1092mm　1/16
印　　　张：15
字　　　数：180千字
版　　　次：2021 年10月第 1 版
印　　　次：2021 年10月第 1 次印刷
定　　　价：58.00元

联 系 电 话：（010）68990535　68990692
购 书 热 线：（010）68990682　68990686
网 络 订 购：http://zgfzcbs.tmall.com
网 购 电 话：（010）68990639　88333349
本 社 网 址：http://www.develpress.com.cn
电 子 邮 件：10561295@qq.com

目　　录

第一章　在职教师教育概念的提出

一、教师教育的一体化发展

随着终身教育思想的盛行，要真正提高教师教育的质量与水平，必须同时重视教师职前培养与职后培训。1975年，联合国教科文组织国际教育会议通过了《关于教师作用的变化及其对教学专业的职前教育、在职教育的影响的建议》，这份建议指出了教师职前培养与职后培训相统一的必要性。自此以后，教师教育一体化开始作为一种重要的理念与制度被大多数国家所接受。所谓教师教育一体化，就是在终身教育思想的指引下，有机统整教师职前培养与职后培训，使之形成一个连续不断又相互支持的整体，其实质是构建教师的终身教育体系，为教师终身学习与专业成长提供制度保障。①

教师的专业成长与发展是一个绵延不断的过程。在这一过程中，每一阶段的教师教育都具有不同的内容。譬如，教师职前培养主要强调教师的从教信念、综合基础知识、学科专业知识和教师专业技能等方面的培养，而教师职后培训则根据新教师、熟练教师、专家型教师等不同发展阶段教师的不同特征，确定不同的培训重点。②虽然教师的职前培养与职后培训不尽相同，具有明显的阶段性特点，但是它们又具有整体性，均统一并服务于教师的专业发展。换言之，教师教育一体化具有极为重要的意义与价值。教师职前培养是其职后培训的前提和基础，如果没有良好的职前培养，职后培训就成了无源之水、无本之木；而教师职后培训则是其职前

① 肖瑶，陈时见.教师教育一体化的内涵与现实路径[J].教育研究，2013（8）.

② 同上。

培养的继续与深化，如果没有职后培训，教师将丧失持续发展的机会与可能。只有二者并驾齐驱、共同推进，才能真正提升教师教育的质量，顺利促进教师的专业成长。[①]

职前培养与职后培训是教师教育的两个基本组成部分。在早期，人们普遍关注的是教师的职前培养，即学生必须在中等师范学校或高等师范学院接受2～4年的专门培训才能取得教师资格。这种由专门的师范教育机构为中小学培养新教师的体制，被称为师范学历教育，其优点是培养目标明确，学生所接受的教师职业训练比较集中，其专业思想也比较充分；同时，也比较适合国家培养新师资计划的需要，所以这种职前培养模式近现代一直为各个国家沿用。但是教师的职后培训并没有受到足够的重视。20世纪70年代后，随着英国《詹姆斯报告》的发表，以及国际终身教育思潮的兴起，教师的职后培训才受到各国政府的真正重视。这一转折的出现是现代社会和教育发展的必然要求。据统计，一名大学生在校期间所学知识，只相当于其一生中所需要知识的10%左右，而其余的90%则需要通过职后的学习来补充。对于肩负着培养下一代重任的教师来说，其所需要的知识更不可能通过职前培养全部获得。因此，教师职后培训的重要性和必要性便显得越来越突出了。

职后培训是提高教师专业素养，促进教师专业发展的重要途径。如果说职前的师范教育是成为教师的入门条件的话，那么职后的培训就是成为称职教师乃至优秀教师的必要条件。自20世纪70年代各国普遍开展教师培训以来，各国的教师培训机构纷纷对教师培训的形式、内容、途径进行了广泛的探索，在实践中创立了丰富多彩的教师培训模式。这些培训模式虽多种多样，但如果从其培训的取向来看，基本可以分为知识本位培训（knowledge-based training）和能力本位培训（competence-based training）两大类。知识本位培训主要是通过课堂教学、专题报告等课程化途径来进行，着眼于教师知识的更新；而能力本位培训则往往要通过一些非课程化的途径来实施，着眼于教师能力的改进。对于这两种培训取向，我国的教

① 王会亭.基于具身认知的教师培训研究[M].北京：中国社会科学出版社，2017：7-8.

育工作者有着不同的见解。有人认为知识本位培训脱离学校实际，所学尽是课程理论知识，与教师的实际工作距离太大，不能给学校带来实惠。有人则认为，理论知识十分重要，有利于更新教师教育观念，树立正确的教学观和正确的学生观。实际上，两种培训取向本身无所谓好坏。究竟选择何种培训取向，要根据不同的培训对象和不同的培训目的来确定。

尽管从理论上讲，教师教育一体化极为重要，但是在实践中问题重重。具体表现如下：一是普遍存在着“重职前培养，轻职后培训”的现象。从某种程度上讲，教师教育一体化在我国还停留在宏观层面的引导阶段，但在实践层面，尚无系统的制度规约与有效的运行方式。特别是在资源、制度、投入等方面职前培养明显优于职后培训，从而造成二者的严重失衡。二是职前培养与职后培训严重脱节。由于缺少系统规划与统筹安排，教师职前培养与职后培训未能很好衔接，“教师职后培训的形式、内容、方法、教学计划、教学质量评价等方面几乎是职前培养的翻版，从而造成教师教育的低水平重复和严重的资源浪费”[①]。三是教师职后培训的针对性差。教师职后培训往往采用统一的内容、要求与方式，未能基于职前培养，并依据受训教师的职称、年龄、教龄、地域、认知风格、知识基础等的不同而实施不同内容与特点的培训，导致职后培训收效甚微，难以满足教师专业发展的真实需要。四是职后培训存在着“重理论、轻实践”的不良倾向。由于“理论至上”思想作祟及本身对基础教育的不了解，导致教师教育者在培训中，常常热衷于向受训教师传授高深玄奥的理论知识，这些理论知识往往过于晦涩难懂加之缺乏可操作性，导致受训教师对其敬而远之。概言之，由于上述种种原因，致使教师职后培训效果堪忧。这也得到了相关调研结果的证实。一项国际调查表明，较高比例的教师认为他们在职培训的大部分时间是“令人失望的”。美国、意大利、英国、俄罗斯、日本、德国、以色列、智利、中国、土耳其、墨西哥、津巴布韦的教师回答“我参加在职培训的大部分时间是令人失望的”的比例，依次为40%、35%、32%、29%、24%、24%、23%、19%、19%、14%、

① 张爱珠.教师教育一体化初探[D].华东师范大学硕士学位论文，2001.

12%和12%。[①]

当今社会科技进步日新月异，社会发展不断加速，教育改革风起云涌。置身于这样一个迅猛变化的时代，教师必须不断地接受教育，即通过在职研修转变教育观念，更新学科专业知识，提高教育教学技能，以满足教育发展的需要。我国要真正实现教师教育一体化，必须注意以下几点：其一，教师教育相关者亟须提高认识。一方面，他们必须对教师及其专业发展有一个清晰的认知，教师作为专业人员，其发展具有连续性、阶段性及影响的多因性。另一方面，他们必须牢固确立教师职前培养与职后培训二者同等重要，二者不存在孰轻孰重的观念。只有二者协调发展，才能促进教师的专业发展。其二，必须加强理论研究，整体规划，统筹安排。为了切实提高教师教育的质量与水平，必须加强理论学习与研究，并始终以整体思维、关系思维为统领，既注意到教师职前培养与职后培训的内在联系，又明晰职前培养与职后培训的差异性。在对教师教育内在规律正确把握的基础上，进行科学规划、统筹安排，进而促进教师教育质量的提高。其三，实现教师教育体制机制的创新。体制机制创新是推进教师教育一体化进程的关键和保证。为了顺利推进教师教育一体化进程，应通过明确统筹主体、统筹规划教师专业发展目标、建立制度规范、形成协同机制、共建共享优质资源、搭建共生发展平台、完善评价与问责制度等，促进教师教育一体化发展的机制创新。[②]

二、在职培训制度的变迁

教师在职培训是教师教育体系的重要内容，我国历来重视教师的培训工作。1949年12月第一次全国教育工作会议上明确提出“加强教员轮训和在职学习”的要求，从而使短期训练班成为新中国教师在职进修的开端。

① 波伊尔，王晓平.基础学校——一个学习化的社区大家庭[M].北京：人民教育出版社，1998：44-45.

② 王会亭.基于具身认知的教师培训研究[M].北京：中国社会科学出版社，2017：7-8.

1951年，教育部发布《关于中小学教师进修问题的通报》，建议承办教师进修学院、函授师范学校和教师业余学校，建立系统的教师进修制度，开始重视教师在职培训、继续教育问题。之后，教师在职培训工作经历了曲折历程，“文化大革命”期间严重停滞。改革开放以后，中小学教师培训先后经历了补偿性胜任培训、教材教法过关培训、学历补偿教育等几个阶段，并于20世纪90年代转向中小学教师继续教育。

关于教师培训政策发展阶段的探讨，郭飞君、杨清溪将我国改革开放30余年来的教师培训政策划分为三个阶段，即全面恢复教师培训工作时期（1977—1985年）、教师补偿教育时期（1986—1998年）和教师综合素质提高时期（1999年以来）。[①]吴俊娜则在回顾已有的政策文本、理论文献及实践方式的基础上，以政策导向下的培训目标的变革为依据，将改革开放以来中小学教师培训政策的发展过程划分为如下三个阶段，即能力补偿与学历达标并举阶段（改革开放开始到20世纪80年代末）、学历提升与继续教育并举阶段（20世纪90年代初至90年代末）及教师培训全面展开阶段（20世纪90年代末至今）。[②]徐今雅则将转型期我国教师培训政策的历史演变划分为以下三个时期，即以“教材教法过关”为主的恢复时期（1978—1983年）、以“学历补偿教育”为主的发展时期（1984—1989年）、以“继续教育”为主的逐步完善时期（1990年以后）[③]。范国睿等认为，改革开放后，师范教育改革的首要重点就是加强中小学教师的在职培训。随着师范教育向教师教育的转型，教师培训也由“补偿式”“普及提高式”的培训走向教师“培养培训一体化”的进程。当代教师培训已经超越了对教师知识、技能的培训，更加注重教师专业发展和教师实践智慧。[④]

---

① 郭飞君，杨清溪.改革开放以来我国教师培训政策演变的回顾与反思[J].教育与职业，2012（21）.

② 吴俊娜.改革开放以来中小学教师培训的历史演变和改革走向[D].杭州师范大学硕士学位论文，2012.

③ 徐今雅.转型期间中国教师培训政策分析[D].浙江师范大学硕士学位论文，2004.

④ 范国睿等著.从规制到赋能——教育制度变迁创新之路[M].上海：华东师范大学出版社，2018：222.

（一）学历补偿性的在职培训①

1977年12月10日，教育部颁发了《关于加强中小学在职教师培训工作的意见》。提出要力争在三至五年内，使现有文化业务水平较低的小学教师大多数达到中师毕业程度，初中教师在所教学科方面大多数达到师专毕业程度，高中教师在所教学科方面大多数达到师院毕业程度；提出所有教师都要不断加强作为教师所应有的基本功的学习和锻炼；要学会普通话，板书、批语要正确、工整。这是改革开放以来较早对中小学教师硬性条件提出规定的政策，目的是让教师能够胜任基本的教学工作，满足现实基本需求。为此，教育部于1978年4月发布了《关于恢复或建立教育学院或教师进修学院报批手续的通知》，全国各地陆续恢复或建立了教师培训机构。

1980年8月23日，《教育部关于进一步加强中小学在职教师培训工作的意见》再次强调教师的学历达标，同时强调要充分发挥各级教师进修院校、师范院校和各级教学研究室（部）的作用。省、地（市）教育学院、教师进修学院的主要任务是培训中学的在职教师和行政干部，县级进修学校主要培训小学在职教师和行政干部，公社培训站做好本公社在职教师的培训工作；重点办好省、市、自治区以及规模较大的教育学院和教师进修学院，使它们在培训中小学在职教师中起到骨干作用和示范作用，各级师范院校要为培养又红又专的合格中小学教师做出更大贡献；各级师范院校要扎实做好函授进修工作或面授辅导工作。在这一时期，省、地（市）教育学院、教师进修学院等教师教育机构在教师的学历补偿方面发挥了重要作用。

1982年6月7日，教育部发布了《关于试行中学教师进修高等师范专科、本科教学计划的通知》；1982年8月20日，教育部印发了《小学教师

① 本部分参考借鉴了《从规制到赋能——教育制度变迁创新之路》一书中有关教师在职培训的内容。详见：范国睿等著.从规制到赋能——教育制度变迁创新之路[M].上海：华东师范大学出版社，2018：222.

进修中等师范教学计划》；1983年1月2日，教育部颁发了《关于加强小学在职教师进修工作的意见》；1984年4月，教育部、国家纪委、财政部出台了《关于在普通高等学校举办中等学校教师本科班和专科班的通知》等政策文件。上述这些政策文件也都显示出对教师基本教育教学能力或学历进行补偿性培训的目标。这一时期，教师培训主要有离职进修、业余进修和函授三种形式。相关政策文件也提出要坚持分类指导的原则，根据教师实际文化知识和不同地区师资水平，有针对性地开展教育培训，切实提高培训工作的质量。

1985年5月，中共中央办公厅颁布《中共中央关于教育体制改革的决定》，对教师培训的重要性、培训方式、培训对象、培训组织以及教师来源等都作了明确的规定，并重点提出教师标准的问题，要求具备合格学历或有考核合格证书才有从教资格。同年11月12日，国家教委党组书记何东昌在全国中小学师资工作会议上的讲话提出，要建设一支数量足够、质量合格的中小学师资队伍，强调中小学师资队伍建设要分“三个步骤”：一是通过对教师进行培训和调整，使绝大多数在职教师能基本胜任所担负的教育、教学工作；二是在此基础上，再经过进一步的补充和培训，使各科教师的配备基本齐全，绝大多数教师能胜任教育教学工作；三是在基本实现九年义务教育以后，小学、初中、高中教师的政治业务素质或学历应普遍向更高要求过渡。

1986年12月21日，国家教委在《关于加强在职中小学教师培训工作的意见》中指出，在802万中小学和农、职业教师中，不具备国家规定学历的约占半数，不胜任教育、教学工作的教师所占比例较大，有相当数量的教师亟须培训提高教学能力。为此，在之后五年或更长一段时间内，师资培训工作的重点是，通过认真的培训，使现有不具备合格学历或不胜任教学的教师，绝大多数能够胜任教学工作，并取得考核合格证书或合格学历。对于少数不具备最基本的文化基础知识和初步教学能力的教师，应组织他们参加教材、教法进修，使他们熟悉所教学科的教学大纲和教材，掌握基本的教学原则和方法，使其具有初步的教学能力。教师培训主要依靠教师进修院校、高等学校、中等专业学校以及广播、电视、电化教育机构和社会多方面力量，广开渠道，举办多层次、多种形式的培训。

总之，从改革开放后到20世纪80年代中后期，国家对中小学教师进行的主要是一种补偿式的培训，强调对教师基础知识和基本能力的培养，目的就是使他们能够胜任基本的教育教学工作，从而保证中小学教育质量。

（二）普及提高性的继续教育

20世纪90年代，随着我国基础教育改革与发展的不断推进，中小学教师培训制度建设开始走向规范化，进入“政府主导、系统规划、整体推进”的阶段。1990年10月，国家教委在四川省自贡市召开“全国中小学教师继续教育工作座谈会”，会上指出，我国已经“建立了以教师进修学院为主体的师训基地和培训网络，建设了一支从事实训工作的师资队伍，积极开展了多层次、多渠道、多形式的教师培训，提高了广大中小学教师的素质”。会议强调，必须将中小学教师培训工作的重点有步骤地转移到开展继续教育上来。继续教育是指对已经达到国家规定学历的教师进行以提高政治思想素质和教育教学能力为主要目标的培训，它标志着我国教师培训政策开始发生转向，开始有重点、有针对性地从学历补偿培训转向教师的继续教育。①

1991年12月3日，国家教委颁发的《关于开展小学教师继续教育的意见》明确规定了继续教育的含义、任务、机构建设等，并要求把小学教师培养成为小学教育教学专家，显然已经超越了改革开放之初对教师的基本要求。1993年7月26日，国家教委颁发的《关于加强小学骨干教师培训工作的意见》也提出，骨干教师培训的总目标，是对有培养前途的中青年教师按教育教学骨干的要求和对现有骨干教师按更高标准进行的培训。

1993年2月13日，中共中央、国务院颁布的《中国教育改革和发展纲要》从教育发展规划的高度提出进一步加强师资培养培训工作。全国人民

① 范国睿等著.从规制到赋能——教育制度变迁创新之路[M].上海：华东师范大学出版社，2018：224.

代表大会通过的《中华人民共和国教师法》对教师培训作出详细规定；《教师职务条例及实施意见》《中小学教师进修规定》《教师资格条例》以及《关于加强在职中小学教师培训计划的意见》《全国重点高等学校接受进修教师工作的暂行办法》《面向21世纪教育振兴行动计划》等一系列规范教师在职培训的文件相继出台，对中小学和高校教师的在职培训工作作出全面规定，促使中小学教师培训步入科学化、规范化、法制化的轨道。①

1998年1月24日，教育部颁布的《面向21世纪教育振兴行动计划》提出实施“跨世纪园丁工程”，使得教师继续教育进入到了一个新的阶段。该计划强调，要在三年内以不同方式对现有中小学校长和专任教师进行全员培训和继续教育；中小学专任教师及师范学校在校生都要接受计算机基础知识培训；尤其提出要重点加强中小学骨干教师队伍建设，在全国选拔培训10万名中小学及职业学校骨干教师，其中1万名由教育部组织重点培训，通过开展集中培训、巡回讲学、教学研究和实地观摩研修等活动，发挥骨干教师在当地教学改革中的带动和辐射作用。由此可见，与此前教师培训的“补偿救急”相比，该计划更加注重师德建设，培训对象扩展至中小学校长和专任教师，教师培训的教材建设也被提上日程，注重教师使用先进技术的能力，更加注重职前教师培养，对骨干教师的培训又体现出“普及提高”的意味。以“跨世纪园丁工程”为契机，1999年6月教育部在上海召开了“全国中小学教师继续教育和校长培训工作会议”，决定在全国范围内实施“中小学教师继续教育工程”，明确提出了“五年内对1000万中小学教师基本轮训一遍，提高教师队伍的整体素质，基本适应实施素质教育的需要”。会后，教育部于1999年9月颁布了《中小学教师继续教育规定》，从培训内容、类别、组织管理、条件保障考核与奖惩等方面全面规划了进入21世纪后全国中小学教师的继续教育工作。自此，形成了我国中小学教师继续教育的专项政策法规，也逐渐形成了中小学教师培训的制度性框架。

---

① 杨跃.教师教育学[M].北京：北京师范大学出版社，2016：278.

（三）一体化的在职教育

进入21世纪，教师专业发展和教师专业化成为教师制度改革的主旋律。2000年3月颁布的《中小学教师培训教育工程方案》从工程目标、行动计划、基础建设项目和条件保障四个方面对中小学教师在职培训予以规定，并提出“对现有约1000万名中小学教师基本轮训一遍”。

2001年5月29日，国务院颁发了《关于基础教育改革与发展的决定》。提出要完善教师教育体系，加强中小学教师队伍建设，以转变教育观念，提高职业道德和教育教学水平为重点，紧密结合基础教育课程改革，加强中小学教师继续教育工作，健全教师培训制度，加强培训基地建设；加大信息技术、外语、艺术类和综合类课程师资的培训力度，应用优秀的教学软件，开展多媒体辅助教学；加强中青年教师的培训工作。在教师培训中，要充分利用远程教育的方式，就地就近进行，以节省开支；对贫困地区教师应实行免费培训。

2002年2月，教育部颁发了《关于“十五”期间教师教育改革与发展的意见》。提出要认真做好基础教育新课程的教师培训工作，要求中小学教师在实施新课程前都要接受培训，做到“先培训，后上岗；不培训，不上岗”。

2004年2月10日，教育部颁布了《2003—2007年教育振兴行动计划》，又进一步提出以“新理念、新课程、新技术和师德培训”为内容的中小学教师培训新要求，并于2005年颁布了《中小学教师教育技术能力标准》，其宗旨是提高中小学教师教育技术应用能力和水平，建立中小学教师教育技术培训和考试认证制度，组织开展以信息技术与学科教学有效整合为主要内容的教育技术培训，进而提高广大教师实施素质教育的能力水平。2004年《教育部关于加快推进全国教师教育网络联盟计划　组织实施新一轮中小学教师全员培训的意见》提出要加快推进教师网联计划，构建开放高效的教师终身学习体系。按照“三步走”的发展方针，争取用五年左右的时间，构建以师范院校、其他举办教师教育的高校和教育机构为主体，以高水平大学为先导和核心区域，教师学习与资源中心为支撑，中小学校本研修为基础，职前职后教育一体化，学历教育非学历教育相沟通，覆盖全国城乡、开放高效的教师教育网络体系，共享优质教育资源，提高教师培训的质量水平。

2010年颁布的《国家中长期教育改革和发展规划纲要（2010—2020年）》在第十七章“加强教师队伍建设”中提出要提高教师业务水平，“完善培养培训体系，做好培养培训规划，优化队伍结构，提高教师专业水平和教学能力。通过研修培训、学术交流、项目资助等方式，培养教育教学骨干、‘双师型’教师、学术带头人和校长，造就一批教学名师和学科领军人才”。同时，中央财政支持启动了“中小学教师国家级培训计划”（简称“国培计划”），实施优秀骨干教师示范性培训、中西部农村教师培训、紧缺薄弱学科教师培训、班主任教师培训、学前教师培训、特殊教育教师培训等重要项目，为各地推进教育改革发展和开展教师培训输送一批“种子”教师，并探索创新教师培训模式，开发教师培训优质资源，建设教师培训重点基地，为中小学教师特别是中西部农村教师创造更多更好的培训机会，提供优质培训服务。为持续推动“国培计划”顺利实施，《关于遴选推荐“国培计划”专家库人选的通知》《关于做好国培计划教师培训机构遴选工作的通知》和《关于加强国培计划项目绩效考评工作的意见》等文件陆续颁布，对专家库人选推荐、培训机构遴选、项目绩效考评等作出规范要求，构建起“国培计划”政策体系，并为“国培计划”搭建了基本框架。根据基础教育发展的需要和“国培计划”实施环节出现的问题，2010至2014年期间，教育部和财政部通过联合发布关于做好“国培计划”实施工作的通知，适时调整师资培训要求。

2011年1月，教育部贯彻落实教育规划纲要，颁布了《关于大力加强中小学教师培训工作的意见》。提出以实施“国培计划”为抓手，推动各地通过多种有效途径有目的有计划地对全体中小学教师进行分类、分层、分岗培训。之后五年，对全国1000多万名教师进行每人不少于360学时的全员培训；支持100万名骨干教师进行国家级培训；选派1万名优秀骨干教师海外研修培训；组织200万名教师进行学历提升；采取研修培训、学术交流、项目资助等方式，促进中小学名师和教育家的培养，全面提升中小学教师队伍的整体素质和专业化水平。同时，还就培训内容优化、培训方法应用、培训制度建立、培训结果评估等方面内容进行了规定。

2011年10月8日，教育部颁发了《大力推进教师教育课程改革的意见》和《教师教育课程标准（试行）》（以下简称《课程标准》）。《课程标准》以“育人为本、实践取向、终身学习”为理念，从教育信念与责任、教育知识与能力、教育实践与体验三个维度规范教师培养过程，并对在职教师教育课程设置提出了框架性建议，要求非学历教师教育课程方案的制定，要针对教师在不同发展阶段的特殊需求，提供灵活多样、新颖实用、针对性强的课程，满足教师专业发展的多样化需求，这是在中国教师队伍建设上具有里程碑意义的政策。2011年11月，教育部办公厅同时颁布了《关于开展示范性县级教师培训机构评估认定工作的通知》和《示范性县级教师培训机构评估标准》，对县级教师培训机构提出了多方面的标准要求。

2012年2月，教育部在广泛征求全社会意见和建议的基础上，又颁布了《幼儿园教师专业标准（试行）》《小学教师专业标准（试行）》和《中学教师专业标准（试行）》。提出以“学生为本、师德为先、能力为重、终身学习”四个基本理念作为教师在专业实践和专业发展中应当秉持的价值导向。2012年，教育部、国家发展改革委、财政部《关于深化教师教育改革的意见》提出，建立以师范院校为主体、教师培训机构为支撑、现代远程教育为支持、立足校本的教师培训体系。各地要推进县级教师培训机构与教研、科研、电教等部门的整合与联合，规范建设县（区）域教师发展平台，统筹县域内教师全员培训工作。依托现有资源，加强小学幼儿园教师、职业学校教师、特殊教育教师和民族地区双语教师培养培训基地建设。

2013年5月6日，教育部颁发了《关于深化中小学教师培训模式改革全面提升培训质量的指导意见》。提出增强培训针对性，确保按需施训；改进培训内容，贴近一线教师教育教学实际；转变培训方式，提升教师参训实效；强化培训自主性，激发教师参训动力；营造网络学习环境，推动教师终身学习；加强培训者队伍建设，增强为教师提供优质培训的能力；建设培训公共服务平台，为教师提供多样化服务；规范培训管理，为教师获得高质量培训提供有力保障。

为了吸引优秀人才到乡村任教，带动并促进全国中小学教师队伍整体水平的提高，2015年《乡村教师支持计划（2015—2020年）》提出，“从2015年起，‘国培计划’集中支持中西部地区乡村教师校长培训。鼓励乡村教师在职学习深造，提高学历层次”，进一步精准培训对象，集中支持中西部地区，凸显乡村教师队伍建设的地位。此后，系列政策文件陆续发布，通过改进培训内容、创新培训模式、加强培训团队建设、建设乡村教师专业发展支持服务体系等举措，使“国培计划”真正落地，为造就一支扎根乡村的优质师资队伍提供动力。

2016年12月15日，教育部在《关于大力推行中小学教师培训学分管理的指导意见》中提出，要在中小学校包括普通中小学、幼儿园、特殊教育学校、中等职业学校等实施教师培训学分管理制度。省级教育行政部门要依据国家制定的教师专业标准、教师教育课程标准和教师培训课程标准等相关规定，结合本地中小学教育教学实际需要和教师专业发展需求，分层、分类、分科建立教师培训课程体系，合理设置必修课程与选修课程，对不同层次与类型的培训课程赋予相应学分；地方各级教育行政部门要依据教师培训学分标准，分层制定教师培训规划，明确培训核心课程，为培训机构针对不同层次的教师开发系列化、周期性的培训课程提供依据。省级教育行政部门要科学确定教师培训学分结构体系，明确学分总量，提出国家、省、市、县、校等不同级别培训以及教师自主研修的学分比例要求，规范引导地方教育行政部门和中小学校为教师提供多样化、个性化的培训服务，合理制定培训学时与培训学分转换办法；省级教育行政部门要探索建立教师培训学分银行，记录和存储教师参加培训与自主研修的成果，支持培训学分的查询、累积和转换，为高等学校认可培训学分、学历教育提供服务；支持高等学校和教师培训机构通过课程衔接、学分互认等方式，建立非学历培训与学历教育的衔接机制，搭建教师专业成长的“立交桥”，拓宽教师终身学习通道，推进学习型社会建设。

2018年1月，中共中央、国务院印发了《关于全面深化新时代教师队伍建设改革的意见》。要求以促进教师终身学习和专业发展为目标，通过转变培训方式、改进培训内容、搭建教师培训与学历教育衔接的“立交桥”等措施，全面提高中小学教师质量，这是引导新时代中小学教师队伍建设的行动指南，体现了党和国家对教师队伍建设的高度重视，对开创教师培训的新时代具有纲领性作用。2018年3月，教育部等五部门印发了《教师教育振兴行动（2018—2022年）》。提出经过五年左右的努力，“办好一批高水平、有特色的教师教育院校和师范类专业，教师培养培训体系基本健全”，进一步明晰了新时代教师队伍建设的新任务和新要求，教师培训迎来重要的战略机遇期。[①]

蒋媛媛通过梳理1978年以来我国中小学教师培训政策演变过程后，认为我国教师培训政策中的价值观念已发生如下变化，即由重视知识的掌握逐步转向重视能力的提高、由关注教师的培训义务逐步转向关注教师的培训权利、由培训单一化逐步转向培训多样化、由培训权力高度集中转向逐步下放、由在职教师培训与职前教师培训二元化逐步转向教师教育一体化。[②]李瑾瑜、史俊龙认为，当前我国中小学教师培训政策的发展趋向为：由零散到系统、由片面到全面、由浅层到深入、由经验到专业、由规定要求到标准建立而不断发展和进步，逐渐体现出了科学性、专业性和制度性的特征，也体现出政策的价值理念越来越符合中小学教师专业发展的规律和特点。[③]单志艳根据对1986年与2011年我国关于中小学教师培训的两份重要政策文本的分析，指出当前我国教师培训政策的价值取向已经发生明显变化，主要表现为：一是从关注“社会价值”走向关注“人的价值”；二是从注重效率走向注重公平；三是从关注社会外在需求走向关

① 曲铁华，龚旭凌.新中国成立70年中小学教师培训政策的回顾与展望[J].河北师范大学学报（教育科学版），2019（3）：52.

② 蒋媛媛.1978年以来我国中小学教师培训政策研究价值观念的变迁及其启示[D].山东师范大学硕士学位论文，2004.

③ 李瑾瑜，史俊龙.我国中小学教师培训政策演进及创新趋势[J].西北师大学报（社会科学版），2012（5）.

注教师内在需求；四是从注重知识走向注重能力和素质的提升。[①]胡金平认为，自1949年中华人民共和国成立以来，我国小学教师培训目标、内容、重点等政策规定均发生了巨大变化，其变迁的核心是培训政策制定者价值取向的变化：从强调文化知识水平和学历提高的“文化本位”取向，转向关注教师整体职业素养的“素质本位”取向；从具有较鲜明实用色彩的“效率优先”取向，转向关注全员培训、关注弱势群体的“教育公平”取向；从注重外在社会需求的“行政化”取向，转向教师内在主体诉求的“人性化”取向。[②]曲铁华等认为，在中小学教师培训政策的演进过程中，呈现出三大特点，即政策理念趋向人本化，政策目标趋向精准化，政策内容趋向丰富化。展望未来，我国中小学教师培训政策应坚持兴国必先强师的价值理念，保障教师培训的执行效能，完善教师培训质量监测机制，为全面深化新时代教师队伍建设助力。[③]

总之，中华人民共和国成立以来70多年的教师培训改革中，教师在职培训建立了专门机构与普通高校共同承担任务的体制，[④]教师培训从一个“基准线”提高到教师“终身学习”的层次。70多年政策的制定和执行，不仅大大完善了我国中小学教师进修制度，还促进了教师队伍管理的规范

① 单志艳.中小学教师培训政策的价值取向变迁——基于1986年和2011年国家关于中小学教师培训意见的文本分析[J].教师教育研究，2013（3）.

② 胡金平.新中国 70 年小学教师培训政策价值取向的变迁[J].教师发展研究，2019（2）：1.

③ 曲铁华，龚旭凌.新中国成立70年中小学教师培训政策的回顾与展望[J].河北师范大学学报（教育科学版），2019（3）：49.

④ 原先主要从事教师在职培训的教育学院也开始进行结构性调整。一部分教育学院或者并入高等师范院校或综合性地方院校，或者改名为“高等师范专科学校”，还有的省级教育学院改名为“某（省）第二师范学院”。一部分教师进修学校与教研、电教等机构进行资源整合，形成上挂高师院校、下联中小学校，具有“多功能、广覆盖、大服务”特点的县区级教师学习与资源中心，成为教师培训组织管理中心、教师远程培训的节点、联系高师院校与中小学的桥梁，理论与实践联系、转化与相互促进的纽带，推动了教师职前教育与职后培训的一体化发展。详见：杨跃.教师教育学[M].北京：北京师范大学出版社，2016：278.

化，加速了我国教师培训的法制化进程。当然，我国教师培训政策仍然存在不足和问题，直接困扰甚至阻碍中小学教师在职培训的发展进程。

三、教师在职教育的困境

虽然我国目前基本形成了以师范教育为主，入职教育、在职教育相结合的教师教育体系，并正在积极探索网络教育、国际教育等新型的教师教育手段，培育了一大批优秀的教育工作者，促进了我国教育事业的发展，但是，将我国教师教育及其制度置于终身教育视角下加以审视，还是存在许多问题的。[①]

（一）一体化难以实现，存在“部门条块分割”现象

长期以来，人们把师范教育等同于教师教育，因而使教师教育局限于职前培养，并认为这足以使教师适应未来的整个教学生涯。教师教育主要是纵向的学历教育与封闭式培训，一般强调专业对口，课程多属智能型或技术型，情意型课程受到忽视，而且空间多限于当地教师进修学校或师范院校。教师职前培养与职后教育分别由不同的机构承担，并由不同的教育行政部门主管，职前、入职和职后教育之间，教师教育体系内部及各类教师教育机构之间，以及教师任教的学校与教师教育的培训机构之间相互分离，缺乏衔接与沟通，不能发挥系统的整体功能，导致了教育资源的浪费与闲置、教育理论与教育实践脱节、教师教育选择的单一性与地域的封闭性等问题。

我国教师教育职前培养各部门与职后中小学以及各级教师继续教育部门之间存在着严重的不协调现象，即严重的“部门条块分割”现象，也

---

① 党亭军.终身教育视角下我国教师教育的困境及改革研究[J].继续教育研究，2010（2）：38-40.

就是说师范院校或综合性高等院校和非师范类高等院校的教师教育只负责教师的职前理论培养，而中小学则事实上成为教师任职后弥补实践运用能力的“实验场”，至于各级教师继续教育机构则只负责中小学教师的假期培训任务。所以，一个完整的教师教育过程被人为地分割为三个独立的培养阶段。尽管学校要求师范院校学生深入中小学进行教育实习与见习，但是，为期4～6个星期的实践时间实在无法形成一定的实践智慧，多数是走过场。因此，“蜻蜓点水”式的实习和见习也只能说明高等教育与基础教育之间的“各自为政”。此外，中小学教师的假期继续教育培训也存在着培训内容和培训方式与中小学教师实际需要之间相互脱离的弊病。

（二）教师教育体系不完整，入职和在职体系亟待加强

一个完整的教师教育体系应包括教师的职前培养、入职教育、在职研修三个阶段，任何一个环节的缺失和不完全都不能成为一个完整的体系。教师教育从两阶段向三阶段过渡是教师教育的重要发展趋势之一，国际上众多国家已规定了教师教育必须经过三个发展阶段，我国也有许多学者提倡教师教育应走向三阶段。目前作为教师教育体系环节之一的新任教师的入职教育，在我国仍被包含在教师职后教育之中，尚没有作为一个独立的发展阶段而得到应有的重视。目前我国虽然也有对新任教师教育的相关规定，如新教师参加工作后有一年的见习期，但同其他行业一样，基本上是从用人制度和工资制度的角度来考虑的，而不是着眼于新任教师的专业提高，因而并没有正规的教师入职教育，更没有专门的新任教师入职教育机构。教师在职研修阶段虽然逐渐受到重视，但还未形成完善的在职研修体系。教师研修作为我国的一种教育制度虽然已经在法律上得到确认，但有关教师的在职研修体系尚未完全建立。显然，目前我国的教师教育体系是不够完整的，其不完整性主要体现在两个方面：一是还没有对新任教师入职教育予以足够的重视，缺乏新任教师入职教育的培训；二是教师在职研修体系不完善，存在着诸多有待改进的问题。

（三）效率诉求和技术至上，专业发展缺乏主动性

虽然2002年教育部在《关于“十五”期间教师教育改革与发展的意见》中首次提出了“教师专业发展”的理念，其后的政策文本也数次出现过“要促进教师专业发展和构建终身学习的现代教师教育体系”以及“提高教师专业水平”等语词，但对教师作为生命个体的尊重与关怀却限于口头而非落在实处，对“教师专业发展”的终极目标、内容、评价标准及其理念、立场等，都少有明确的表述和阐释；致使实践中的教师专业发展在某种程度上偏离了激发教师自我成长潜能的初衷和方向，片面将其理解为增加教师知识、技能的工具行为。①

目前，促进教师专业化的发展模式是以“效率”为前提的，强调对教师进行“技能训练”，存在严重“技术至上”的倾向。教师在职教育具有以下特点：第一，以理论培训为主要内容，以技能熟练为基本模式。第二，以被动适应为行为特点。学习的方式通常有参加短期教师进修班、接受继续教育培训、参加研讨会、听专家的专题演讲、进行教学录像观摩等。教师在严密的监管之下，完全处于被动适应的地位，只能把注意力集中在学科知识和方法手段上，缺少对整个课程从决策、目标、实施到评价的全面审视和反思。更令人忧虑的是，教师自身往往处于集体无意识状态，久而久之，教师对这些专业发展活动失去兴趣与信任，感到缺乏有效的专业发展途径，从而陷入专业发展的“危机”。第三，以追求功利为目标取向，缺少对教育终极目标的理解和认同，工作中急功近利，只把事业作为谋生的手段，教师教育陷入专业化驱动误区，形成了“被动”的教师专业发展模式。

长期以来，对很多教师来说，在职进修和专业发展可以说是外部强加于己的一种负担，在目标要求的制定、内容的安排、项目的规划，甚至时间的选择、结果的评价等方面，教师既没有发言权也没有选择的空间，教师只能以被管理者、被发展者的身份，按照外界促发者（促进教师专业发

① 杨跃.教师教育学[M].北京：北京师范大学出版社，2016：289.

展人员）的要求和部署被动地行事。更为严重的是，有时接受培训的教师还会成为受批评的对象，是教育问题的症结所在和被改造的对象。可见，在传统的教师在职教育中，教师是被动发展的。

（四）保障体系不健全，在职教育缺乏可持续性

健全的终身教育体系中的保障机制分为五个方面，即组织保障、法治保障、协调保障、监督保障和经费投入保障。但是目前的教师教育保障体系还处于初步建设的过程中，还没有形成完整的系统，因而无法保障教师终身教育的顺利实施和健康发展。目前最突出的问题有：没有系统的教师教育法规；没有科学的教育评估方法和权威的教育监督机构；教师教育的资金投入不充足等。

如何适应教师作为具有一定知识水平和教育经验的成人学习者为基本特点的专业发展，是当前教师在职教育需要深入研究的一个问题。教师专业发展涉及教师队伍建设的诸多方面。这里所谓的教师专业发展主要是基于这样一个假设：教师是一种经过系统训练达到相应水平，并且还必须不断学习，才能胜任的专门职业；不断提升他们的专业水平不仅是教师自身的追求，也是教育专门机构的职责。然而，教师的专业发展，尤其是在职培训理论与方法方面，却依然延续了常规教育的范式，缺乏对于教师实际需求的专业关照，这一直是困扰教师教育者工作的难题。

（五）教师专业发展存在缺失，在职教育规律亟待研究

从在职教育及终身学习的角度审视教师的专业发展，可以发现存在五大明显缺失：[①] 1. 教师专业精神引领的缺失。众所周知，教师专业精神的品质对其专业发展具有不可替代的重要性，是最为重要的内因。有了强烈的专业精神，教师会主动、自觉地开展终身学习，寻找学习资源。然而，从目前普遍现象看，大多数中小学教师缺乏强烈的专业发展动机，学习不

① 陈珍国.区域性教师终身学习体系建设研究[J].上海教育科研，2011（1）：50-52.

够主动，存在“要我学”而非“我要学”的状况，说到底是缺少强烈的专业精神。2. 教师专业幸福体验的缺失。从专业发展的阶段看，每个教师在不同的发展阶段，应该有不同的专业体验，这些丰富、多元的体验推动着教师在不断的专业探索中提升自我，实现自我。一旦教师体验到这种相对深刻的幸福感，专业发展的动力将源源不断，专业精神也将得到自然提升。问题是，很多教师陷身于繁杂、单调的日常工作，较少体验到必要的成功感，更难以体验成长过程的“拔节”“阵痛”，自然很难得到幸福体验。3. 教师专业成长路径揭示的缺失。如果说缺少专业精神的引领和专业幸福的体验是教师专业发展的内部缺失，会直接影响教师的专业发展动力，那么外在的路径单一乃至模糊，也是中小学教师在成长过程中普遍感到茫然的重要原因。传统意义上，教师专业成长无非靠公开课（含赛课）、考试排名等路径来获得体制内的成长机会。这些是否就是教师专业成长必然的路径？终身学习背景下，教师还有哪些值得探索的专业成长路径？政府和教师培育机构应当打造哪些更为贴近教师专业发展需求的平台？我们已有的研究显然不足。4. 教师多维专业支持的缺失。目前，我们的教师培育机构也在尽己所能给教师专业发展提供一定的专业支持，如教研系统的教研支持、科研系统的科研支持、培训系统的培训支持。但这些支持往往是单一维度的，互不相通的，有的甚至还只停留在喊口号、号召的层面，缺少个性化的、针对某个特定人群的专业支持；尤其是每个区域的实际情况不同，针对各个区域自身实际而开发的多维专业支持系统，还不多见。5. 教师专业团队的支持缺失。虽然大多数中小学都有教研组、备课组等教师团队，但真正意义的教师专业发展共同体并不多见，教师缺少与高水平的、相似层次的“共同体成员”相互砥砺、相互激发的机缘，往往还停留在孤军奋战或小团体经验传递的层面，亟待研究和提升。①

① 陈永明等著.教师教育学[M].北京：北京大学出版社，2012：189-199.

四、相关概念的厘清

教师在职教育、教师在职进修、教师在职培训，等等，概念背后的基本认识，引发的若干问题，从理念到行为都需要厘清。

（一）教师教育

"维基百科全书"认为，教师教育是指为培养教师能在课堂、学校乃至社会有效履行其职责所需知识、态度、行为、技能而设计的政策和程序，可分为职前教育、入职教育和教师发展三个阶段。《教学和教师教育国际百科全书》认为教师教育分为职前、入职和在职三个阶段，这三个阶段是一个连续的过程。国内较权威的定义是2002年发布的《教育部关于"十五"期间教师教育改革与发展的意见》，认为教师教育是指"教师的职前培养、入职教育和在职教师教育的统称"。黄葳在《教师教育体制》一书中也认为教师教育是"培养与培训师资的专业教育"。简而言之，"教师教育"是培养教师的社会实践活动。澳大利亚莫纳什大学（Monash University）的约翰·洛克伦（John Loughran）教授指出，教师教育实践活动的出发点是作为教师职业实践活动核心的"教"，教师教育的本质就是"教'教'"和"学'教'"，理解"教'教'"和"学'教'"是教师教育研究的核心主旨。①进一步说，"教'学教'"也是教师教育的题中要义。②

教师教育是系统的教师培养活动和教师终身教育，是职前与在职进修的统一，是正规教育与非正规教育的结合，是多层次、全方位、立体式

---

① John Loughran. Developing a Pedagogy of Teacher Education: Understanding Teaching and Learning About Teaching［M］.London: Routledge，2006.

② 杨跃.教师教育学[M].北京：北京师范大学出版社，2016.

的教师终身“大”教育。[①]当今社会正处于“知识授予型”向“知识创造型”转换的重要变革时期，培养适应未来社会变革的创新人才是当今世界各国教育改革的主要目标，各国在教师培养方面不断开拓与创新，各有侧重，各具特色。总的来说，教师教育逐步从职前培养、教师任用、在职研修等割裂的状态向教师教育一体化方向发展，从过去的侧重于教师被动地参加“培训”向“专业发展模式”转变。在理念层面，教师培养和培训相关理论有能力为本的教育理念、詹姆士·波特的“师资三段培训法”、教师专业化理论、反思型教师教育思潮、建构主义教师教育、教师可持续发展理论等。在实践层面，当前世界上主要有三种师资培养类型：非定向型师资培养（也叫“开放式教师教育体系”）、定向型的师资培养（也叫“封闭式师范教育体系”）以及合作型师资培养。

（二）教师培训

何谓培训？《新华字典》中把培训界定为：“培养和训练，它既包括知识和技能的传授，也包括实际操作方面的模拟或训练。”有学者认为：“培训是一个有目的、有计划、持续的、系统的活动过程，其终极目标是实现企业员工个人发展和组织绩效的提升或组织发展的双赢。”[②]

在我国，从广义上而言，教师培训即教师教育。从狭义上而言，教师培训特指教师在职培训。在西方，教师培训通常被称为“在职教师教育与培训”（In-service Education and Training of Teachers，INSET）。OECD（经济合作与发展组织）的教育研究与革新中心则将其界定为：“在职教师培训指教师在实践活动中所参与的学习活动。”英国国家教育和科学部在1970年发表的《1967年教师在职培训的调查》中对其作出如下界定：“教师在任教后参与的任何与其专业工作相联系的活动”，后称为“教师

① 肖甦.比较教师教育[M].南京:江苏教育出版社，2010：11-12.

② 崔霞.职业经理人培训效果综合评估体系研究[D].华东师范大学博士学位论文，2010.

的在职教育与培训”[①]。博拉姆认为：“教师培训是指在具有初级专业证书之后，从事初等学校和中等学校工作的教师参与的教育和培训活动，其主要或唯一的意图是提高他们的专业知识、技能、态度，以便他们能更有效地教育儿童。”[②]

在国外学者眼中，“教师培训”不同于“教师教育”：在教师培养中，“培训”是指学习实用的课堂技能，即“掌握具体教育情境中实现具体目标而需要的具体技能”，而“教育”是指对有关教育教学模式的抽象知识学习，它“聚焦在一些更抽象更开放的概念”。教师教育的目的主要是培养教师掌握通用、反思性实践者所需要的理念与大量专业知识；具体技能的培训有助于增进教师对其背后概念的理解，而抽象教育知识的获得有助于教师去实现具体教育教学目标。二者经常一起出现，以专业学习活动为内涵交际，它们间的区别主要集中在“意图”上，即“教育”的意图在于增进心智，而“培训”的意图在于增进表现。[③]在这一意义上，实用性、具体性、实战性是教师培训活动的基本内涵，教师培训是与一线教育教学实践联系最为紧密的教师专业发展活动，相对而言，教师教育只是教师参与培训活动的知识奠基与理念启蒙环节而已。

国外相关研究者认为，“培训”一词的使用语境是与具体技能或能力习得相关的情境，受训者的学习内容常常是具体而又有针对性的，训练是其必需的构成要素，其效果是通过完成某一项工作体现出来的，而“教育”一词常被用于较为广泛、抽象、一般的学习领域，且与知识、理解和认知、精神、价值观等心理领域密切相关，其效能往往体现在人的一切相关实践领域的普遍提高上。在某些情境下，我们只能用“培训”而不能用“教育”，二者间的分界线较为明显。将之应用到“教师发展”上，“培训”教师与“教育”教师具有截然不同的内涵：“培训”教师意味着

① 易长发.外国中学教师继续教育培训模式例析[J].比较教育研究，1999（3）.

② Torsten Husen，T. Neville，Postlethwaite: The International Encyclopedia D，education: Re search and Studies，Pergamon Press，1985.

③ Pate E.Between teacher education &teacher training.http://www.ehow.com/about_6646562_differrence between-teaching-training.html,2003-11-1.

将高级思维与认知技能置于教师学习内容之外，它主要涉及的是机械地学习过去的教学方法与技能，整个过程中没有理解、创新与变革，而“教育”教师意味着发展教师的理智与认知能力，帮助教师扩展教育视野，参与广泛的专业学习领域，以便让受教者去应对不确定、难预期的未来课内外情境。总之，教师培训更多涉及的是教学的方法、技能，不太涉及理论性的知识背景，其最大优势是教师的行为领域发展明显，而教师教育更多与教育理论和教育实践同时关联，因为没有教育实践的配合，教育理论难以被真正习得，其最大优势是教师的认知领域发展迅速。基于此，学者 Schofield将“教师培训”归并于“教师教育”之中。[④]可见，“教师培训”与“教师教育”是部分与整体的关系，教师培训活动已成为教师教育系统最为关键的一个子系统。[⑤]

（三）教师学习

从20世纪初期的“教师培训”（teacher training）、20世纪中期的“教师教育”（teacher education）直至当前的“教师学习”（teacher learning），教师教育核心理念的演进历程清晰可见。教师教育机构的名称也发生了相应变动：从“教师训练学校”到“教师教育中心”，再到当前的“教师发展学校”“教师学习研究中心”等。如今，虽然“教师教育”仍然是人们指称“教师发展活动”的基本用语，但伴随“教师学习”研究的兴起，“教师教育”的内涵也不得不适当扩充。伴随“教师学习”作为一个更具涵盖力和生命力的词汇的出现，“实践”“对话”“经验分享”“建构”“校本合作”等已成为教师教育中的流行用语，“教师学习”日益成为教师教育的核心意涵，呈现出一种打破用“教师教育”来统领、囊括或替代教师学习活动的格局，打破将“教师学习”仅仅作为教师

④ Schofield H.The Philosophy of education: An Introduction. London:George Allen& Unwin Ltd,1972:34.

⑤ 龙宝新.当代国际教师教育研究[J].北京：科学出版社，2016：154-159.

教育活动基石和附属的教师教育观的趋势。[①]为此，有研究者认为，“教师教育”不再是指“教师教育者对教师的教育活动”或者“教师教育者指导教师学习的教育活动”，而是指“教师做出的一切指向教师发展这一目的的实践活动”。教师的教育之路是他自己走出来的，而这一“走”的过程总是在一定教育理念的引领下进行的，教师教育活动只有在融入教师的自我教育、学习过程中才可能实现生存。[②]

传统教师教育研究和实践关注的是“教师需要知道什么”和“教师应该如何做”的问题，而这种设问方式导致教师教育研究始终未能逃脱“内容提供”的范式，至于“学习是什么”以及“如何促进学习”则被遗落。随着教师学习理念在教师教育实践领域中的主导地位的确立，教师教育研究开始以“教师学习”而非“教师教育”（更非“教师培训”）这一主题词为轴心来重新组织和设计教师教育系统，强调只有回到“学教”（learning to teach）即“学为人师”这一教师专业学习的真实经历中去，回到“学”的问题视角来分析“教”的认识论基础，回到“学习者”的意义世界来理解“教”的本体论意义，教师教育研究才能真正理解和寻找到“教”的意义和规律，也才能真正实现对教师学习和专业发展的引导和支持。[③]

（四）在职教师教育

在职教师，狭义是指全国各地教职工中的中小学教师，由所在地人事部门建立人事档案的执教人员，有正式教师的含义，由教育系统管理。与此相对的教师专业名词是代课教师（广义），是指由教育部门颁发聘书，现工作在教育系统所有大、中、小学教师及学前教育系统的教师。本研究

---

① 杨跃.教师教育学[M].北京：北京师范大学出版社，2016.

② 樊香兰，孟旭.逻辑与走向：当代教师教育道路的演变[J].教育研究，2009（10）：80-84.

③ 张倩，等.论当代西方教师教育研究话语的迁移与转向[J].比较教育研究，2014（4）：64-69.

的“在职教师”主要是指狭义的。

早在20世纪60年代，教师“在职进修”被称为“在职培训”（In-Service Training），既包括在职教师参与的一切旨在拓展其知识、兴趣和技能的课程与活动，也包括在职教师在完成职前教育后为进一步获得学位、证书以及其他资格所做的准备活动。到了20世纪70年代，在职培训主要是指教师参加与本专业有关的各种活动。后来，在职培训又指一切设计好的、有组织的、旨在改善专业工作的活动。20世纪80年代以前，教师教育重在培养教师具体的课堂教学技能和技巧（Freeman，1982），教师训练（teacher training）一词盛行。然而，“training”一词多指技术、手艺的培训，在教师教育中使用有将教师培训成为教书匠之嫌，忽视了教师的通识教育及其认知结构的发展。早期的教师培训项目认为参与培训的教师具有同样的水平和目标，忽略了教师的个体差异。进入20世纪80年代以来，随着与教师教育研究密切相关的其他相关理论的发展，研究者开始使用“教师教育”（teacher education）一词，暗示着教师不仅要接受课堂教学技能的训练，还要学习应用相关理论课程，使教师能够从理论的高度认识和把握课堂的教学实践活动。有研究者指出，“训练”到“教育”的转变，意味着师资培养“不仅是专业技术培训，而且是整体素质教育（holistic education）”。因此，这一时期将在职培训称为“在职教育”（In-Service Education），意思是通过提供完整的、连续的学习经历和活动来促进教师专业的、学术的和人格的发展。后来又提出一个折中的概念，把两种名称合并使用，称为“在职教育和教师在职培训”（In-Service Education and Training of Teachers）。①

20世纪末期，教师教育研究受到整体教师教育及心理学科研究的多重影响，开始关注教师作为学习主体的理念。显然，“训练”和“教育”这两个术语都是指外界施于教师的教育，教师是受训者，是教师教育内容的接纳者，教师本人内在的自觉性、自我进步意识处于弱势地位。然而，教师的“自我”恰恰是真正使教师成长和发展的内在动力源泉，是促使教师

① 时伟.我国教师继续教育模式的反思与重构[J].华东师范大学学报教育科学版，2004（1）：28-33.

培训和教师教育有效进行的发动机。因此，在强调教育的基础上重视教师自我主动性的“教师发展”（teacher development）一词应运而生，肯定了教师本身具备的知识和能力。“教师发展”是指教师在智能、经验以及教学态度上不断成长的过程，重在鼓励教师参与开发教学理论、理解教师作决策的本质，并促进教师形成批判性的自我意识和自我评价，教师本人积极地反思自己的教学，观察自己的课堂行为，评估自己的教学效果以促进自身的教学发展。[①]

从广义上讲，无论是“训练”“教育”还是“发展”，其目的都是围绕教师这一主体，促进其从不成熟到成熟、从新手到专家的逐步成长。一些学者并未对这三个术语的内涵作出严格区分，而是将它们等同起来，互换使用。这三个术语背后的理念是对教师教育的不同理解，在教师培养的教育理念、内容、方法以及侧重点方面都存在着一定的差异。其中，教师训练或培训将教学视为一项具体的技能，主要针对教师具体的、近期的需求；教师发展将教学视为一个不断发展的成长和变化过程，有着更为广泛的、长期的考虑。教师训练和教师发展是一个连续体的两个极端。

由此可见，“在职培训”与“在职教育”是有区别的概念。对教师来说，在职培训的对象主要是已经获得教师资格的教师，参加与职业活动有关的培训活动，主要或唯一的意图是提高他们的专业知识、技能和态度，以便更有效地教育学生。这只是在职教师参加的各种类型、各种形式教育中的一种或一部分，没有概括在职教育的全部内容。但是如何界定在职教育，认识不统一。《培格曼国际终身教育百科全书》引用有关研究者的观点，指出在职教育是一个教育体系，包括正规和非正规教育。两者之间并没有存在根本性甚至是对立性的差异，只是两者应用范围、关注重点有一定的差异。在职教育涉及面更广泛、内容更丰富、培训对象更为多样，在职培训与职业相联系，是在职教育的一个方面或一种类型。在职培训与教师职业活动密切关联，基于社会、教育发展的需要，也是基于教师个体需要的教师学习活动。通常讲的在职培训，是指对取得法定教师资

① 徐浩主编.外语教师教育重点问题研究[M].北京：外语教学与研究出版社，2016：193-195.

格、已经或即将从事教育工作的教师开展的政治思想及专业业务的在职培训活动。[①]

基于上述考虑，本研究使用在职教师教育这一概念，意指教师教育机构或教师教育者提供完整的、连续的学习经历和活动来促进教师专业的、学术的和人格的发展。“在职培训”只是在职教师教育的一部分，更多关涉教师专业、学术的发展；在职教师教育是在职教师整体的素质教育（holistic education）。在职教师教育既强调教师教育机构或教师教育者外在的影响，也强调在职教师基于自身需求学习、整合后的内在发展。在职教师教育既可理解为在职教师的“教育”而非仅仅是“培训”，又可理解为“在职的教师”（包含“入职”）但非“离职的教师”教育。

五、研究的总体框架

在以政府为主导的教师教育体制下和教师教育一体化趋势下，教师职前培养、入职辅导为教师入职提供了良好基础，在职教师教育则为教师职业生涯的岗位实践提供了持续有效的支持。总体上看，国内外的教师教育研究都体现了重视职前教育的倾向，这些研究大多关注了教师基本素质的构成及职前教育在教师发展中的作用，也关注了新教师遇到的挑战和发展的途径。专门关注有经验的在职教师培训与发展的研究则非常少见，也缺少对在职教师从新手阶段向经验型阶段转型过程的研究。如果这些在职教师在成长过程中无法得到足够的技术指导和情感支持，他们中的不少人可能会对教学产生彷徨甚至挫败感，他们或者会经历职业倦怠的困扰，甚至会选择退出教育事业。因此，在职教师教育对教师的终身发展至关重要，值得教育行政部门、教师教育研究者及教师培训者的更多关注。

① 舒志定.教师教育哲学[M].北京：北京大学出版社，2012：222.

（一）理念与价值

由上可知，教师教育在历史发展中走过了三个跃迁的阶段，即“教师培训—教师教育—教师学习”。有研究者认为，在第一次跃迁中，教师培训活动转变成对教师素养，包括德行、知识、技能、人格的全面提升过程，转变成教师教育的三个子系统——职前培养、入职辅导、在职培训的一体化过程，终身教育、教师全程全面专业发展的观念深入人心；在第二次跃迁中，教师实现了由“被教育”向“自教育”的转变，由“受教育”向“自主发展”的转变，教师成为教师专业成长与发展的主人、主角、主体，教师专业发展的需要引导着教师专业的提升，自我导向、需求导向、问题导向、自主发展权利诉求日益受到教师教育机构的尊重与呵护。①

基于对这一发展阶段的认识，在职教师教育建立在这样一种理念下，即不把接受培训的教师只看成受教育者，而是首先承认他们是有理念、有思想、有方法、有经验的教育实践工作者，一切“教育”他们的意图，都必须建立在他们自身主动学习并力求改变自己的意愿的基础上；一切“教育”他们的活动，都必须基于他们自身的实践经验与学养基础，而不能企望于“上行下效”，或者“改造”“说服”之类的举措。这样一种认识，其实就是现代社会“以人为本”认识的基础，是我们尊重活动主体发展权、选择权、决策权的前提，也是中国传统社会中长期不受关注的个人权利，又是以“培训”“加工”为己任的传统教育的行为盲点。②真正的教育并非外在的影响或改造，而是基于主体的内在需求而学习、整合相关资源形成一种整体影响的社会实践活动。因此，本研究试图通过相关研究的整合，建构一个在职教师教育的理论框架，通过这样一个“脚手架”或

① 龙宝新.当代国际教师教育研究[J].北京：科学出版社，2016.

② 张铁道.教师研修：国际视野下的本土实践[M].北京：教育科学出版社，2015.

“搭建脚手架”，[①]为教师的在职学习或发展，为教师教育机构或教师教育者的专业支持，为教育管理部门的有效管理提供理论参考。

（二）建构的要素

欧盟的教师培训实践认为，有效的教师培训是由“两类七种要素”构成：一类是心理要素，包括教师对培训活动重要性的认知与动机；另一类是组织要素，包括领导、教师间的合作与沟通，地点选择及其专业发展机会的供给。这些要素以相互作用的方式影响着教师培训效能的彰显。其中，教师学习与培训系统的主要因素是教师合作、现场教学实践问题、教学领导、学习动机等。[②]由此可见，教师个体的学习、共同体的团队合作、基于校本的行动学习是关键因素。

美国威斯康星大学麦迪逊分校的学者肯尼迪（Kennedy）在《在职教师教育的形式与实质》（*Form and Substance in In-service Teacher Education*）中，从另一角度提出了教师培训的要素，即培训层面、培训深度、培训时间（包括教师与培训者的接触时间分配与总共接触时间）。肯尼迪认为，教师培训项目的效能首先取决于培训的密度，它可以通过培训者与培训教师间的接触时间总和来测量；其次取决于培训时间的分配，即培训时间是集中的还是散布在教师的工作经历中；再次取决于培训深度，即培训项目是否包括辅导教师的课堂来访，这种来访是教室内的直接咨询和指导还是教室外的探讨，与培训效能直接相关；最后取决于培训项目是纳入了全校发展改革，还是仅仅停留在教师个体指导的层面等。经过大量量化研究后肯尼迪发现：在培训层面上，全校范围层面上的教师培训效果较好，因为在全校范围内的培训更有可能影响一大批教师，教师之间会产生相互

---

① 脚手架不仅能防护，更能支撑和导引，它支持建筑工人攀登到规定的高度去进行施工操作。每个脚手架都有一定的方向、高度和宽度，工人就可以按照不同工作需要，沿不同路径上去。但是，基本的要求是需要承担任务的工人努力攀爬。我们希望通过这样一个理论框架，助力在职教师教育的持续发展。

② 龙宝新.当代国际教师教育研究[J].北京：科学出版社，2016：188-189.

影响、相互带动的效应，进而刺激教师的教学实践整体改进；在培训深度上，辅导教师深入教师课堂，借助观课、评课、课例研究等方式给予受训教师以实际有力的反馈、建议、指导，促使其将新教学理念融入教学实践中，培训效果会更好一些；在培训时间分配上，分散培训优于集中培训，有效的培训应该分散到教师的一个工作学年中，而不能进行一揽子集中培训，因为分散培训能够为教师提供多次将培训理念与自己课堂、学生学情联系起来的机会；在培训时间总量上，培训者与受训教师间的直接接触时间越长，越有利于培训效能的提高，当然，接触时间并非影响师生学习效能的最重要的变量，但基本的接触时间保证是衡量教师培训效果的指标之一。[①]这启示我们，校本培训或校本研修、教师教育机构或教师教育者的专业支持引领对教师在职教育很重要。

美国著名教师教育专家哈蒙德（Darling-Hammond）及其团队研究发现：现代教师培训效能离不开六个因素，即“四个主因素”与“两个辅因素”的作用。其中，四个主因素，一是实践关联。要促进教师专业发展，教师培训必须密集、持续地与实践发生关联，只有当教师培训中包括将教育理论知识用于教师的教学设计与实施环节等内容时才可能深刻影响教师的工作实践，由此确保学生的学习成绩不断提高。二是针对性课程内容。教师培训生效的关键是培训内容，有效培训内容必须具备两个特点，即聚焦学生的学习与针对教师的教学。最有效的教师专业发展活动必须以教师日常教学活动中面临的具体问题与现实挑战为主题，否则，单单关注抽象教学原则或教学方法，教师培训活动是难以引发教师的认同与兴趣的。三是学校发展目标。有效教师专业发展活动必须与学校发展面临的首要任务与阶段性目标相一致，将教师培训活动有机整合进更大的学校改革任务之中去。因为一旦教师的培训与发展活动被孤立化，即与当下学校发展环境相隔离，它就可能失去创新与变革的机会，最终变得僵化、呆板。四是教师工作网络。有效教师培训活动必须在教师社群内建立起强有力的工作关联，以此打破“箱格式”教室空间与个人主义教师工作风格的制约，

---

① 龙宝新.当代国际教师教育研究[J].北京：科学出版社，2016：188-189.

搭建起教师共同体内部的合作交流网络，为教师间共享经验、相互启迪、共同探索提供条件。除此，哈蒙德等认为，教师培训系统还包括两个附加因素：一是校本辅导，即基于学校的辅导系统有助于提高教师培训活动质量，促进学校教育变革，促进教育理念下沉到实践，以此提高教师工作的有效性；二是辅导项目，即专门致力于提高新入职教师有效性的入职与辅导项目，尤其是工作嵌入的教师入职辅导项目，更有助于新教师迅速进入工作职场。[①]哈蒙德的研究启示我们，有效的教师学习应该与实践相关联、内容具有针对性、融入学校教育教学实际、有团队研修的网络。

澳大利亚学者 Fennessy认为，教师培训系统由七个要素组成：（1）信息呈现，主要包括教育理念与技能的介绍、与相关理论的关联、对参训教师关注点的回应、与一线教师经验的关联、专业技能演示等活动内容；（2）实践与反馈，主要包括给参训教师以足够练习机会、召开实践会议并探明与课堂间的关系、帮助教师理解技能使用、安排足够练习实践、利用反馈提高教师技能表现等；（3）辅导，主要包括利用反馈引导教师把所学技能付诸实践、观摩参训教师的教学方法并给予反馈、反馈时考虑参训教师的学校与课堂特点、用反馈鼓励教师更自信地应用新理念等；（4）教学领导，主要包括在教学探索中校长与老师一起解决问题、校长知道培训项目的核心理念及其所需要的支持、校长全程参与新理念的引入、校长告诉教师如何实施新理念以达成学校整体发展目标等；（5）行政支持，主要包括学校行政机构讨论教师关心的问题与不满、行政机构帮助解决培训棘手问题、校长任命受训团队的领导、学校对教师与校长公认的问题作出决策等；（6）同伴合作，主要指教师间开展交流互动、以交互的方式讨论课堂问题与做法、共同设计课程、分享进步与经验等；（7）改进教学，主要包括改进当下教学实践、针对课程领域调整教学策略、引入提高教学成绩的新做法、教师反思学生表现、开展教学实验等。[②]从在职教师教育的角度来考虑这些要素，基于教师的实际需求、与学校教育教学实践相关联、同伴合作、专业支持与陪伴等，都是影响教师

① 龙宝新.当代国际教师教育研究[J].北京：科学出版社，2016：193.

② 龙宝新.当代国际教师教育研究[J].北京：科学出版社，2016：194.

有效学习的关键因素。

基于上述相关因素的理论探索，本研究从教师个体学习的内在机制出发，选择三个影响教师学习的外部关键因素——校本研修、教师教育机构和教师教育者，建构在职教师教育的理论体系。

（三）框架说明

本研究认为，在职教师教育应该建立在教师个体学习的基础之上，或者说，教师个体学习是理论体系建构的基点或出发点。无论是教师教育机构或教师教育者，还是在职教师自身，都要基于对教师个体学习内在机制的理解，去开展教育活动或进行自我教育。根据全视角学习理论，学习的模型有三个维度：内容维度、动机维度和互动维度。内容维度是有关所学之物的，它在性质上可以是知识、技能、观点、理解、见识、意义、态度、资质或者能力。动机维度指的是实现一个学习过程所需的心智能量，诸如动力、情绪、意志等。内容、动机维度是与个体的获得过程相关的。互动是与个体和环境间的互动过程相关，它关系的是个体与其所处社会性及物质性环境之间的互动，这种互动是在两种水平上的：一种是周边的、人际交往的水平，如在教室或工作小组这种互动环境所发挥的水平；另一种则是一般社会性的水平，其设定了互动过程的前提。因此，本研究用三棱锥底面的三角形ABC表示教师个体的学习，其中A表示内容，B表示互动，C表示动机。

教师教育机构及教师教育者是在职教师教育的主体，尤其是教师教育机构组织开展的在职培训，是在职教育的重要组成部分，构成了教师在职学习的主体内容。教师教育机构如何基于教师个体学习的内在机制组织实施有效的教育培训，是教师教育机构亟待考虑的关键问题。因此，本研究用三棱锥侧面的三角形SAB表示教师培训，它更侧重于A内容（为在职教师提供怎样的学习内容）和B互动（与在职教师的互动）。

教师教育者作为陪伴在职教师专业发展的支持者，他们的角色定位、素质结构及专业发展等，更为根本地影响在职教师教育。因此，本研究用三棱锥侧面的三角形SAC表示在职教师教育者的专业支持，它更侧重于A内容（为在职教师提供怎样的专业支持）和C动机（如何激发在职教师的学习动机）。

与教师教育机构提供的培训相比，基于学校的在地研修对在职教师的影响更为直接、更为关键。越来越多的研究表明，通过校本研修或校本培训，建立合作性的团队文化，能够最大程度地促进教师的专业发展，改善教学实践，提高学生的学习效果，切实提升学校的改革能力，是改革成功的关键。因此，本研究用三棱锥侧面的三角形SBC表示校本研修与合作学习，它更侧重于B互动（与在职教师的互动）和C动机（如何激发在职教师的学习动机）。

三角形SAB、三角形SBC和三角形SAC作为三棱锥的三个侧面，是影响在职教师教育的三个关键性因素，三者相互联系，各有侧重，共同支撑起在职教师教育的最大效用S。对于在职教师而言，要充分整合这三个关键因素，确保自身的学习效用最大；对于教育管理部门或研究机构而言，要基于教师个体的学习，充分整合三个关键要素，确保在职教师教育的作用发挥。

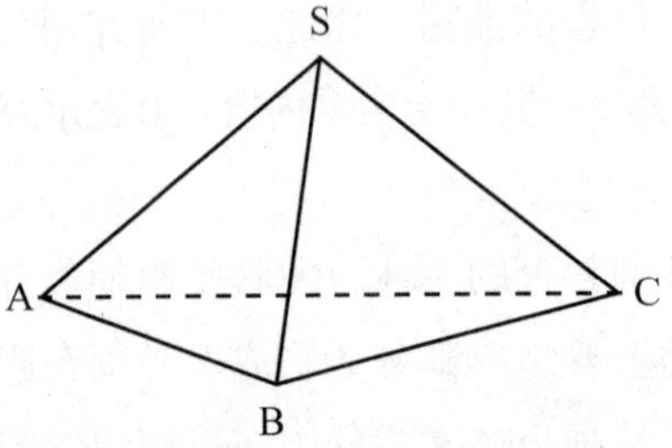

图1-1 在职教师教育的理论模型

表1-1 模型释义

字母及图形	代表意义
A	内容
B	互动
C	动机
S	整合
三角形ABC	教师个体学习
三角形SAB	教师培训
三角形SBC	校本研修与合作学习
三角形SAC	教师教育者的专业引领

第二章　教师个体的学习

一、教师学习的理论

伴随学习理论与实践的不断完善与发展，教师教育经历了从以“行为训练、知识灌输”为主要方式的教师培训，到以“自主建构、自我发展”为标志的教师发展，再到强调“真实情境、协作学习和共同建构”为特点的教师学习。从教师培训到教师学习，不仅仅是概念上的更迭，更是理念的转换和研究重心的转移。

（一）全视角的学习理论

丹麦的克努兹·伊列雷斯分析了学习的四种定义：其一，“学习”这一名词可以用来指发生在个体身上的学习过程的结果。在此，学习的含义是学到了些什么，或者是发生了什么样的变化。其二，“学习”这一名词可以用来指发生在个体身上的心智过程，这些过程可以导向含义一中所指的变化或结果。这种含义也常常被界定为学习过程，这也通常是学习心理学所关注的。其三，“学习”这一名词可以用来指个体与学习材料以及社会环境之间的所有互动过程，这些过程直接或间接地成为含义二所指的内在学习过程（导向含义一所指的学习含义）的前提条件。其四，“学习”这一名词不仅仅在我们的日常生活中被频繁使用，而且在官方和专业背景中，它也或多或少地被等同于“教学”这一名词。这表明了有一种对“教”与“学”混淆的普遍倾向。基于此，他把“学习”界定为：发生于生命有机体中的任何导向持久性能力改变的过程，而且这些过程的发生并不是单纯地由于生理性成熟或衰老机制的原因。关键是学习意味着一种改变，在某种程度上是持久性的改变，比如说，在被新的学习覆盖以前，或因为生命有机体不再使用而逐渐被遗忘以前，它就是“持久性的”。同样关键的是，这种变化不是由于生命有机体中预先已有潜能的自然成熟，甚至尽管这种成熟可能对于学习发生来说是一种很好的先决条件。①

克努兹·伊列雷斯考察了大量不同的理论和学习理论家，并试图一路指出其长处和弱点。例如，从有关整体性视角的观点来看，皮亚杰通过特别专注于认知与内容，有意识地回避了这一视角，而弗洛伊德和其他精神分析导向的视角则相应地聚焦于动机维度。文化历史学派及其继承者跨越了内容和互动维度，他们只是极少将动机维度纳入考虑之中，而且类似地，那些基于批判理论的研究者们专注于动机和互动维度，但只是偶尔考虑到内容维度。两位理论家在某种程度上似乎在这三个维度方面更能保持一种平衡，他们是美国的埃蒂安·温格和英国人彼得·贾维斯。

温格提出了学习的社会理论模型，在该模型中，学习嵌入在四种条件之间：意义、实践、共同体和身份认同。意义与内容维度有关，实践和共同体关注的是互动维度，身份认同与所有三个维度都相关，由此在它之下动机维度也是如此。温格自己将这个模型作为一个起点，来分析作为学习框架的实践共同体，并且他通过这种途径纳入了所有的三个学习维度。但很清楚的是温格的导向是特别朝向实践共同体中的学习，由此他将互动维度置于优先地位，并且他自己称其理论为“一种学习的社会理论”。因此，温格的理论本来可以作为一种平衡地纳入了所有三个学习维度的一般学习理论以期得到发展，但他选择的是专注于互动维度，然后将另两个维度在此基础上纳入。这种导向在他后期的文本中变得更加明显，正是在这些文本中，他所继续深入研究的是实践共同体的设计和运作。

贾维斯的出发点一开始是社会学的，并且特别关注成人教育。然而，从20世纪80年代以后，在他两本最新的著作《人类学习——一种整体性视角》（*Human Learning——An Holistic Approach*, Jarvis and Parker, 2005）

① ［丹］克努兹·伊列雷斯著，孙玫璐译.我们如何学习：全视角学习理论[M].北京：教育科学出版社，2014.

和《迈向人类学习的综合理论》（*Towards Comprehensive Theory of Human Learning*, Jarvis, 2006）中，在他涉猎广泛的研究成果中，引入的是越来越多的哲学和心理学的导向。而且，贾维斯在其新著《全球化终身学习和学习型社会》（*Globalisation, Lifelong Learning and the Learning Society*, Jarvis, 2007）中就当代全球发展和它对于学习、教育条件的影响之间的联系，又重新梳理了他的观点。因此，毫无疑问的是，贾维斯是从公开宣称的社会学导向和教育导向，转向一个更为一般水平和整体性的导向，他称之为“存在主义”（existentialist），即他的出发点是在人的存在或“生存”上，他很快就拓展了“在世界中存在”（being-in-the-world）的概念，深入发展为“在世界中与他人一起存在”（being-in-the-world-with-others），通过这样做，他发展了人与环境之间的辩证关系。综观贾维斯的广泛研究成果，他对互动维度的关注，特别是对社会水平上的关注，占据了一个压倒性的地位，并且将他最大的研究兴趣引导到了作为一个概念和一种政治性议程的终身学习上。贾维斯将“非学习”（non-learning）分为三种类型：假定（presumption）是指一个人已经思考过对某物的理解，因此，就不再会去抓住新的学习机会；不考虑（non-consideration）是指一个人也许抓住了新的学习机会，但是并未真正发生联系，也许是由于太忙碌或对这些机会可能导向的东西感到太过紧张；拒绝（rejection）意味着在一个更高的意识水平上，一个人不想去学习在一个特定情境中的新东西。由此，贾维斯的类型涵盖了非学习的三种意识水平程度，并且引进了一个重要的视角。不过，这些水平还只是通过简短一般的描述来加以定义，没有明确的标准。他的错误学习（mislearning）与内容维度有着非常大范围的联系，他的学习防御（defence against learning）主要与动机维度相关，他的学习阻抗（resistance to learning）主要与互动维度相关。不过，应该加以强调的是，在实践中常常很难去直接区分这三种不同的形式，特别是与防御和阻抗有关的情况下，它们会很自然地同时出现，并多多少少整合在一起。

基于上述的梳理与分析，克努兹·伊列雷斯提出全视角的学习理论，建构了学习的模型，用以表示学习的两种过程和三个维度：内容维度、动机维度和互动维度。它超越了传统心理学的经验理解，进入到与环境的互动之中；它超越身体与心理之分，强调个体的获得过程。内容维度是有关所学之物的，它在性质上可以是知识、技能、观点、理解、见识、意义、态度、资质或者能力。动机维度指的是实现一个学习过程所需的心智能量，诸如动力、情绪、意志等。内容、动机维度是与个体的获得过程相关的。互动是与个体和环境间的互动过程相关，它关系的是个体与其所处社会性及物质性环境之间的互动，这种互动是在两种水平上的：一种是周边的、人际交往的水平，如在教室或工作小组这种互动环境所发挥的水平；另一种则是一般社会性的水平，其设定了互动过程的前提。①

本研究对教师个体的学习机制也参考了这一模型，试图从内容、动机和互动三个维度去探讨在职教师作为成人的学习机制。

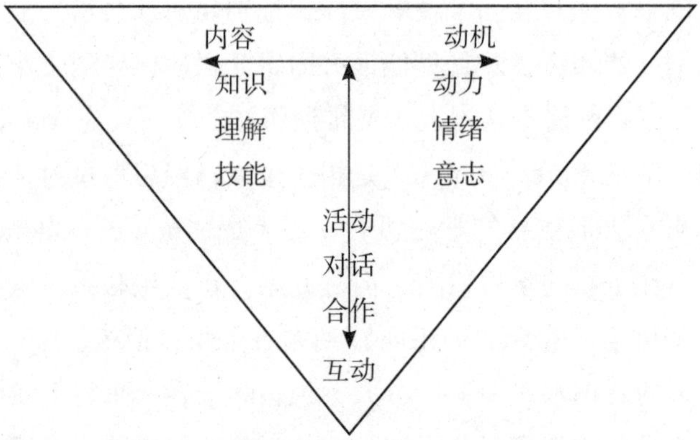

图2-1 作为能力发展的学习模型

（二）教师学习的不同视角

不少学者（Greeno，1996；Putnam & Borko，2000；Hoban ，2002）对教师学习的视角进行了分析。Greeno（1996）提出了关于认知与学习的三种理论视角：行为主义视角、情境—社会历史视角、认知视角。Hoban

① ［丹］克努兹·伊列雷斯著，孙玫璐译.我们如何学习：全视角学习理论[M].北京：教育科学出版社，2014.

（2002）分析了关于学习的四种理论视角：认知视角、情境视角、理论实用主义、系统思维观点。教师学习研究的理论基础主要涉及以下视角。

1. 行为主义视角（behaviorist perspective）

行为主义学者认为：行动（行为）是认知、教学和学习的场所。知识由教师传递，由学生接受，而不是解释。传递是教学模式，为了促进有效的传递，复杂的任务被分解成为众多层级的组成部分，从简单到复杂按顺序加以掌握。学习受到报酬与要求等外在动机的驱使，根据外在刺激发展正确地反应。设计得很好的活动程序，带有经常反馈和强化的清晰教学目标，以及从简单到复杂的技能先后顺序，这对于学习机会的设计来说是重要的。

2. 认知视角（cognitive perspective）

认知学习理论的分析单位、对学习的关注点集中于理解和描述个体心智的活动。该取向来源于Piaget（1950）的理论：学习是在个人经验基础之上对个体知识不断“重新加工”的过程。这一取向认为：知识包括反思，概念发展和理解，解决问题和推理。学习涉及学习者对现有知识结构的积极重构，而不是被动消化或机械记忆。在个体知识建构的过程中，强调对学习有重要影响的个体先在知识的重要性（Hoban, 2002）。学习动机是内在的，学习者应用包括其先在知识和经验在内的个人资源来建构新知识。在这一过程中，改变是通过反思个人信念和知识而实现的。这一取向的关键假设是：学习在本质上是不断累积的。如果脱离先在经验，学习则是无意义的，或者什么也学不到。

3. 情境视角（situative perspective）

情境视角认为个人不能从其社群和环境中脱离开来（Lave & Wenger, 1991）。分析单元或学习的焦点集中于“在社会行动中的个体”。该视角认为：知识分布在环境中的社会、物质和文化产物等之中。认知是个体参与社群（如数学社群）实践的能力。学习涉及发展在特定社群和情境中注重的实践和能力。学习动机是发展和维持学习者参与其中的社群身份。学习机会需要被组织，以促进参与探究和学习实践，支持学习者作为探究者的身份，使学习者发展学科的话语和辩论的实践。情境理论学者把学习视为参与社会化组织活动中发生的改变，个体对知识的应用是其参与社会实践的一个部分（Lave & Wenger, 1991）。许多学者指出：学习既涉及个体特征，也涉及社会文化的特征，并认为：学习过程是一个适应文化和建构的过程（Cobb, 1994）。

4. 理论实用主义（theoretical pragmatism）

关于学习的实用主义取向认为：可以根据“有用”的原则而选用不同的取向（Hoban, 2002）。Hoban（2002）指出：认知视角和情境视角都提供了关于学习过程的有价值的洞见，有利于理解特定的影响。但它们强调了不同的方面：认知视角强调先在知识等个人条件对学习的重要性，而情境视角强调社会和情境条件的重要性。Putnam和Borko（1997）主张将不同视角结合起来看待成人和专业学习。他们在知识和信念的个体性质以及认知的社会情境与分散性质基础之上，提出了一种关于教师学习的折中观点，认为最适宜的学习条件包括：教师应该被视为建构自己知识的积极主动的学习者；教师应该被授权，应该被视为专业人员；他们应该考虑学习中的最基本理念并获得不同的专门知识。这与认知的分散性质相关，教师教育应该处于课堂实践之中，教师教育者应该以期望教师对待学生的方式那样对待教师。Hoban认为：以上学者尽管运用多重视角看待学习，但并没有将它们整合成为连贯的“学习系统”，于是他提出了“系统思维”的观点。

5. 系统思维观点（systems thinking approach）

Hoban（2002）将以上关于学习的几种核心理论放到一起，强调了它们之间的相互影响，他强调“学习系统”各个组成部分之间的关系。当个体学习者、社会、情境条件相互作用，多种影响协同作用而使彼此改进时，就形成一种“互惠的螺旋关系”（Salomom & Perkins, 1998）。Hoban

（2002）认为：系统思维方式下的分析单元或学习关注的焦点是“处在关系行动中的个体”。因此，学习是分布在学习的影响因素之中的，而不是处于社会情境之间，或者是处在个体之内（Hoban, 2002）。系统思维将“处在关系行动中的个体”作为分析单元，强调不同组成部分之间的关系，承认个体学习受到不同行动的影响，如团体讨论或实践情境，或者像录像或书之类的工具。

6. 社会文化理论（sociocultural theory）

关于学习与发展的社会文化理论由苏联心理学家Vygotsky及其合作者在20世纪20年代至30年代提出并发展而来。Vygotsky及其继承者Leont'ev, Luria通常是采用“社会历史”（sociohistorical, e.g., Luria, 1981），或“文化历史”（cultural-historical, e.g., Smirnov, 1975）一词。Wertsch（1995）认为，“社会历史”和“文化历史”更能反映该理论的传统。“社会文化”这一术语，反映了不同学者对文化的理解；而且，对于当前，尤其是西方国家关于人文科学的辩论来说，用“社会文化”一词则更为适合。因此，我们可以见到的当前大部分关于这一理论的著述都采用“社会文化”这样的表述。

社会文化理论的目的是：阐明人类心理机能及其发生的文化、制度和历史情境之间的关系（Wertsch，1990、1995）。Wertsch（1990）提出：Vygotsky社会文化理论有三个主题：（1）依赖发生的（即发展的）分析；（2）个体高级心理机能源于社会生活；（3）工具和符号调节高级心理机能。社会文化研究应该考虑变革，而不是仅仅探询人类行动和行动发生的文化、制度和历史背景。我们应该应用社会文化理论提供的洞见去解决真实世界中的问题。

当前有不少学者从社会文化理论的视角来探究教师学习和教师专业发展等（Englert & Tarrant, 1995; Schifter, 1996; Palincsar & Magnusson et al., 1998；Grossman & Weinberg et al., 2001）。社会文化理论对于教师专业发展和教师学习的意义主要在于：用于设计教师专业发展的情境（Palincsar, 1998）；探究教师学习和发展教师专业技能与知识的协作情境（Nelson,

2004）；根据情境理论，以团队为焦点，探究教师学习共同体/社群对教师学习和变革的影响（Putnam & Borko, 2000；Borko，2004）。

二、教师学习的内涵

在西方教师教育界，“教师学习”概念是适应“终身学习时代”并针对“教师专业发展”被窄化为在“教师专业发展日”（Teacher Professional Development Day）进行自上而下的“被培训”“被发展”而提出的。国内学者在论述教师学习研究意义时也指出：当代教师教育大致按照从“教师培训”到“教师教育”再到“教师学习”的脉络演进，教师学习是当代教师教育发展的逻辑走向，从强调“教师培训”到“教师教育”再到关注“教师学习”，研究领域的横向转换不只是名称的变换，更是理念的转换和研究重心的转移。[①]总之，“教师的专业发展是一个终身学习的过程”已成为基本共识。[②]

（一）教师学习的教育学意义

从语词本身的内涵来说，教师学习和教师专业发展是彼此统一的。教师学习是教师可持续专业发展的基础和前提，对此，教育学界几乎没有异议。但在对“教师学习”内涵的理解上人们还是存在一些细微的差别。比如，有研究者认为教师学习是经验性学习，分为自发的经验性学习和自觉的经验性学习，教师经验性学习的目的在于通过经验建构个人教育知识、学会教学；也有研究者将教师学习界定为“教师在外部环境支持下主动寻求自身整体素质的提高，持续追求专业发展和个人发展相互统一的整体性活动”，“教师学习是基于教师自我发展的需要和意识下获得的个体专业

① 樊香兰，孟旭．逻辑与走向：当代教师教育道路的演变[J].教育研究，2009（10）：80-84.

② 杨跃.教师教育学[M].北京：北京师范大学出版社，2016：221.

经验的自我更新”，主要指在一定人为努力或外部干预下的教师专业知识、能力的生长变化；还有研究者强调教师学习并不只是简单意义上的独立学习或者自学，教育活动中的教师学习应该具有文化意涵，意味着教师群体中学习文化的建构和发展，意味着教师具有学习的精神、态度、方法和行为，教师学习本质上是合作的、共同的、探究的、基于自发与自主的学习行动。[①]

有学者把教师学习和教师发展区分开，认为教师学习主要是指在一定人为努力或外部干预下的教师专业知识、能力的生长变化，[②]强调主动学习。有学者认为“教师学习”在教育界虽然已经常见但仍没有得到直接使用，因此把教师学习按“教师”和“学习”组合来理解。[③]有学者立足于历史的角度对教师学习的概念进行梳理，即传统方式中以在职教育和进修为主的教师学习、理念变革时期由外规培训走向内在激发的教师学习、终身学习时代的教师学习。[④]有学者认为教师学习是一种生存权利，[⑤]且国家和社会应该在时间、资源、环境、制度、评价等方面为教师创造学习的氛围与文化，营造教师学习的环境。有学者从课程论的角度，认为教师即课程，教师学习即课程的预设与生成。[⑥]也有学者在成人学习的角度解释教师学习的概念，认为教师学习是一种成人学习，并强调经验对于教师作为成人学习的重要性。[⑦]学习是人自身发展、超越的过程，也是人实现自我超越的需要。只有把学习视为人自我发展、超越的需要时，人们才会自

---

① 杨跃.教师教育学[M].北京：北京师范大学出版社，2016：222.

② 刘学惠，申继亮.教师学习的分析维度与研究现状[J].全球教育展望，2006（8）：54-58.

③ 李志厚.教师校本学习研究[D].西北师范大学教育学院，2005.

④ 孙德芳.教师学习研究:基点、论域与方法[J].教师发展论坛，2010（2）：3-5.

⑤ 金美福.终身学习:教师的生存权利论——一种自主学习的教师教育观[J].中小学教师培训，2003（5）：14.

⑥ 岳淑丽.从规范性向享受性学习转变——基于教师职业发展阶段视角[J].中国教师，2010（1）：45-48.

⑦ 顾通达.小学教师继续学习需要的实践研究——对一次培训的分析与思考[D].华东师范大学硕士学位论文，2002.

觉地进行学习活动，才能形成“学而时习之，不亦乐乎”的学习观，才可以为学习化社会的构建提供坚实的内在动力。[①]教师学习是教师在自身努力或外部环境的影响下，专业知识和能力获得变化的过程，教师学习与教师专业发展是一个统一的过程，教师学习是教师专业可持续发展的基础和前提。[②]

由上可见，“教师学习”是一个涵盖性术语，强调教师作为学习者在谋求自身专业发展中的主动性、能动性和创造性，即在意识到自身专业发展的需要而进行的，在专业知识、能力、观念、态度、情意、伦理道德等品质方面的自我更新。教师学习是一个主动参与的自我更新过程。从“教师教育”转向“教师学习”的意义即在于突出教师学习的日常性、教师知识的内生性和教师发展的主动性。教师学习研究的意义在于重新认识教师持续学习的重要性，探索新形势下教师专业学习的内容、方式、途径等；探讨与深化教师自主学习理论，了解教师学习需求和动机，激发教师作为学习者的学习热情；为营造教师学习文化，为教师专业学习创造良好的环境和条件，以及为建立和优化教师学习制度，形成良好的学习机制提供建议。[③]

（二）成人学习的特点

成人学习是一个涉及心理、教育、文化、社会、政治、经济等诸多因素的复杂问题，这是由“成人”这个学习主体的复杂性决定的。因为“成人”是异质化、多维度的存在，即无论从年龄、性别、生理、心理等个体特征来看，还是从从事的职业、行业、所属社会经济阶层、扮演的社会角色等社会特征来看，成人学习者个体乃至群体相互之间的差异都是客观、多维的。各种类型和各种层次的成人学习规划及实施，都应该尽可能从成

① 李润洲，石中英.人·学习·学习能力——构建学习型社会的哲学思考[J].教育学报，2006（2）：62-67.

② 张敏.教师自主学习调节模式及其机制[D].浙江大学博士学位论文，2008：3.

③ 杨跃.教师教育学[M].北京：北京师范大学出版社，2016：227.

人个体性存在和社会性存在的实际情况出发。有研究者认为，“成人学习”分为“指导性学习”和“自学”两大类。按照成人学习与职业或就业的关系，“成人学习”又可分为“以职业为目的的学习”和“非职业目的的学习”。在一定意义上说，“指导性学习”和“自学”，以及“以职业为目的的学习”和“非职业目的的学习”，共同构成了与成人工作、职业和社会生活紧密相连的“学习图景”。[①]

成人心理学的研究显示：第一，人是不断发展的，成人的学习能力也是发展的，但成人学习具有与儿童和少年不同的特点；第二，成人的学习能力跟人的主观能动性联系紧密，不受年龄的影响，不会随年龄的增长而下降。诺尔斯认为，成人学习者的特点有：（1）成人是社会化的人，具有一定的社会经验，并掌握了一些社会资源；（2）成人的个性独特且独立；（3）成人的社会角色影响着成人的学习。由此可见，成人学习的基本特征是：第一，学习自主性强。一般来说，成人是已趋于成熟的个体，在学习上具有较强的独立性和自主性。他们会根据已有的知识经验、职业性质、工作需求、兴趣爱好自主地选择学习内容，并根据自己的实际情况来选择适合自己的学习方式。第二，学习动机多元化。成人学习的动机深受其生活环境的影响和制约，与年龄、教育程度、职业水准、收入、性别、婚姻状况以及居住地区等因素密切相关，因此成人学习动机具有多元化的特点。第三，学习受客观因素影响。作为社会工作者和家庭承担者角色的成人，在学习时有时显得力不从心。如学习时间难安排、学习精力有限、社交活动繁多等客观因素都极大地影响着成人的学习。第四，参与教学决策。成人学习者希望与教师共同承担教学责任。他们希望能够和教师一起评估学习的需要和目标，选择教学活动以及决定如何评价他们的学习。[②]

成人的学习行为是一个具有多方面影响因素的社会性行为。成人的学习行为并不是一个单纯的学习问题。成人的学习活动内涵有着许多错综

---

① 何光全.我国成人学习基本状况调查[J].现代远程教育研究，2013（6）：59.

② 黄翠银，梁玉玫.Google Calendar在成人学习时间管理中的应用[J].继续教育研究，2009（7）：152.

复杂、相互影响的因素。成人选择学习行为，首先出于一种改变生活状态和提高自己生活质量的动机。他们希望通过参加成人的学习活动而提高自己、充实自己、增长才干，并使自己的生活更有意义。同时，成人的学习活动在客观上也能够实现提高自己的文凭和学历，并满足社会对人才的学历性的要求。而成人的学习活动，受自身生活状态、学习能力、教师及教育环境等方面的影响。因此，成人的学习行为是一种复杂的、多因素性的社会性的学习行为。探讨成人学习行为背后的相关因素，将使我们清晰地对成人的学习行为进行有效的反映，并提高成人的学习行为的有效性。

有研究者对成人学习进行定量研究发现，影响成人学习行为的较为重要的几种因素有：学习方法、学习时间、学习兴趣、学习能力以及教师的教学质量。学习方法与学习时间是成人自身学习能力的不同方面的反映，学习能力较高者，会相应地有较多的学习方法，他们会利用时间，并能用较少的学习时间完成较多的学习任务。而学习兴趣，包含着更多的动机因素、意志力等学习中的非智力因素。学习兴趣在维系成人的学习活动中也起着重要的作用。教师的素质问题在成人的学习活动中也是一个非常关键性的因素。那些在教学中能够理论联系实际、用更多的案例进行教学、达到深入浅出、产生风趣幽默的课堂效果者，是受成人学员较为欢迎的成人教育教师。教师的良好素质是提高成人教育教学质量的重要因素，好的教师，能够使成人学员有更多的学习收获。[①]

学习动机与学习兴趣之间并不是相互协调发展的。有较强烈的学习动机并不说明有较高的学习兴趣，甚至还会出现学习动机越强，学习兴趣则越低的现象。说明学习兴趣是需要培养和发展的，学习动机不能代替学习行为与学习兴趣。而在成人的学习活动中，成人教育工作者的首要任务是应该逐渐使成人掌握适当的学习方法、提高其学习的兴趣，使其学习行为变成自觉的、可持续性的学习行为方式。

就外在因素而言，主要有如下因素：（1）梅里安认为，[②]环境障碍

① 李俊.成人学习研究——成人元认知能力的研究及成人元认知能力相关因素的研究报告[J].河北师范大学学报(教育科学版)，2005（4）：93.

② 纪河，麦绣文.成人学习者的学习心理及基本特性[J].中国远程教育，2006:20.

与学习者的外在学习条件有关。纪军[①]认为成人学习的环境障碍与成人的生活环境和社会环境相关。除此，雷丹[②]认为情境障碍还与学习者周边人的文化水平和学习氛围有关。瓦伦丁[③]分析，工作是男性学习者的主要环境障碍，而家庭是女性学习者的主要环境障碍。（2）中小学教师普遍存在工作量过重的现象，还有一些中小学的师资数量不足，教师极难有专门的时间去参加培训，工学矛盾十分突出。这些都表明有关的教育行政机构和教师所在学校还没有真正做到以教师及教师的发展为本。因此，在成人参加学习的过程中，过重的学习负担与家务负担均会影响成人的学习行为与成人自己对其生活状态的评价。因此，在我们的成人教育活动中，尽量地减轻成人的学习时间与学习负担，使成人在参加学习活动中感到轻松、愉快和有所收获，是成人教育应该采取的教学方式。（3）中小学教师具有多重角色。在平时的教育教学工作中，中小学教师首先必须要做好与学生、与同行、与学校、与家长、与社会等多方面的沟通工作，工作任务十分烦琐。其次，中小学教师在家是儿女、是父母，还承担着多种家庭责任与义务。（4）社会没有真正树立终身教育和建设学习型社会观念。在传统观念中，学习仅是未成年人在学校接受的全日制教育，在终身教育思想已盛行的今天，还有大部分人难以摆脱这种传统观念的制约，他们认为教师既然已经走上了工作岗位，而且从事“教”这样的工作，就已经学有所成，无需学习了。

如果教师了解成人发展的规律，那么遵循这些规律就会对学习培训起到积极的作用。人的发展具有不平衡性，同一方面的发展速度在不同的年龄阶段是不平衡的。青少年敏捷的思维力、丰富的想象力、惊人的记忆力固然可以促进他们的学习，但相比青少年，成人抽象思维能力、独立思考能力、应变能力、为人处世能力同样占优势。成人学习能力的增长不会由于生理成熟而终结；成人学习的能力并不伴随年龄的增长而明显下降。因此，中小学教师不能把学习失败归于生理原因。成人只要发挥主观能动

① 纪河，麦绣文.成人学习者的学习心理及基本特性[J].中国远程教育，2006:20.

② 陈国华.成人教育与学习参与障碍研究述评与展望[J].职教通讯，2012:42-46.

③ 同上。

性，努力地学、不断地学，学习的能力也会提高。中小学教师也是一样，认识到了成人学习的特点后，发挥自己的主观能动性，树立学习信心，那么在学习培训中的心理障碍也就迎刃而解了。

（三）作为成人的教师学习

目前学术界对教师学习特点的分析更多的是从成人学习的角度，关注作为成人的在职教师在学习过程中表现出的特点。成人学习理论包括五个基本假设，即成人是自我导向的学习者、成人具有丰富的个人经验、成人具有明确的学习需求、成人的学习是问题或任务导向的学习、成人的学习动机主要来自内部。①吴卫东指出，教师的学习是个体主动建构的过程，是基于情境的学习，是实现理论与实践的对应，是在实践共同体背景中进行的，是过程反思的学习。②鱼霞与毛亚庆认为，教师的学习是自我导向的学习，是丰富多样的人格化经验参与的学习，是以问题为中心的学习，是资源共享的学习，是以提高绩效为目的的学习，是基于情境的学习，是个体主动建构的过程等。③张铁道认为，第一，成人参与学习具有明确的学习目的，希望能够通过学习满足改善自身生活与工作现状对于知识和技能的需要；第二，成人唯有将亲身体验进行分析并加以理性化，学习的内容才能有效地转化为自身的素质，而这种转化过程则表现为针对学习者认知水平、社会化程度而设计的“诊断—干预—升华”过程。④综述上述观点，作为成人的教师学习的特点主要表现在以下几个方面：

第一，在职教师学习具有明确的目的。他们希望能够通过学习增强自身的教育实践能力并借此获得职业成就感。因此，他们的学习具有很强的主动性和自主性。教师学习是基于专业成长的自我导向学习。教师作为成

① ［美］雪伦·B·梅里安.成人学习理论的新进展[M].黄健，等，译.北京：中国人民大学出版社，2006.

② 吴卫东.教师专业发展与培训[M].杭州：浙江大学出版社，2005.

③ 鱼霞，毛亚庆.论有效的教师培训[J].教师教育研究，2004（1）.

④ 张铁道.教师研修：国际视野下的本土实践[M].北京：教育科学出版社，2015.

年人，在生理、心理上都已成熟，有较强的自主意识，能够自我控制、自我管理，能够对自己的生活负责；教师具有学习的需要，这些需要与改变自我的社会角色密切相关，教师学习是在内部动机的驱动下发生的，而非外在因素胁迫；教师具有独立的自我概念，能够指导自己的学习。因此，强加于教师的学习是没有效果的，甚至会适得其反，只有教师自己感受到学习的需要，主动制订学习计划，依照计划来进行以专业成长为目的的学习才能够收到令人满意的效果。

第二，在职教师作为具有专业知识和实践经验的成人学习者，所学内容必须与其已有的实践经验相联系并加以整合，才能激发他们的学习动机，进而有效拓展并内化为他们的知识与行为。这一学习过程包括“需求诊断—行为干预—实践巩固”等基本环节。[①]因此，在职教师学习是以问题解决为基点的行动学习。在职教师的学习是在日常的教育教学过程当中进行的，其主要目的不是系统掌握某个方面的知识、形成完整的体系，而是要解决自己在教学过程中遇到的种种不确定的、鲜活的、复杂的问题。在职教师学习必须是以教学实践中的问题为基点进行的行动学习，将学习和实践结合起来、融为一体，实践中的诸多问题才可能在学习当中得到解决。同时，在职教师学习是一个即学即用、持续不断的过程，它要求在职教师不断面对和处理不同的复杂问题，在职教师要想获得可持续发展的动力和能力，就必须不断学习与探究，成为终身学习的典范。

第三，外部提供的培训学习对于在职教师而言只是一种推动，实现教师专业发展目标的根本还在于在职教师自身的自觉追求和来自管理制度的导向及专业咨询的支持。在引导教师专业学习过程中，教师教育者扮演着重要角色，主要体现在切合学习者的“最近发展区”设计、组织富有挑战性的学习过程并借此满足学习者的专业发展需求。教师专业培训需要创设平等、宽松的人际互动交流氛围。因此，除了必要的知识讲授，更多的是为在职教师提供交流分享各自经验的机会，并借助案例分析和实践改进、行动规划等环节，建构高质量的互动学习体验过程。

---

① 张铁道.教师研修：国际视野下的本土实践[M].北京：教育科学出版社，2015.

第四，在职教师学习是在实践经验基础上的反思学习。杜威认为，“反思可以把经验含糊的、可疑的、矛盾的、某种失调的情境转变为清楚的、有条理的、安定的以及和谐的情境”。[①]梅洛·庞蒂则指出，“反思不是从世界走向意识的综合体并把它作为世界的基础；它是回过头来注视那些出类拔萃的形式与外观，它们像从烈火中飞溅出来的火花一样在高空飞扬；它放松了把我们与世界联系在一起的有意向的绳索并把它们引入我们注意的视线之中”。[②]美国心理学家波斯纳（G.J.Posner）也曾指出：教师成长＝经验+反思。他认为，没有反思的经验是狭隘的经验，至多只能形成肤浅的知识。如果教师仅仅满足获得经验而不对经验进行深入思考，那么他的发展将大受限制。[③]总而言之，“教师如能养成强烈的反思意识和能力，如能牢固确立‘教师即研究者’的角色意识，面对工作中遭遇的各种教学问题，大胆质疑，勤于反思，无疑将十分有助于自身的专业成长与实践性知识的生成”。[④]尽管反思在教师学习中具有极为重要的价值与作用，但是，并非每一个人的反思能力与水平都是一样的。可以采取如下一些措施：其一，以群体反思促进主体的认知冲突的生成；其二，以合理归因提升主体的反思水平；其三，以元反思促使主体形成反思的习惯；其四，以指导者的适当介入引领主体深入反思。[⑤]

第五，在职教师学习是以教师团队为基础的合作学习。作为个体的独立学习有利于独立思考，也可以避免一些外部因素的干扰，但同时也限制着教师获取信息的途径和扩展视野的机会。这就需要把在职教师学习置于更加广阔的背景下，关注在职教师学习的团队背景，以合作和文化的生态变革取向的教师专业发展观超越只从教师个体层面探讨教师专业发展的单

① ［美］约翰·杜威.我们怎样思维·经验与教育[M].姜文闵译，人民教育出版社，1991：83.

② VanManen, M., “Phenomenological Pedagogy and the Question of Meaning”, in D. Vandenberg(Ed.), Phenomenology and Educational Discourse, Durban:Heinemann Higher and Further Education, 1996.39-64.

③ 皮连生.学与教的心理学[M].上海：华东师范大学出版社，1997：20.

④ 刘旭东.教师实践性知识的反思与重建[J].教育科学研究，2008（10）.

⑤ 吴琼，李贵仁.论当前推进教师反思的着力点[J].教育理论与实践，2015（32）.

一视角，注重从文化、组织、社会或制度层面研究教师专业发展的问题，建构在职教师实践共同体。教师的专业发展不能仅仅依靠个人的力量，教师群体是个人成长与发展的沃土。在职教师要通过团队的合作学习，通过参与合作性的实践来滋养自己的教学知识和实践智慧，在与包括同事在内的“重要他人”和“重要他们”进行交往、互动、对话、协商、合作和分享的过程中建构起温馨和谐的“实践共同体”。

三、影响教师学习的因素

对学习影响因素的研究是学习研究经久不衰的课题。学者们从不同的角度对教师学习的影响因素做了分析。有研究者认为，教师学习的影响因素是指驱动和阻碍教师学习的因素。研究发现，感觉教学上力不从心、感到不断学习才能更好地应对变化、提高工作效能、满足学生成长的需要、解决实践中遇到的困惑和挫折、促进自我提高、力求更多发展机会、赢得领导和同事的肯定、不落人后，维持自尊、评职晋升、避免淘汰等动机，想不断挑战自我现状、不断改进教学、积极适应教育改革要求的态度、社会对教师的高期望和高要求、工作繁重、同事之间竞争的感受等，都是影响教师学习的因素。有研究者认为，自我效能感、动机目标、主动性人格、社会期望、学校事务、竞争压力是教师学习的主要影响因素。其中，自我效能感、动机目标、主动性人格属于个人内部因素，社会期望、学校事务、竞争压力属于外部因素。动机目标包含任务动机、自我提高动机和社会比较动机。[①]社会期望、学校事务、竞争压力属于外部因素，但它们只有被教师所感知，才能对教师的工作和学习发生影响。

近年来，一些学者开始在以往研究的基础上尝试对教师学习的影响因素和发展阶段进行理论架构。达林·哈蒙德（Darling-Hammond）等提出了一个教师学习的理论框架。这个框架重点提出了教师学习中的几个关键

① 张敏.教师自主学习调节模式及其机制[D].浙江大学博士学位论文，2008：36-37.

因素：学习愿景，教师学习共同体，对教学、学习和学生的理解，教育实践，专业素质，辅助资源。费曼南瑟（Feiman-nemser）将教师专业学习和发展分为职前教育、入职引导和专业发展三个阶段，并列出了每个阶段的学习重点。在教师学习和专业发展的不同阶段会有不同的关注和学习侧重点，相关的影响因素也会发生变化。[①]对于教师学习的影响因素，国内外学者多是基于班杜拉的社会认知学习理论来研究。班杜拉认为学习是个人、环境和行为三大因素共同影响的，并且三大因素是互为因果的交互影响，是一个不断循环的过程，在这里环境和个人就是行为的影响因素，环境有社会环境和物质环境，是外在的。个人则指个体自身对环境和行为的调节和控制，个人是主体因素，是内在的，班杜拉用自我效能感来强调个人的主体因素。但是，个人的主体因素不只是自我效能感所能涵盖的，其中也有教师个人的非智力因素，如教师的成就动机、求知欲望以及教师个人的自制力、自信心、自尊心、意志力等，并且自我效能感也应该是非智力因素之一。因此，教师学习的影响因素可以分为内在的和外在的两类。[②]

（一）内在影响因素

意识是人的大脑对于客观物质世界的反映，是知觉、思维等各种心理过程的总和。作为成人的教师学习意识内容复杂多样，并具有个体差异和阶段差异，包括自我认识、自我情感和自我反思。处于终身学习和学习型社会大背景下的在职教师逐渐抽出时间进行学习，掌握与时俱进的知识，丰富自己的生活，提高人生质量。学历对自身影响不大，他们学习主要是为了解决工作中的实际问题。这样的学习意识，就会促使他们积极上课，并且下课后会就自己工作中遇到的问题积极向老师请教。个体的意识对他们的知识、技能、思想价值观念产生直接影响，是个体社会化程度的重要

① 王芳，马云鹏.“教师学习”研究的发展及其对职前教师教育的启示[J].外国教育研究，2010（4）：7.

② 陈秀娟.关于教师学习的文献综述[J].西北成人教育学院学报，2014（5）：52.

依据。①

学习动机作为非智力因素的核心成分，直接影响和牵制着其他非智力因素作用的发挥。在职教师片段学习的动机很强，也有一部分是为了适应新的环境，完成生活中的过渡，而把学习当作过去生活的结束和新生活开始的重要手段。可见，在职教师的片段学习动机总体而言比较强。因为他们的片段学习是以“问题”为本位的，学习目的是解决生活、工作中的难题。男性在职教师片段学习的动机取向倾向于工作进展、外界期望及社会服务；女性在职教师片段学习的动机则倾向于文凭、兴趣与社会交往。

学习动机是在一定的学习需求基础上直接推动在职教师进行学习的内部动力，是在职教师进行学习的动力源泉，对他们能否成功进行学习起着关键性的作用。因此，激发在职教师的学习动机，使其保持良好的学习状态，对在职教师学习具有不可或缺的作用。在职教师学习动机的激发有两个条件，一是内在条件，即学习需要；二是外在条件，也称学习诱因，是指来自外部环境并满足在职教师学习需要的外在刺激。内部的学习需要和外部的学习诱因，都能激发在职教师的学习动机。外部的学习诱因能够转化为内在的学习需要，并进一步使在职教师产生学习动机。根据马斯洛（Maslow）的需求层次理论，在职教师的学习动机就是自我实现需要的具体实现，自我实现是一种“希望能成就他独特性的自我欲望”，它是通过成就感和胜任感来满足的。诺尔斯也认为在职教师的学习是自我发展、高度个人化的。这两种理论充分强调了在职教师学习动机的自觉性、独立性。对在职教师而言，利用空闲时间进行片段学习需要的学习动机相对较强。作为学习的主体，在职教师在学习动机方面存在个体差异，这会在一定程度上影响他们的学习。就学习动机而言，如果在职教师有强烈的学习需求，对自我提升有积极的规划，则在学习行动的具体落实上会更加有效。

兴趣是个体力求认识某种事物或从事某项活动的心理倾向。相关调查结果表明，学习兴趣对于在职教师学习活动、提高学习效果具有显著作用。因此，分析在职教师学习兴趣的影响因素，对于培养和激发在职教师

① 林瑞华.普通高校成人学员片段学习研究——以 H 大学为例[D].河北大学硕士学位论文，2015：27-28.

学习兴趣具有极其重要的作用。“兴趣是最好的老师”，对于在职教师而言，他们肩负着来自家庭和工作的责任，利用较少的空余时间进行学习，其中影响较大的因素在于在职教师对所学内容感兴趣，兴趣唤起了他们迫切的求知欲，促进他们主动、自发地进行学习。在职教师在学习兴趣方面存在个体差异，这会在一定程度上影响他们的学习。就兴趣而言，如果在职教师具有积极主动的学习心态，则有利于促进他们的学习。

（二）外在影响因素

教师教育机构的教学情况是影响在职教师学习的重要因素。其中教师的教学内容、教学方式等都与教师学习有一定的关联。就教学内容而言，一方面，教师教育机构的课程往往理论性较高，缺乏针对性和活力，教学内容与中小学教师的实际生活相脱节，开设的教学内容没有考虑到学员内心的真正需要，缺少实用性和针对性，这使学员兴趣不高，上课积极性不强，影响学习的效果。另一方面，教学方式单一，灵活性不高，多是传统的讲授式和灌输式，不能充分调动学员学习的积极性，无法让学员全身心地听课。教师与学员课后交流很少，未能充分了解学员的学习情况，在一定程度上影响了学员学习的热情和学习效果。教师的教学方式若能做到循循善诱，提供适当的辅导，则会使学员在学习过程中获得成功的经验。就教师教育机构而言，能否最大限度地为学员提供知识技能的学习便利是其价值所在。近年来我国教师教育机构的快速发展，大大拓宽了学员的学习途径和方式。但值得注意的是，由于教学内容和方式等存在的不合理现象，使学员逐渐丧失了对学习的热情。

教师作为成人，其学习是片段的、非连续的。工作占据了他们的大部分时间，如果工作环境学习氛围浓厚，单位领导支持学习，他们学习的积极性就会很高，也会带动单位其他成员一起学习。在现实生活中，学员学习工作场所方面的制约因素主要表现在以下两个方面：其一，工作方面的压力。对于学员来说，工作方面压力大、工作不稳定、工作时间长、工作劳动强度大等因素导致他们没有多余的空闲时间进行学习，另外工作地点距离学校较远也可能影响学习的积极性和主动性。有的学员可能会花费大部分时间和精力寻找适合的工作机会，或者因为工作的变动需要一个适应期等，这些都会影响学员学习的展开。如果学员工作压力大，学习时间安排不理想，那么学员就不愿意利用空余时间进行学习。其二，领导是否支持。当个体步入成人阶段后，工作环境成为影响其学习的重要环境，这种环境下的学习氛围对学员的学习状况具有直接的影响。随着科技和信息的进一步发展，工作场所越来越成为学员学习的地点，这就要求学校领导对他们的学习引起重视。在职教师的工作性质、职业环境中的学习氛围以及工学矛盾都是他们学习过程中的重要影响因素。一方面，岗位变换直接导致学员面临新的工作任务，在新的职场角色赋予的责任和义务的要求下，他们产生了学习的动力。另一方面，工作环境中的学习氛围对学员学习也有重要的影响。

美国著名的成人教育学家达肯沃德和梅里安在其著作《成人教育——实践的基础》中指出："成人就是这样一个人，他已经离开了全日制学生的责任（童年和青年的主要社会责任）而承担了劳动者、配偶或父母的责任。"成人的特性反映出他们角色的多元化，这种多元化角色决定了成人不得不承担来自家庭的各种责任和义务。在职教师不同于其他青少年学生的一个显著特点是，他们更多地要受到家庭因素的影响。中小学教师作为成人，大多数已经组建了家庭，他们处在这样一个特定的阶段，就是要对家庭成员尽更多的义务，同时也担负更多的责任。家庭作为一个能动的要素使得教师不可能像普通教育的青少年学生那样专心致志地投入到学习中，家庭、家人的情况总是教师学习需要考虑的因素。因此，家庭作为在职教师学习的主要保障或制约因素，其方方面面都会直接影响在职教师学习的成效。所以对在职教师来说，能否恰当处理好家庭及家庭成员的关系，在很大程度上影响着在职教师学习的进行。具体而言，家庭方面的影响因素主要表现在以下两个方面。其一是家人的支持。在职教师的心智已经成熟，加上具有丰富且多样化的经验，他们通过学习不断完成自我实现，作为家人充分做好后勤工作，给予在职教师物质和精神上的支持显得尤为必要。其二是和谐的家庭关系。平静、稳定的家庭生活和人际关系，好学上进的家教传统，都能促使在职教师全身心地投入到片段学习中去。

四、教师学习的方式与类型

教师学习的方式是多种多样的。Lieberman（1996）指出专业学习的三种情境：（1）直接学习：会议、工作坊、咨询等；（2）校内学习：同僚指导、师徒制、批判朋友伙伴、行动研究、小组计划和评估、鉴定等；（3）校外学习：学校改革网络、学校—大学伙伴协作、学科网络、专业发展中心等。Darling-Hammond（1998）谈到教师学习的策略包括：研究、做和反思；与其他教师协作；密切关注学生及其功课；分享。Bredeson（2003）指出，教师学习机会包括：阅读书籍、听讲座、观课、行动研究、撰写反思日志。Scribner（1999）将教师学习和专业发展活动的形式总结为：协作、个别探究、经验性学习、会议/工作坊、校本在职培训、研究生课程。教师参与的这些活动关注实践的某些特定部分，不同的学习活动有不同作用。Garet等（2001）提出，教师积极学习的机会包括：（1）观课：观摩专家教师的教学以及让他人观察自己的授课；（2）计划课堂实施：计划怎样在课堂中运用新的课程资料和新的教学方法；（3）评论学生功课；（4）陈述、领导、写作。Kwakman（2003）将教师在工作间的学习界定为：参与专业学习活动。进而归纳出：专业学习活动可以划分为强调阅读、实验和反思的个体活动、协作活动。他详细分析了四类教师学习活动：阅读、做和实验、反思、协作。此外，教师自己认可的专业学习活动超越了这四种类型，还存在参与非课程、非常规化的活动与任务，以及师生交往之间发生的学习等其他类型的学习活动。

在我国，不同学者基于不同视角提出不同方式，如实践反思学习、观摩学习、拜师学艺、同伴交流对话学习、短期培训学习、文本阅读学习、网络学习、研究生课程学习、观摩课学习、问题中心学习、读书讨论汇报学习、教研组研讨、教师行动研究、正式职业之外的学习、批判性思维等。[①]

（一）基于自我经验的教师学习[②]

1. 生命哲学视角下的“自我经验”

（1）“自我经验”是生命哲学的重要关切。

长期以来，受制于理性主义的发展，我们对“经验”持有恐惧心理，尤其是当“经验”与“自我”相结合时，认为它们会制约理性或科学的发展。实则不然，我们要将“纯粹的经验”“经验的我”与“自我经验”区别开来。“纯粹的经验”不能用于“自我经验”是因为它作为逻辑的同一性原则是空洞无物的，而“经验的我”是因为它把人变成了物。[③]而“自我经验”使我们看到的不是像海浪中的巨石岿然不动“核心般”的主体，而是帮助我们成为我们自己。

“自我经验”是生命哲学的重要关切。生命哲学基于对自然主义、理智主义、人本主义的剖析和批判，[④]将关注重点置于实际的人类经验上，从人所经历的生活开始。“生活第一，而不是思想第一，思想仅是生活的工具”。生命哲学不是为了回答“生命的意义”这个问题，而是回答经验

① 张敏.教师学习策略结构研究[J].教育研究，2008（6）：84-90.周冬祥，等.论教师的研修学习方式[J].教育研究与实验，2009（1）：61-65.

② 本部分已发表，详见姚遥，刘胡权.论教师专业发展的“自我经验模式”——基于生命哲学的视角[J].国家教育行政学院学报，2018（7）：83-87.

③ ［德］费迪南·费尔曼著，李建鸣译.生命哲学[M].北京：华夏出版社，2000：202.

④ 生命哲学认为，自然主义把人的生活物质化、生物化，剥夺了人的创造精神和思想自由，要人安于本能生活，使人的生活受制于生存竞争法则支配，丧失了崇高的理想和追求，对人漠不关心。理智主义把人的生活抽象化、概念化，要人为抽象观念或理想奋斗，是片面的、机械的，人只是思想进化的容器、工具和器械。人本主义或者只从生活本身论生活，不能超越自身看到全体，或者只注重表面的物质生活，忽视人的生活本身，忽视精神生活。

真实性的问题，是同生活连在一起的问题。[①]只有当人类生活探究它自己的力量时，才可能找到答案。启示不可能来自外部，而只能来自于生活本身的教导与经验。在此意义上，“目光向内”的观点的基础是主体性的一种错误的物化。如果脱离了行为方式，人就完全不能了解自己。我们要借助于决定我们生活特点的风格了解自己。[②]

生命哲学把生命理解和解释为经验形式以及经历，生命哲学将抽象和形象、思考和感觉交融在一起。在这种经验中，内部和外部、自己和陌生以一种不可比拟的方式产生关联。生命哲学是把经验的一种理论同自我的一种理论联系在一起。这样，自我就不能光从逻辑上加以解构，而是产生于对某一事情的解释，那就是发现自己作为生活中的人，作为正在行动和感觉的人。在这样的先决条件下，把生命哲学系统发展为对自我经验理论的贡献是会成功的。生命哲学是一种信念，相信人只能通过生命这个媒体了解和得到自己。对自我经验的实践来说，不是过早中断对生命的工作，不是一种突然对“真正自我”的突破，而是把经历变成方法才会使人更接近自己。正如德国哲学家狄尔泰所言：“我无法在生命和生命力前停止不前，生命和生命力拥有关联，所有的经验和思考都在这些关联中得到解释。”[③]

（2）“自我经验”从新的视角理解自我意识。

自我经验将自我同生命联系在一起，关注那个充满对主观体验直观看法的运动。人生活在他的自我盲点中，他离自己太近了，所以意识和生命就不会毫不保留地得到保护。只有生命哲学的那些能看到这个距离的形式

① 生命哲学在19世纪末至20世纪初的德、法等国非常流行，它以当时最时髦的研究论题即人的生命、人的生活、人的价值、人的历史文化作为理论对象，强调生命的精神创造和心灵世界的独特性，强调人文科学方法的独特性，形成了一股与理性主义思维模式相抗衡的普遍思潮。法国哲学家柏格森的生物倾向生命哲学、德国哲学家狄尔泰的社会历史领域的生命哲学学派、奥伊肯倡导一种历史—文化倾向的生命哲学，称之为精神生活哲学。

② ［德］费迪南·费尔曼著，李建鸣译.生命哲学[M].北京：华夏出版社，2000：210.

③ ［德］费迪南·费尔曼著，李建鸣译.生命哲学[M].北京：华夏出版社，2000：94.

才有可能为提出自我经验的理论做出贡献。生命哲学认为，在人的体验中存在着一种自己的节奏，自我经验能从存在意义上把握全部的人。

这种主体性或自我经验对生命哲学做出了重要贡献，尤其在当前越来越趋于物化和媒体化的时代，我们更需要回到我们自身的“自我经验”。因为哲学的思考只有服务于生活才有价值，而非理性的工具化或利用理性策划某种战略。生命哲学并非一种非理性力量的生命思考，而是一种信念——一种认为了解自己很值得的信念。这也许是一个艰难的过程，但这一过程是必要的，因为它意味着“自我更新”。

生命哲学的价值在于它包含的思维形式要比形式逻辑的思维形式更丰富、更灵活。生命哲学指出了如何才能了解熟悉的、过渡的以及平衡的现象，因为生命是具象的复杂系统，这些现象用形式逻辑的手段难以驾驭。[①]而生命哲学最原始的把生命和意识融合在一起去“直觉”，[②]逐渐建立主体的“自我经验模式”，从而对自我意识从更开阔、能包罗生活实践的经验范围获得了新的解释。

自我经验的实践是发现和承认自己的想象和愿望会导致“真正的我”的突破和“实现自我”。在一个崇尚消费和积极接受各种信息的世界里，存在着自我异化和失去自我主宰的危险。人们感觉到非个性化和外来的主宰是对现代生活的现实威胁。这些威胁可以通过自我经验的实践得到克服或至少可以减弱。所以可以把自我经验理解为是在当代实现德尔斐神谕——“认识自己”。

要看一个人是否了解了自己，就得看他是否在何等程度上能说出自己的经历。“真正的自我”体现在表达自己的感受和思想，而不是无言的内省中。生命成长的故事把我们的经历带入一种可以理解的关系中，就在这种关系中我们找到我们的同一性。故事提供了自我经验的真正标准，这些标准同时也具有个人生活范畴的地位。

---

① 正是在此意义上，我们反对实证主义，因为实证主义把基于感受的体验从哲学思考的中心排挤出去。

② 柏格森把直觉定义为“意识到自己的本能”。直觉更多是一种方法，是认识的一个过程，从发展过程中理解所有存在过的东西。

2. 理解教师的“自我经验”

（1）教师“自我经验”是不断生成的。

何谓“自我”？这是一个丰富而复杂的概念。恩斯特·布洛赫有一句名言：“我在。但我没有我。所以我们生成着。”卡尔·雅斯贝斯在《世界观的心理学》中这样描绘自我：自我是一个生活概念；自我只能在悖论中打转，但无法辨别，它既是普遍的，又是个别的；正因为它无法成为这样的东西，所以自我只是不断在形成的东西。①自我更多的是一种难以描述的强烈的自我实现感，一种不可能被取消的状态性，这种状态性要先于所有对特殊状况的自我描绘。

主体哲学中有关自我的观点，一种是康德先验哲学的“纯粹之我”，一种是分析学家的人的概念。康德的先验哲学把自我意识看作是他们思考的基础并把“经验的我”和“纯粹的我”加以区别，“纯粹的我”有明确的定义，表明意识的统一，作为认识的逻辑的先决条件，它不能成为经验的对象，是“先验主体”，作为“良心”应该直接出现。“经验之我”被先验哲学的主体理论视为没有意义并被排斥，因为主体理论只对客观认识的可能性感兴趣，而这个问题是不能通过回复到经验中发生的内容而得到回答的。因此，用“纯粹的我”和“经验的我”来解释自我意识的做法都没有说明自我经验的自我。②

因此，自我经验作为不断生成的过程是有其自己的辩证法的，由于人自己接受自己，就克服了他的自我异化并能找到自己，他就会变成他自己。通过自我的道路永远是间接地通过自我图像，但我们总是把这些自我图像像已经登过的梯子那样扔在我们身后。自我是形成的过程，我们总是超越每一个自我图像。自我图像也不是人可以看到的图像，而是一种感情模式，这种模式决定了这个人内在的理性标准。

对于教师而言，作为一种职业的“教师”本身是在历史中不断生成的，经历了从兼职到专职，到变成一个行业，逐渐形成它的职业化特征，

---

① ［德］费迪南·费尔曼著，李建鸣译.生命哲学[M].北京：华夏出版社，2000：8.

② ［德］费迪南·费尔曼著，李建鸣译.生命哲学[M].北京：华夏出版社，2000：6-7.

并且作为一个专业来追求、建设的过程。[①]作为教师个体的“自我经验”是教师在专业发展的过程中不断生成的，早期的生活体验及师范教育的职前培养，只是为我们“成为”一个教师奠定了坚实的基础。真正“成为”一个教师，最根本的还是在于职场的锤炼。教师正是历经一定的发展阶段，不断“过关斩将”，才能逐渐积累、内化、沉淀、生成其专业发展的内在结构，提升自己的专业水平。教师专业发展的阶段理论很好地说明了这一点。任何一位教师都处于不断发展和完善的过程之中，教师专业发展贯穿教师整个生命历程。

（2）教师“自我经验”的生成要基于生活实践。

要真正理解“自我”，还需从更开阔、能包罗生活实践的经验范围中去获得，于是“自我”与“经验”的结合再次成为必然。许多人认为“自我”与“经验”连在一起使用必然会导致把主体客观化，从而就抓不住自我意识的本质。这种担心同强调把内心的感觉、自我审视放在首位的怀疑是一样的。他们认为内心感觉要比外部感觉差，甚至提出否认内部感觉的可能性，并把自我审视只当作比喻来用。[②]

然而，自我经验的实践是丰富的。狄尔泰对“经验”的解释——生命所展现和承受的正是依靠生命本身，从本体论上强调了个人经验的独有和特享，无须向外寻求理论或先验的支持，生命只在生命内部实现自我更新。我们强调担负起生命的责任，实现生命的潜在意义，是强调生命的真正意义要在世界当中而不是内心去发现，因为它不是一个封闭的系统。人生于复杂的社会网中，“自我”并不是一个抽象概念，而是一个经验的现实。个体需要意识到周围人的存在，并将周围人视为其自身存在的一部分。自我的情景不仅需要被动地接受，更需要主动地认可。只有人与人相互关联这个事实被认可，个体才会开始承担社会责任。

对于教师而言，更是如此。教师的“自我”也是在与学生、同侪的

---

① 朱小蔓.关注心灵成长的教育——道德与情感教育的哲思[M].北京：北京师范大学出版社，2012：472.

② ［德］费迪南·费尔曼著，李建鸣译.生命哲学[M].北京：华夏出版社，2000：211，214.

关系中交融生成的。因此，“自我经验”也是一个生活概念，而生活是获得具体经验的媒介。这种媒介把客观的内容同主观的内容联系在一起，这后面是一种信念，那就是生命是自我经验的可靠的、自动起作用的准则。生命组成了自己的逻辑空间，生活经验从属于生命这个事实的内部，因此要比外部世界的思维形式灵活得多。生活经验可以作为自我经验的模式。生活在继续，这就是生活，是本体学的两个既适用于体验也适用于世界的无区别的范畴。生活经验是意义形成的独立形式，这种形式能建立起外部和内部、主观性和客观性之间的联系。借用黑格尔逻辑学的话：在生命中，所有的内容都向自我呈现，[①]那么就可以说生命哲学以生命作为自我经验的媒介。持这种立场的教师，以体验形式获得的生活经验成为人理解人生的基础。这一理解不同于认知教育过程中的解释，它建立在这样的信念上：即人不是生活在因果关系的锁链中。相反，意义、意图和理解等自始至终渗透在人的行为和生活中，不能用因果关系去解释，理解永远是个人的理解，只有在个人的心境中才出现。[②]在体会、了解、想象别人的精神世界的过程中，他们遗忘了自己——投身于某种事业或献身于所爱的人——他们就越有人性，越能实现自己的价值。因此，教师的“自我经验”正是在他们把自身认同融入工作，在生活中将自己、教学科目和学生联合起来，在不分你我的过程中生成，也正是在这张复杂的联系网中，教师实现了自己存在的意义与价值。

（3）教师的“自我经验”具有精神性。

一切真正的精神性都涉及一种成就，整个生活投入其中的一种成就。[③]倘若生活要有意义，自由便是必不可少的。必须能给我们的活动一种个人的特征，并推进到一种自主的生活。否则，我们的生活便不完全属于我们自己，而是由自然或命运指派给我们，它在我们内部发生，却不是

① ［德］费迪南·费尔曼著，李建鸣译.生命哲学[M].北京：华夏出版社，2000：13-14.

② 朱小蔓.关注心灵成长的教育——道德与情感教育的哲思[M].北京：北京师范大学出版社，2012：283.

③ ［德］鲁道夫·奥依肯著，万以译.生活的意义与价值[M].上海：上海译文出版社，2005：69.

由我们决定。这样一种半异己的经验，从外部强加给我们的角色，势必使我们对它的要求漠不关心，倘若我们冷漠置之的东西竟然吸引了我们的全部精力，竟然变成了我们的个人责任问题，我们的生活便将在令人气馁的矛盾中挣扎。事实上，要探求生活过程的真正意义，不应该凭借对外部世界的任何间接关联。关键的要素其实是它所展现的现象以及它在自己的发展过程中所提出的要求。其实，我们本性深处便有寻找这样一种意义的向往，一种无法抵抗的内在冲动迫使我们从内部来尝试和说明生活，使它完全成为我们自己的生活。[①]

德国思想家鲁道夫·奥伊肯作为生命哲学思潮的主要代表，他认为正是由于对精神生活的“承认、占用和决定”，个体获得其精神个性和人格，而人类历史亦成为人类精神生活的历史。毫无疑问，对精神生活的追求是人之所以成为人的关键。“精神世界内在于人的生活运动而给人生以真正的价值，给个体生活和人类生活以真正的历史意义，给人以目标及实现目标的热情。精神生活使人们从单纯的人类生活中解放出来，让人们享受全部整体的生活。”[②]教师作为“传道、授业、解惑”的专业人员，从事的是丰富人的精神世界的工作，其工作性质本身就具有内在性和崇高性，这种内在性和崇高性凸显了教师职业的精神性。

教师的“自我经验”是在他与其他身体、物体、自我、境况、观念的相遇中和他们对自己先前自我的反思中建构起来的。对于教师而言，他们正是在“成为”的过程中不断积累、沉淀形成自己的经验模式。之所以说教师的“自我经验”具有精神性是因为“自我经验”的生成是基于整全生命、基于关系性的认识，而整全生命、关系性本身就具有精神性。

生命本是一个相互联系的整体，是身、心、灵相互联结、相互依存并相互转化的统一体，它自身是一个不断内部循环的小宇宙。同时，人的整个生命体又与外部世界、他人发生联结，在种种或远或近的关系（时空）

---

① ［德］费迪南·费尔曼著，李建鸣译.生命哲学[M].北京：华夏出版社，2000：51，66-67.

② 刘梅.精神生活:奥伊肯对人生哲学的批判与建构[J].哲学研究，2006（7）：104-105.

中度过生命，获得属于自己生命的独特感觉与经验。无论哪一个方面都意味着：人在“关系”中才可能维持生命作为一个完整体顺畅地“运转”、协调地发展。所以，笼统一般地谈生命还不够，须涉及生命的内外部关系，涉及作为主体的人对生命内外关系的意识，包括觉知、感受、体验、反思等不同表现。

人是关系性的存在，关系是人存在的本体性基础。诺丁斯认为，将关系作为本体性的基础意味着我们意识到人类存在的基本事实是人类的相遇以及随之而来的情感回应。[①]教育关系就是教师与学生的相遇及随之而来的情感回应。教师也正是在相遇及回应的过程中不断生成自己的经验模式。狄尔泰认为，[②]教育关系以接触为前提，是家庭关系的提升，是建立在基本的、本能的、充满爱的、责任的属性上。正是这样的属性，使得师徒和师生就像是长期共舞的舞伴。

3. 基于“自我经验”的教师专业发展

长期以来，有关教师专业发展的认识与理解，往往侧重于“专业发展”本身，而漠视“专业发展”的主体——教师。我们并未将教师视作具有主体性的学习者、成长中的人，而只关注教师外在的知识、能力的习得，忽视了教师主体生命的感受与成长，以至于教师内心隐藏着的许多生命冲动、生命经验往往被忽视。而往往正是这些“冲动”“经验”是教师专业发展的内动力，是成就教师的关键。基于上述对教师“自我经验”的理解，我们来重新认识教师的专业发展。

（1）在“自我经验”的不断生成中实现专业发展的自我更新。

我们每个人都是在“过去—现在—未来”的时间之流中成长发展，过去的种种经历塑造了现在的我们，我们是各种条件的产物，这些条件包括社会的、环境的、气候的、政治的和经济的，它们构成了我们每个个体的背景。理解了这个背景，有助于我们更好地理解我们自己。[③]每个个体正

① ［美］内尔·诺丁斯著，武云斐译.关心：伦理和道德教育的女性路径（第二版）[M].北京：北京大学出版社，2014：导言3.

② 陈锋.狄尔泰教育学思想研究[D].华东师范大学博士学位论文，2005:2.

③ ［印］克里希那穆提著，李瑞芳译.论关系[M].北京：中信出版社，2013：36.

是依据这种独特性，不断积累和生成着自我的经验，并进而成为独特的自己。尽管我们是个体的、具体的有机体，但我们的自我也是在它与其他身体、物体、自我、境况、观念的相遇中和我们对自己先前自我的反思中建构起来的。[①]对于教师而言，它正是在“成为”的过程中不断促进自己的专业发展。了解自己本身，意味着需要“回溯”、梳理、理解自我的经验。

教师要在“过去—现在—未来”的时间流淌中，发现作为整体的人的存在意义，即生命的某一阶段是生命整体的部分，只有放置生命整体之中并依靠生命整体才能呈现其意义。人作为关系性的存在，是在时间、空间、关系、身体等存在性要素之中展开自己的生命的，人的发展只有在存在的意义上理解才能更好地存在。通过“自我经验”的“回溯”，在时间之流的绵延中发现过往与未来的关联，有助于未来意义的确认，也使得生命本身是一个完整而不分裂的整体。相反，对过往视而不见或不持反思的态度，难以让“现在”更有意义的存在，也找不到未来发展的方向。教师的专业发展是一个持续的社会性建构的过程，早期的生活体验、过往的发展经验与专业发展之间是否具有内在的勾连？教师能否透过自己的生活史去“回溯”自己的生命过往，在“过去—现在—未来”的时间链条中，能动地反思、建构自己的专业发展，实现专业发展的自我更新？这取决于教师对“自我经验”的理解与认识。

（2）立足教师的“生活经验”实现专业的持续发展。

作为一种经验形式，生活经验同客观经验有根本的不同，最能接近自我经验的特点。科学经验是可能提出结论的，生活经验很难有明确的结论；对生活经验而言，不存在“经验主义的感官判断”，生活经验是不能重复的，它是一次性的；生活经验不会导致对事物作出一般的定理，而是会导致人的态度的变化。对生活经验来说最重要的是，人通过它在自己的生存中受到了冲击。生活经验并非纯粹主观的印象，有其自己的客观性，这种客观性不体现在普遍有效的定理之中，而是体现在人的具体的态度中。自我经验亦是如此，虽然主观却不消失在感情生活中。自我经验

---

① ［美］内尔·诺丁斯著，龙宝新译.幸福与教育[M].北京：教育科学出版社，2009：153.

要比体验一定的感受要多得多（不仅是确定自己的感受，也要解释这些感受），是一种面对自己的内心态度，这种态度超越了感受，是一种立场，这种立场也始终包含着要澄清感情。因此，生活作为获得具体经验的媒介，把客观的内容同主观的内容联系在一起，生命是自我经验的可靠的、自动起作用的准则。①

生命组成了自己的逻辑空间，在这个空间起作用的规律同客观认识中起作用的规律不同。就是生活经验也有其自己的普遍性和必要性，但都是从属于生命这个事实的内部，因此要比外部世界的思维形式灵活得多。因此生活经验可以作为自我经验的模式。如果说生活经验不应是封闭的内心活动，那就需要自己的范畴，以提出自己同世界的联系。“生活在继续”和“这就是生活”是本体学的两个既适用于体验也适用于世界的无区别的范畴。这些范畴是海德格尔提出的“生存论上的东西”。相反那些纯粹的理解概念，如本体或因果性就太外部了，并不太清楚地显示了只是同客观事物有关，而不是表示生命和体验的特点。这里显示了生活经验是意义形成的独立形式，这种形式能建立起外部和内部、主观性和客观性之间的联系。

对教师而言，“生活世界”或“生活经验”是教师获得自我意识的重要源泉，正是“生活经验”建立了教师外部和内部、主观性和客观性之间的联系，没有作为媒介的生活，生命难以自动起作用。在自我经验中，人面对他自己的行为方式，这种行为方式是有意义的，这种意义就是他自己。施本格勒和尼采把生命内在的价值表达为：生命承诺我们的东西，我们应该为生命而保存。教师的专业发展并不仅仅是获得外在的知识或能力的发展，而是最终获得生命的完满，在成就学生的同时成就自己的生命。教师的生命内容来自生活风格，生命内容也不是以随意的决定作为基础的目标，而是事件，是生命经验的结果：信念、态度、价值。生命内容不是制造出来的，而是产生于生命的进程中，并作为这样的进程代表全部的人。因此，教师持续的专业发展需要基于生命经验的结果，教师要关注

① ［德］鲁道夫·奥依肯著，万以译.生活的意义与价值[M].上海：上海译文出版社，2005：9，13.

那些重要的生命事件，这些生命事件饱含着信念、态度、价值等生命的经验，是沉淀为教师生命内容的关键质料。教师如果拥有这些质料，就拥有了存在的意义和价值，就能够抵御制度化和物化对生命的摧残，就能够坚定不移地推进自己的专业发展，为着那生命的丰满及彼此的成全而努力。

（3）通过生命实践实现教师生命存在的价值。

从生活实践的角度看，人不是由某种先验的抽象本质所规定的存在，人其实就是他的现实生活。生活不是独立自成的，也绝不可能是固定不变的。生活中的人必定要跟其他人以及万事万物发生联系，从而产生互动的人、关系中的人。实践是人本源性的存在方式，创造性、超越性、关系性是实践固有本性。人的存在就是共在、共生，这种共在性的关系实际上是一种各具特点的、独特的、创造性的个体存在之间的相互依存和融合。所有的人作为真实的自我，都必然是关系中的自我。对于教师而言，更是如此，正如马丁·布伯所言"教育的核心在于关系"。

教育本身就是关系之中的一种生命实践，从教师的工作性质而言，正如"投出去终将要返回的飞镖"那样，教师工作是能够获得丰厚的心理回报和满足感的。当然，这取决于教师的情感投入及关系的建立。"教师的工作是将自己的力量倾注在学生身上，为每一位学生投入希望。"[①]教师的情感投入是基于对生命的理解、对生命成长的期待，是基于自己作为教师身份的职责要求，情感投入并不期待什么现实的回报，它只是生命进入的一种状态。

弗兰克尔认为，生命的存在有三种含义：存在本身，比如人特定模式的生存；存在的意义；对个体存在之意义的追求，即对意义的追求。[②]走向"自我经验"的教师是能够体会到自我存在感的，也能够领悟生命的意义和价值，他们注重从生命内部发展自己而非外部的追逐，因而他们是幸福的。教师把自己丰富的个性融入教育过程而拥有的教育幸福感才是真实

---

① ［日］秋田喜代美，佐藤学编著，陈静静译.新时代的教师[M].北京：教育科学出版社，2013：11.

② ［美］维克多·弗兰克尔著，吕娜译.活出生命的意义[M].北京：华夏出版社，2010：121，135.

自然的，是任何力量也无法剥夺的存在的家。走向“自我经验”的教师无疑是“生活在蕴含着明天的今天”这样一种生命存在状态，他们在时间的链条中找寻到了生命存在的意义，进而将整个生活投入其中，只为着彼此生命的成全。奥伊肯认为，我们本性深处便有寻找这样一种意义的向往，一种无法抵抗的内在冲动迫使我们从内部来尝试和说明生活，使它完全成为我们自己的生活。①生活的意义在于把生活当作一件艺术品那样来构造。教育，就是化育人心的神圣职业，教师与学生之间“进行着一种生命的交换”，教师的生命从学生的生命那里获得了“升华”，自己的工作是一种对人生至高幸福的追求，是一种生命意义上的享受。

（二）教师学习共同体/社群

教师持续学习与发展被认为是教育质量提升和学生成长的重要影响因素。丹麦学者尹列雷斯认为，学习既包括个体与其所处环境的互动过程，也包括心理的获得过程。教师学习具有自主性、情境性、持续性、系统性和复杂性，本质上是一种社会文化活动，这些特性决定了教师专业学习共同体的构建与有效运行是教师专业发展的主流范式，并成为提升教师专业技能、认知能力及自我效能感的有效途径。美国学者的研究表明，学校内部以及跨校的教师专业学习共同体是教师专业发展的有效途径。②

“学习共同体”（learning community）或译为“学习社区”，是一个社会学概念。近年来，被广泛地引入教师学习领域。所谓的学习共同体是支撑以知识建构与意义协商为内涵的学习平台，成为信息时代知识创生的社会基础，强调人际心理相容与沟通，在学习中发挥群体动力作用，是指一个由学习者及其助学者（包括教师、专家、辅导者等）共同构成的团体，在学习过程中进行沟通、交流，分享各种学习资源，共同完成一定的

① ［德］鲁道夫·奥依肯著，万以译.生活的意义与价值[M].上海：上海译文出版社，2005：51.

② 秦鑫鑫，武民.教师专业学习共同体运行机制研究[J].教育理论与实践，2018（14）：32-35.

学习任务，学习成员之间形成了相互影响、相互促进的人际联系。我们常见的学习小组、班级、学校、教研组[①]、课题组等，都是学习共同体，能够满足成人结对、结团学习的需要。

1. 传统学习共同体

学习共同体的概念一经提出，就引起了教师教育领域的热切关注，这与成人需要在社会交往中完成学习的思想是分不开的。建立教师之间的学习共同体，能够满足学习者的自尊和归属的现实需要。在学习共同体中，教师能够感到自己和其他学习者同属于一个团体，在进行共同的学习活动，遵守共同的规则，具有一致的价值取向和偏好。学习者对共同体的归属感、认同感以及从其他成员身上得到的尊重感，有利于增强学习者对共同体的参与程度，维持他们持续、努力的学习活动。教师也需要在团队中进行信息交流，学习者与辅导者进行交流，同时又与同伴进行交流和合作，共同建构知识、分享知识。在沟通交流中，学习者可以看到不同的信息，看到理解问题的不同角度，而这又会促使他们进一步反思自己的想法，重新组织自己的理解和思路。

在我国，不同形式的教师专业学习共同体逐渐出现并备受推崇。其一，教研组与备课组被认为是中国本土的教师专业学习共同体。其二，区域教育一体化发展进程中形成的学校联盟、区域联盟、名师工作室、青年教师工作室、学科工作坊。其三，基于课题或者竞赛教师自发组成的非正

① 教研组指的都是对某一学科以及对该学科的教学内容、教学理念、教学方式等研究的学习共同体。教育部在相关的《关于中学教学研究组工作条例(草案)》文件中明确指出："教研组更加偏重为一个对教学活动以及相关学科进行研究的机构，其教学研究的属性大于其行政管理的属性。"学校教研组是教师专业发展催化酶，而良好教研组无疑能加速其专业发展速度。因此，无论是当前的教育教学改革，还是我们一贯提倡的素质教育，都把教研组的建设放在了一个极其重要的位置。王永和教授认为，一个好的教研组应该具备以下几点作用：第一，通过教研组的集体科研活动，有助于教研组成员更好地从本质上理解相关课程设置，从而有助于优化相关课程建设；第二，有助于学校开发出特色鲜明的教学方式与成果，有助于年轻教师的成长；第三，有助于教师在一个愉快轻松的氛围中工作，从而提高工作效率。

式学习共同体。我国的教师专业学习共同体在新教师学习与发展、课例研究和教育科研方面发挥了重要作用。但也有研究表明，中国情境中的教师专业学习共同体存在行政部门主导、管理主义盛行、普通教师话语权缺失和合作文化硬造等问题。

如何建立学习共同体？有研究者认为，首先，要确立共同体的学习主题。要选择一些开放的、具有一定复杂性和真实性的任务，作为学习共同体的主题。学习主题要能使学习者感到问题的意义及挑战性，激发他们参与学习活动的兴趣；要能激发不同学习者对问题的不同观点和思路，能够进行讨论交流；可以将任务分成若干侧面，组织小组合作学习活动；作为活动的结果，各个学习小组能够提交一份“产品”或“作品”，进行相互交流。其次，要制定学习共同体的组织规则。要增强学习者的“共同体意识”，使他们意识到是在团体中进行学习，而且感受到团体对自己的价值和意义；要鼓励学习者在学习过程中相互提供帮助，这样更能使学习者感受到共同体对于自己的价值；要根据学习任务及学习者的特点选择一定的组织方式，比如，采用小组合作学习的方式，每个学习小组安排一个组长，负责协调本小组的活动。最后，组织学习共同体的交互活动。教师或专家要围绕确定主题组织交互活动，鼓励学习者之间的交流和协作活动，并对学习过程进行监控调节。要在对话中提出问题，提出要完成的作业，提供有关的个案研究及实际案例，从而激发学习者的信息搜索、分析和综合等高水平思维活动。要设计具体的协作任务，引发学习者的合作性的问题解决活动。研究者们提出了一些网络环境下可以采用的交互活动模式。教师可以鼓励学习小组以及个人不断进行自我评价和相互评价。

需要强调的是，学习共同体一旦建立，也有一个从小到大、从松散到稳定的发展过程。学习共同体的发展与成熟，当然需要规则、制度和机制来约束和保障，但是更多地要依靠每一位成员来自觉维护，共同体的学习是一种团队学习、社会学习，每一位成员的认知特点、志向兴趣、性格特征、愿望动机等都可能影响到学习共同体的成长与发展。因此，一般要求参与共同体的成员要具有共同愿景情感、共同目标追求、共同实践经历、共同收获体验、共同学习经验和共同职业历程，这样建立的学习共同体，才是相对稳定的、可持续的，才能够自主成长、自主发展共同体，否则过于松散的共同体，易于涣散，不易持续发展。

共同体中的教师学习有理论学习、同课异构、模仿学习和实践反思四种形式。研究表明，大多数教师在学习时都面临“所学”难以“致用”的烦恼，教师理论学习往往与教师实践中的问题缺乏适切性。同课异构涉及三轮研修，每一轮研修都包含教学设计、教学实践和教学反思三个环节，每个环节都融入教师对课程目标和学生认知情况的把握。模仿（imitation）是互动的一种特殊模式，是教师主体与他者之间的多重交往活动，能够使教师提升教学适应性，促进个体空间的拓展和教学交往关系的构建。目前，存在多种形式的教师模仿学习：一是除了常规的同课异构，教师也会自发观摩工作坊内部成员的课堂；二是到外省市观摩名师课堂；三是模仿优秀教师的课例和教案。教师是反思的实践者，教师通过不同途径的实践反思促进自身的成长。首先，教师在教学实践中发现理论学习、同课异构以及模仿学习中习得的教学策略具有一定的适用范围，需要在教学中不断调整，以实现学生、课程和教师三者的契合。其次，教师在编写课堂操作手册中使群体智慧得以升华。同课异构结束后，每一位参与的教师都需要把三轮研修的教案、教学情况与问题、研讨实录以及教学反思进行整理，同时，编写课堂操作手册并通过互联网平台展示出来。

教师学习是基于微观实践情境的浸润式学习，对教师个体而言遵循了“实践—反思—再实践”的范式。教师专业学习共同体的教师学习活动应该源于教师的实践并最终作用于实践。理想的教师学习是深度融合于教师实践之中的。学习即实践、实践亦即学习。共同体中的教师学习过程更多的是一种在真实的工作情境和社会环境中，通过实践、社会参与和互动、试验新想法以及对经验的反思而来的潜移默化的熏陶。首先，教师学习活动的设计应该满足教师的需求，不应该成为少数教师表演的舞台。每学期初，依据教师在教学实践中遇到的问题，共同体成员探讨确定教师学习活动的总体设计。其次，从教师学习活动的过程来看，应该体现共享、包容和批判的态度。其中，共享是指每一位教师积极分享自己的教学智慧和技巧，为教师的沟通搭建桥梁；包容是指教师要包容其他教师的缺点、不足和错误，为教师专业学习共同体的运行构建和谐的环境；批判是指教师专业学习共同体中要存在不同的声音，教师能够在批判性对话中实现共同的专业成长。

共享价值观、和谐的同侪关系、教师合作及去行政化等级化是一个群体被当作教师专业学习共同体的核心标准。教师专业学习共同体持续存在并发挥专业影响作用，需要教师、校长、专家的共同支持。教师是教师专业学习共同体的核心因素，共同的教育信念、无私的分享和投入、私人关系的维护需要教师领导和普通教师的共同支持。一方面，校长要对教师专业学习共同体赋权，维护其专业性和内部活力；另一方面，校长要为教师参加教师专业学习共同体提供时间保障和经费支持，在不增加教师工作的基础上留给教师充足的反思实践机会。专家基于教师专业学习共同体实践的具体情况为教师提供建议和参考，专家和教师之间的地位应该是平等的。

2. 网络学习共同体

随着移动互联网技术的快速发展，人们的交互与学习更加便捷、多元，越来越多的人选择加入网络学习共同体，它是多元化学习时代中，促进个体高效学习的途径之一。对于教师个体而言，教师网络学习共同体有着持续时间长但参与积极性低的特点，而相关研究表明：社交学习能有效提升学习者的参与性。所谓网络学习共同体，是指基于网络的由学习者及助学者在共同的网络学习环境中，围绕共同的主题，通过参与、活动、会话、协作、反思、问题解决等形式，彼此沟通、交流、分享各种学习资源，为共同完成一定的学习任务而建立的突破时空限制的在线学习共同体。[①]

20世纪初期，已经有研究者对“学习共同体”（learning community）

---

① 陶佳.基于社交学习的教师网络学习共同体之构建——兼论面向智能时代的教师网络学习共同体[J].远程教育杂志，2017（12）：87-95.

进行研究。由于网络的发展及网络的特有属性，使得学习者能够跨越时空进行交流，于是出现了“网络学习共同体”（network learning community）的概念，又被称为虚拟学习共同体，依托网络平台构建学习共同体，如Pallof、Pratt(1999) 归纳出了建立网络学习共同体的基本步骤，Gilly Salmon 提出了构建网络环境下学习共同体的过程模式等。国外学者对网络学习共同体的研究内容比较广泛，从平台技术开发、教学资源建设到共同体成员互动模式等不一而足。20世纪末，欧美等国家有专门关于网络学习共同体的研究项目，如加拿大的计算机支持的有意学习环境（CSILE）和协作可视化学习（VoVis），并建立了一些基于网络的学习共同体支撑平台，如 Online Learning Communities，这些项目都从不同的角度对网络学习共同体进行了实践和研究。国外关于网络学习共同体的理论和实践研究较成熟，为我国的研究提供了很好的参考。

就现有的大多数网络学习共同体而言，其主要停留在个体学习和交互式学习，具有社交性、持续性、学习性的特性，能促进参与者的个体学习和交互式学习。日趋成熟的人工智能（AI）技术，不断丰富的网络资源，正为人们突破正规学校传统学习转向适应性、个性化、按需式学习，提供着快速、简捷、有效的技术支撑。机器人、AR、VR等新技术与教育的结合，导致教育观念、教育形式、教育手段的革新，机械化、应试化的传统学习模式，越来越无法满足学习者的知识需求。面向人工智能时代的教师，更需要持续更新自我的认知体系和知识网络，这是新时代教师的命题。因此，教师应牢牢抓住智能时代网络学习共同体不断进化这一契机，面向未来，突破学科、课程框框，超越时空、资源、参与等诸多限制。

3. 基于项目的学习

教师需要开展以问题为导向的学习活动，这种学习活动是一种问题解决式的项目研究活动。在项目研究活动中，要注重实际问题的解决，激发教师的学习动机，实现基于问题和现实需求的内部驱动目标。教师学习通常以问题为中心，而不是以学科为中心。学习是要解决眼下迫切的问题，教师对于学习效果的要求是即时即用的，期望在短期内收到理想的效果。

项目研究活动以问题为切入点，让教师积极主动地参与其中，而问题的解决又能吸引教师持续参与，进而使得专业发展在项目研究过程中完成。

如何使教师在学习共同体中不断完善专业发展？这就需要借助项目研究活动，促进教师在“行动—反思—交流—提升—再行动”的过程中完成专业发展。以项目研究带培训、以培训促项目研究，能够全面提高教师专业素质，使其能用教育科研的方式，主动地获取新知识、应用新知识、解决新问题。教师科研部门努力设计和搭建不同层次的项目研究，借助项目研究形成一个又一个教师学习共同体，构建适合不同发展阶段教师的不同学习共同体，逐步形成结构合理、重点突出、特色鲜明、效益明显的教师专业发展梯队。

作为成人的教师，其主要的学习方式与途径是自我指导学习，而不是强制性的灌输和说教。教师依靠自己或者在他人的帮助下，逐步建立问题意识，主动诊断自身的学习需求，规划学习目标，识别学习所需的人力和物力资源，选择和使用恰当的学习策略。

在成人学习理论的视角下，注重教师的自我概念和个体经验以及教师基于现实需求的内部动机，重视教师的教育教学困惑或问题，立足于学校研究场域中，扎根于日常性的、真实的问题情境。学习渗透到研修团队的各个环节和全过程，教师追求不断学习，在研讨交流中，实现自我发展和超越，衍生出新的课题组、项目组，不定期开展研修活动，展示交流分享。这种蜂窝式的课题组项目组，将会进一步弱化层级，突出扁平化。课题组和项目组本身就是一种学习共同体，教师学习的核心特征之一是社会性。学习共同体是一种以教师自愿为前提、以分享合作为核心、以共同愿景为纽带把教师联结在一起，互相交流、共同学习的学习型组织。

项目研究是教师专业发展的基本路径，优秀教师都是在项目研究过程中获得发展与提升的，依靠项目研究的方法与思路扩大个人经验的影响力和传播力。教师在项目研究过程中，不断提高学习能力，而学习能力提升又促进了教育研究能力的提升，其实教师学习本身就是为了提升教育改革与研究的能力。项目研究提供了教师参与教育改革的方向与动力，引导教师以研究心态工作，要能从常规生活中寻找到教育的问题，从常见问题中寻找到症结和解决方法，从常态生活中寻找到教育的规律。总之，在项目研究过程中，不断提高教师的教育科研能力，特别是教师的学术能力，也就是学习力、观察力、体悟力和论道力，提高教师获得教育信息、观察教育实践、感悟教育过程、领悟教育思想的能力，而这些能力的培养都需要教师在以项目结成的共同体中完成，通过项目研究能够逐步提高教师自身的学习力，不断提升专业素养和学术能力，从而走上自觉自愿的专业发展道路。

（三）复杂理论下的教师学习①

20世纪70年代以来，伴随“复杂性范式”“复杂性科学”等概念及口号的提出，复杂性研究逐渐成为一种思潮，并发展成为“涉及具有普遍意义的哲学的认识论和方法论”。②复杂性理论旨在科学地说明主体、自主性和自由，该理论把自由建立在可选择的多种可能性的发展基础之上，并把它确定为主体在适应多变的环境中制定行为策略的能力。复杂性认识注重探寻已经发现的规律的有效性的范围和条件，亦即力图把它们相对化、条件化。因此，它涉及一个溯流而上的认识过程。③20世纪90年代以来，混沌、复杂性以及非线性等关联领域有了突飞猛进的发展，特别是在数学、科学及医药等方面。但是，对人文科学和社会科学，特别是对教育的影响是微乎其微的。因为，教育较之数学、医学等领域更为复杂。复杂性理论向我们展示了一个不同于过去思想家们看到的世界，以复杂性理论的

① 本部分已发表，详见刘胡权.复杂性理论视野下的教师专业发展[J].中小学教师培训，2017（8）：6-9.

② 在世纪之交，有三个占主导地位的复杂性研究的学说：1973年法国当代著名哲学家、社会学家埃德加·莫兰在《迷失的范式：人性研究》一书中首先提出“复杂性范式”概念；1979年，比利时著名科学家、诺贝尔奖获得者普利高津提出“复杂性科学”的口号；1984年美国的圣菲研究所成立，将“复杂性范式”作为研究所活动的旗帜。

③ ［法］埃德加·莫兰著，陈一壮译．复杂性思想导论[M]．上海：华东师范大学出版社，2008：5-6.

视野来关照教师的专业发展，对于我们重新认识教师成长、教师学习及教师培训等有着积极的现实意义和理论价值。

1. 激发自组织潜能，推动自主发展

“自组织”作为一种过程演化的哲学上的概念抽象，是事物自发、自主地走向组织的一种过程和结果。①“自组织”自然而然发生，与孤立、分离、瓦解相对应，强调联结、组合、协同等组织形式和力量，②“自组织”并非“他组织”或“被组织”，是说系统内如果有足够多数量的东西与其他事物互动，那么它们就开始在特定情况下产生自发的秩序。这种秩序通过不平衡发生，不平衡是发展的驱动力，没有不平衡就不会有不断增长的再平衡；这种秩序在关键时刻发生，普利高津认为，“我们通常从数量的和累积的方面看待时间，而非从质的和发展的方面看待时间，在发展时期有关键点或分歧点时再组织就会发生”。③混沌理论的模式和复杂性的自组织在达不到关键点的情况下都不能发生，它们的发生需要非常精确，实际上它们被这种精确和微妙所束缚。

自组织是所有复杂性研究的标志性特征。自组织产生于各个特殊事物之间的相互作用。随着特殊的事物或事件相互作用，它们在特定的条件下确实形成一个系统：一种相互作用的、动态的创造性系统。自组织并非指个体自身的有意识组织，而是指一个动态系统——在某个发展的特定阶段组织自身。当系统经验内部的事件以及事例发生变化时，系统能够总体上维持秩序。混沌内嵌于这种自组织的复杂性之中，演化在这里并非简单随意的或偶然事件的结果，而是一种自然的相互作用的复杂过程。组织自由和自然而然产生于自由的秩序，存在于看似混沌的事物之中。“物竞天择”并非唯一进化方式，进化反而是随机的，将随机化的因素与自然发生的事物结合起来。

① 吴彤.自组织方法论论纲[J].系统辩证学学报，2001（2）：5-6.

② 阳泽，杨润勇.自组织：教师专业发展的重要机制[J].教育研究，2013（10）：95.

③ ［美］小威廉·E.多尔著，张光陆等译.后现代与复杂性教育学[M].北京：北京师范大学出版社，2016：362.

人的大脑正是一种互动的、动态的和自组织的过程。自组织的过程对教育影响是多方面的，承认秩序产生于相互作用——不需要强加。实际上，强制可能正好是发展的阻碍。如果发展实际上是一个随机的过程——不同因素相互之间或事件本身与任意的外在事件相互作用——那么教育中的好多问题都需要重新思考。

教师个体的专业发展及学习共同体的建设根本在于教师主体性的培育，尤其是自组织的培育。教师学习共同体的建设不应当是权力主导的过程，不是权力或市场对教师主体性的占领；而是充分发挥教师自身的主体性，即自治意义上的能动发展。看似无序，实际是秩序的重要机制和手段。我们本应允许互动和言语交流自然发生而非强迫而为，学习发生在许多层面上，而且以多种方式发生，这是复杂性的本质。假如允许教师彼此互动，学习可能就是正在发生的这种自发有序的机制。我们并不是说他们相互组织，而是彼此互动的表现改变了他们的行为，学习可以从内部衍生。①综观我们目前的教师教育课程以及在职培训和评价，基本上都忽略了教师的主体性培养，都是“他组织”或“被组织”。教师在习惯中学会接受了这种形式的课程和教学模式，这样的规定极大限制了教师自身的实践形式，几乎完全将创造性从教学行为模式中清除掉。教师被视为机器人，用一种同一的模式传递着他人标准化的课程。正如多尔所言：“让教学理论最不光彩的事情就是向教师们分发处方和模式，让他们在教学中采用。已经到了帮助教师形成他们自身当地的实践，并且尊重他们，使其合法化的时间了。”②

为此，教师需要拥有的能力就是要超越那些通常在教师培训或专业发展时提供的技术和方法。教师须知，其自身就是一个“自组织”，其创造性来源于一种不平衡的状态。为了引导情境走向一种远未平衡的状态——远离稳定性，走向混沌的边缘，但又不至于越过那种边界而滑向万丈深

① ［英］格雷厄姆·布朗-马丁等著，徐晓红译.重新想象学习：互联网社会的学习变革[M].北京：中国人民大学出版社，2016：346.

② ［美］小威廉·E.多尔著，张光陆等译.后现代与复杂性教育学[M].北京：北京师范大学出版社，2016：265.

渊——需要一种情境感，这种感觉在当前以教师为中心或者甚至以学生为中心的设计中是不存在的。情境成为它们自身的“经理”和“向导”，教师和学生起了重要但绝非主宰的作用。歧义、不确定性、不平衡性、偶然性、概率性都作为重要议题需要充分利用它们来促进自身的自主发展。相关组织能做的就是在尊重教师自组织的前提下，为教师构建一个自组织的学习环境，如同关注学生的学习一样，提供促进教师学习的条件：主体或主动、反思、协作或互动。①因此，学习就其组织而言，就是由一位友好的成年人辅助或鼓励的自组织系统。

2. 丰富专业对话，建设发展共同体

埃德加·莫兰认为，“复杂性与被研究事物的多维度、多样性、多因素、多基源、多中心或多元决定论有关，它引起在认识方法上的多视角、多原理、多观点”，“复杂性认识在看到了对象的多样性因素之后，还要看到对象的统一性因素，即把对象看成是多样性与统一性的统一”。他指出：“复杂性不仅是统一性与多样性的统一，而且也是有序性和无序性的统一。有序性指世界的稳定性、规则性、必然性、确定性与其组成事物之间的相关性和统一性等，而无序性是指世界的变动性、不规则性、偶然性、不确定性与事物彼此之间的独立性和离散性等。……有序性和无序性占有同样根本的本体论地位。”②从科学发展的历程来看，秩序的局限以前被认为是“自然的”，是由上帝确立的，后来又被认为是机械的、序列的和线性的，是由牛顿确立的；最后，被量子物理学所摧毁，体现为混沌理论。混沌理论的第一个特征是不再将秩序视为固定的、简单的和强加的，相反认为秩序产生于任何情境之中的不同因素的互动，特别是一种动态的、持续不断变化的互动。秩序是将有序和无序交织在一起，每一个都内嵌于另一个之中，有序与无序是缠绕在一起的，一种有序的无序或一种

① ［美］舒尔曼著，王艳玲等译.实践智慧：论教学、学习与学会教学[M].上海：华东师范大学出版社，2014：363.

② ［法］埃德加·莫兰著，陈一壮译．复杂性思想导论[M]．上海：华东师范大学出版社，2008：6.

无序的有序。

这样一种动态的、非线性和混沌的新秩序观（杂乱或无序与秩序不再是二元分离，而是产生于混沌中的秩序，混沌本身内嵌于秩序之中），将秩序视为“有序的无序”。“有序的无序”发生在一种不平衡状态中，普利高津断定不平衡性是创造性的一个来源。在一个封闭的、机械的和平衡取向的系统中，不平衡和无序将会被避免、弱化和否定。然而，在一个开放的、有机的和远未达到平衡的系统中（生命自身），一种“有序的无序”正是创造性的源泉。①这样一种被整合描述的创造性进程是结局开放的、动态的和创生的；是反复的或循环的，取决于对话和回应环；是有界限的和方向的，总是导致更多的复杂性，杜威称之为“成长”。这一进程本身的动力来自多样性和整合性之间的必要的和富有生产性的张力。这就是上文莫兰所言的“统一性与多样性的统一，有序性和无序性的统一”。

对于教师专业发展而言，需要一个“适度复杂”且有创造性的系统：真正的发展共同体。自我创造产生于“适度复杂”结构的空间。系统是系列存在于相互联系中的元素，开放系统的运行总是保持适度的不平衡，结果系统就可能维持一种创造性的活力。转变的状况产生于系统本身或其内部长期的相互作用，通过相互作用从其本身创造新事物。在复杂性组织中的各种成分之间的相互作用产生了“自由流动的顺序”。以自然而然产生于适度复杂的相互作用中的意义与理解为基础的系统具有生成性，各种成分相互作用，它们将催化自身，结果不但形成其他的观点，而且能够使这些观点更加适应当前需要解决的议题或问题。对于教师而言，这就是“专业对话”的意义与价值所在。

接受复杂性理论，目的就在于让教师专业发展处于一种相互“施肥、授粉和催化”的过程之中，随着时间的推移，各种连接和相互连接的网络就会越来越被缠绕在一起。现在学习的发生不是通过从专家到新手或者从教师到学生的直接传递，是以一种非线性的方式通过班级内的所有人在一

① ［美］小威廉·E.多尔著，张光陆等译.后现代与复杂性教育学[M].北京：北京师范大学出版社，2016：285.

起探究一个情境/问题/议题而发生。一个学习者的共同体就是“与世界共存”。在学习共同体中，教师的角色就是“播种”，然后再发挥主要的（但是并非过度主宰的）为种子施肥的作用，结果种子就可能成长并最终授粉和催化其他观点。这一过程实际上就是通过系统或网格内的相互作用而催化自身。秩序产生于相互作用，而在相互作用的不同成分之间具有“适度的”张力，或不同或不平衡。这样一种“适度”不能被具体化，它只能被感觉或直觉到，或者用怀特海的术语来说“被感知到”。[①]因此，作为学校或相关机构而言，就是要为教师发展提供“适度复杂的聚合物”或催化剂。

受复杂性理论的启发，真正的教师发展共同体要具备以下几个特征：分布式专精能力（distributed expertise），展现不同天赋、理解、技巧和立场，具有个性而非个人主义；担负在其成员之间分享专精能力的责任，参与各种对话、同行指导、交流讨论和协作共事；信任和尊重，文明、耐心和充满敬意对待同伴；有能力从言论走向行动，从深思熟虑到共同追求的使命，发展一种“实践的共同体”。[②]我们须知，共同体不是地域性、血缘性的，而是意味着由叙事、言词与祈愿的情结构成的富于想象力的，且能够显示系统中人与人之间的“关系”。[③]教师需要意识到，我们可能处在教育历史上的某个时刻，此刻实践活动中的我们比之前的教育学者拥有更多和事实上更加非凡的智慧。但是，正如舒尔曼所言，教师的智慧是孤独而静默的。作为教师，我们事实上能够在我们的所作所为上变得更加聪明，但是，由于我们在孤立的氛围中工作，使得我们难以清晰地表明我们知道的和从他者那里分享而来的智慧。由于我们的工作习惯和条件如此缺乏反思性，以致我们几乎遗忘了我们在实践过程中对成果和做法的一些深

---

① ［美］小威廉·E.多尔著，张光陆等译.后现代与复杂性教育学[M].北京：北京师范大学出版社，2016：299.

② ［美］舒尔曼著，王艳玲等译.实践智慧：论教学、学习与学会教学[M].上海：华东师范大学出版社，2014：372.

③ ［日］佐藤学著，钟启泉译.学校的挑战：创建学习共同体[M].上海：华东师范大学出版社，2010：214.

思。因为在教育过程中的教学孤立，也因为我们在记录和反思自己的实践中缺少足够的规范，我们没有能够从新的实践活动中有所收获。所以，舒尔曼说“我们继续重复着同样的错误，我们得了慢性教育健忘症”。[①]对于教师而言，需要冲破“资深专家”的保守主义，在存在关系中获取实践智慧，同客观世界对话（文化性实践）、同他人对话（社会性实践）、同自我对话（反思性实践），不断增强自身的“专精能力”，丰富、发展共同体。

3. 在复杂性关系实践中，实现自我更新

从现代主义者的视角看，混沌—秩序、杂乱—结构、灵活性—确定性都是二元对立的，是或者不是。人选择或存在于二元对立中的一方，而不能处于二者之中。而在混沌—复杂性—非线性整合的形式中，二元对立的二者都存在，而且相互缠绕、内嵌和依靠。创造性似乎存在于稳定性和灵活性交互作用的地域或进程中，或者说这也是使其得到最好发挥的地域或进程。这就是复杂性的魅力所在。接受一种复杂性视角，可能让我们能够看到尚未看到的可能性。

“复杂性”和“复杂的”不是同一类型，那些复杂的东西能够被分解、简化为简单的东西，整体等于部分之和。在复杂性方面，这是不可能的；复杂的关系不能被简化为简单的行为，一个复杂的整体实际上就是一个整体，大于部分之和。复杂性是指一些产生混乱的情境，这些情境很难被理解，充满了许多互不相关的、相互竞争的因素。在复杂性科学中使用的复杂性对应一个相互的、动态的系统，在具体和限定的条件下，这些系统能够转变自身。复杂性作为不同因素之间的互动模式的结果而出现。[②]我们理解复杂性和生活于其中的复杂世界的能力是有局限性的，这种能力受我们的生物学和基因传统以及我们的历史和环境限制。尽管人类是有局

① ［美］舒尔曼著，王艳玲等译.实践智慧：论教学、学习与学会教学[M].上海：华东师范大学出版社，2014：364.

② ［美］小威廉·E.多尔著，张光陆等译.后现代与复杂性教育学[M].北京：北京师范大学出版社，2016：321.

限性的，但是我们确实能够反思、回归、回顾和更新我们的行为、互动和话语实践。这些行为造就了一种新的话语实践以及复杂性思维的可能性。

复杂性思维寻求尊重生命的悸动、时间的动态互动和个人经验的无序，更多利用隐喻而非模式。隐喻能够将两个分离的（实际上是不同的）领域让我们形成认知的和情感上的联系，以一种新的方式看待主题。新的意义在这些不同领域的互动之中产生。这些意义“既不能被事先预测，亦不能在事后被简单表述”。隐喻开阔了我们的思维，是我们超越那种认为仅有一种正确的方法的模式框架，愿意根据每一情境或事件的独特方法看待主题。隐喻意向可能帮助我们将我们已知的和我们不可能知道的连接起来。生命体结构不是用逻辑连接起来的，相反，意义、意图和理解等自始至终渗透在人的行为和生活中，不能用因果关系去解释，理解永远是个人的理解，只有在个人的心境中才出现，隐喻正好处于生命体的最基层。

复杂性思维意味着，从部分上讲，我们认为的自然的因果关系需要被重新思考。从原因到结果的运动经常不是直接的、简单的和线性的，更为重要的是，我们不能在一种复杂情境中将结果简化为原因。只有当我们意识到一种情境，并且想知道原因是什么时，因果思维才能发挥作用。复杂性思维意味着从关系的角度来思考，更多是出于关系之中（与我们自身、我们的同事、我们居住的情境）；接受内在于情境之中的关系性；认识到我们对内在于情境之中的复杂性的解释更多也只能是部分的，实际上可能不同于另外一个人的解释，在我们对情景和自己的解释评价时要谦卑。

复杂性思维方式表明，人是永远开放的、动态发展的、未完成的。[①] 复杂性思维就是采纳一种关系观、系统观，不是从个体自身而是从关系的角度看待任何事件或实体。在复杂系统中，整体大于部分之和，整体不能被简化为不同的部分，整体就是它自身的组织，基于不同部分之间的互动。从生活实践的角度看，人不是由某种先验的抽象本质规定的存在，人其实就是他的现实生活。生活不是独立自成的，也绝不可能是固定不变的。生活中的人必定要跟其他人以及万事万物发生联系，从而产生互动

① ［法］埃德加·莫兰著，陈一壮译. 复杂性思想导论[M]. 上海：华东师范大学出版社，2008：9.

的人、关系中的人。实践是人本源性的存在方式，创造性、超越性、关系性是实践固有本性。人的存在就是共在、共生，这种共在性的关系实际上是一种各具特点的、独特的、创造性的个体存在之间的相互依存和融合。[①]所有的人作为真实的自我，都必然是关系中的自我。但是，具体的关系往往具有偶然性，我们需要探讨人的关系的具体特性。描述自我不能只谈理性或选择，但时代和文化也不能囊括自我的全部内容……我不只是一个现代自我或后现代自我，不是一种类型化的个体，所有的自我总体上都是在具体的关系中成形的，我是由于具体的关系以及我对其态度而形成的。[②]对于教师而言，更是如此，正如马丁·布伯所言“教育的核心在于关系”。教师正是在师生关系中，在与学科、知识的联结中，在与同侪的互动互助中，在体会、了解、想象别人的精神世界的过程中，正是在这张复杂的联系网中，教师实现了自己存在的意义与价值。教育，就是化育人心的神圣职业，教师与学生之间“进行着一种生命的交换”，教师的生命从学生的生命那里获得了“升华”，自己的工作是一种对人生至高幸福的追求，是一种生命意义上的享受。

埃德加·莫兰强调，“复杂性是一个提出问题的词语，而不是一个给出解决办法的词语”，“复杂性思想关系到使用一种能够与现实商谈、对话和谈判的思想方法”，它的一个公理就是“在理论上的全知是不可能的”，“包含着对不完备性和不确定性原则的确认”，“也包含着确认我们的思维必须加以区分的实体之间的关联，而不是使他们彼此孤立”。[③]因此，复杂性理论为我们重新思考教师的专业发展提供了一种反思性的哲学视角，有助于我们立足教师的“自组织”，与现实更好地“商谈、对话和谈判”，以真正实现教师自身的成长和更新。

---

① 鲁洁.回望八十年：鲁洁教育口述史[M].北京：教育科学出版社，2014：249，256.

② ［美］内尔·诺丁斯著，侯晶晶译.始于家庭：关怀与社会政策[M].北京：教育科学出版社，2006：93.

③ ［法］埃德加·莫兰著，陈一壮译. 复杂性思想导论[M]. 上海：华东师范大学出版社，2008：3.

（四）非正式的教师学习

教师学习，既包括自上而下的正式学习，也包括自下而上的非正式学习。非正式学习是教师以内在的“自我”为向度，基于解决实际问题、追求自我实现的需要而在日常工作和生活中自我组织、自我决定、自我激励的自下而上的学习活动，其本质是教师专业思想的深化、专业知识的丰富、专业技能的提升及专业情感的升华，是中小学教师提升专业核心素养，实现专业发展的有效路径。如果说教师正式学习是通过外力去推动教师的发展，教师非正式学习就是教师用自己的内力而获得发展。对教师发展而言，外力自然不可缺，但内力才是真正的关键。

在知识传播的印刷阶段，中小学教师非正式学习的途径较少，主要借助书籍、杂志、文件、图纸、海报等纸质传播媒介进行学习。在知识传播的电子阶段，中小学教师非正式学习的方式得到很大的扩展，电子书、电子图书馆、电子期刊等电子出版物的发行，加大了教师非正式学习方式的选择性。在知识传播的网络阶段，海量的学习资源、个性化的学习设计、丰富多样的知识表征方式、实时互动的合作交流平台、及时有效的学习反馈机制等，扩充了教师非正式学习的方式，极大地满足了教师多样化的学习需求。

有效的教师非正式学习可以通过有意义的学习而实现，例如有意义的阅读、听课、观看电视节目，就是一种健康、生态、有意义的非正式学习方式。有效的教师非正式学习必须有开放多元的学习方法，例如有意识性地观察 “重要他人”，及时记录对教育教学事件的感悟、思考与建议，在真实的教育教学情境下做研究。在教育教学实践情境中与他人互动也是教师进行有效的非正式学习的方法之一，例如与同行交流，向他人请教，情境互助。

（五）“互联网+”下的教师学习

教师是一个需要在职业生涯中持续学习才能胜任的职业，其学习方式深受媒体发展的影响。互联网技术为教师的专业学习提供了更为丰富的资源和更大的选择空间，也给教师专业学习提出了新的挑战与问题。“互联网+”是信息技术在创新2.0时代呈现的新形态，“互联网+”学习越来越指向于学习者个性张扬、潜能释放、自由凸显和需求满足的时代价值。在其影响下，中小学教师非正式学习在学习主体、学习内容、学习时空等方面均产生了新的变化。具体而言，学习主体由知识的学习者转为知识的生产者，学习内容由相对单一走向丰富多元，学习时空由相对固定的场域转向超时空。①2018年，教育部等五部门印发《教师教育振兴行动计划（2018—2022年）》明确提出，实施“互联网+教师教育”创新行动，“互联网+”与教师教育深度融合，为教师学习提供了新的发展方向和机遇，教师学习也呈现出新的方式。

混合学习的本质是把教学过程分解为若干模块，再借助互联网和信息技术平台对其进行不断的优化和重组，以最佳的多媒体形式进行表征，以提升学习者的学习兴趣和学习质量（Jennifer Hof-mann，2002）。混合学习包括了传统的面对面的学习（也可称为线下学习）和借助信息技术平台的虚拟学习（也可称为线上学习），是现代信息技术与传统教育深度融合的产物。教师与同伴、教育专家间的交流讨论虽能弥补教师知识的欠缺、满足教师进行专业情感交流的需求，但受同伴群体、教育专家自身的知识结构、专业能力、教育情怀、教育信念、所在地域、交流时间等限制，教师与同伴群体、教育专家间的交流学习难以满足教师个体需求。而不受时空限制的线上学习可以弥补线下学习的不足，慕课（MOOC）、小规模私人在线课程（SPOC）、各类网络检索工具、云计算、博客、人工智能、虚拟现实（VR）技术、以移动终端设备为载体的实时互动交流工具等，为

① 袁德润，张宏.“指尖时代”中小学教师专业学习的挑战与应对策略[J].荆楚学刊，2018（1）：59-63.

中小学教师非正式学习提供了海量的、以多种形式表征的、具有个性化的学习内容，能够极大地满足教师的学习需求。而且，混合学习可以对教师的学习记录进行跟踪，帮助教师制订合理可行的学习计划，为教师设计更科学有效的学习方法，对教师非正式学习效果作出及时有效的反馈，大大提升了中小学教师非正式学习的效率。

"跨界学习"[①]是指"跨越不同领域边界的学习，糅合了正式学习与非正式学习、线上e-learning和线下面对面授课、课堂教学与信息技术的多维度边界，覆盖了不同学科、不同场所、不同社会文化"。跨界学习打破了学科、地域、时间、文化等多重限制，为中小学教师提供了广阔的学习视野和学习资源，既能满足教师进行或广博或专而精的知识学习的需求，也能满足教师随时随地开展多种形式学习的需求。跨界学习要求教师要具备跨界思维，能够打破传统和常规，具有较强的批判意识和创新精神，多视角、多层面、跨领域思考问题，进而解决问题。

网络社群学习是指在地域、年龄、知识结构、思维方式、技能、经验、情感态度等方面有较大差异的学习者，基于共同的信念、价值观、发展愿景或目标等，以信息技术平台为载体，在平等、合作、信任、相互尊重的基础上，"聚集"在由互联网构建的虚拟空间中开展学习活动，以充分发挥群体智慧，促进个体成员知识的丰富、能力的提升、思想的升华、情感态度价值观等的发展。一般而言，中小学教师网络社群学习主要有以下几种类型：其一，以博客、微博为载体的教师社群学习；其二，以论坛为载体的教师社群学习；其三，以专题网站为载体的教师社群学习；其四，以微信、QQ、Skype等实时互动工具为载体的教师社群学习。

概而言之，"互联网+"为中小学教师学习提供了海量的学习资源、灵活多样的学习方式、实时互动的合作交流平台，混合学习、跨界学习、网络社群学习等新学习方式的出现，不仅激发了教师开展学习的动力，为教师随时随地进行学习带来便捷，还为置身于学习资源极度匮乏的乡村中小学教师提供了均等的学习机会，城乡教师可以共享优质学习资源，有利

① 何莉，张怡.跨界学习：教师专业发展的新境界[M].上海：华东师范大学出版社，2019:11

于实现整个社会的公平，促进社会的和谐。

在“互联网+”的新时代，教师的学习呈现出“泛在”的特征。泛在学习同微学习、慕课学习、移动学习、翻转学习、碎片化学习等具有高度的一致性，是学习者基于信息技术环境变革学习方式的自然选择。泛在式学习是一种面向未来的专业学习方式，对作为学习者的教师而言，它常常以信息化教学辅助的形式参与到课堂教学实践中来，逐渐地也正将教师学习的场域广泛蔓延至课堂之外的备课、听课、评课、教研、管理、研讨等常规工作和生活中，甚至囊括教师的家庭生活。泛在学习方式在强大的泛在计算技术支撑下，以其开放性、时效性、智能性、整合性、情境性、自组织性等特点，可以在不同的时空条件下满足不同主体、不同阶段的成长需求。

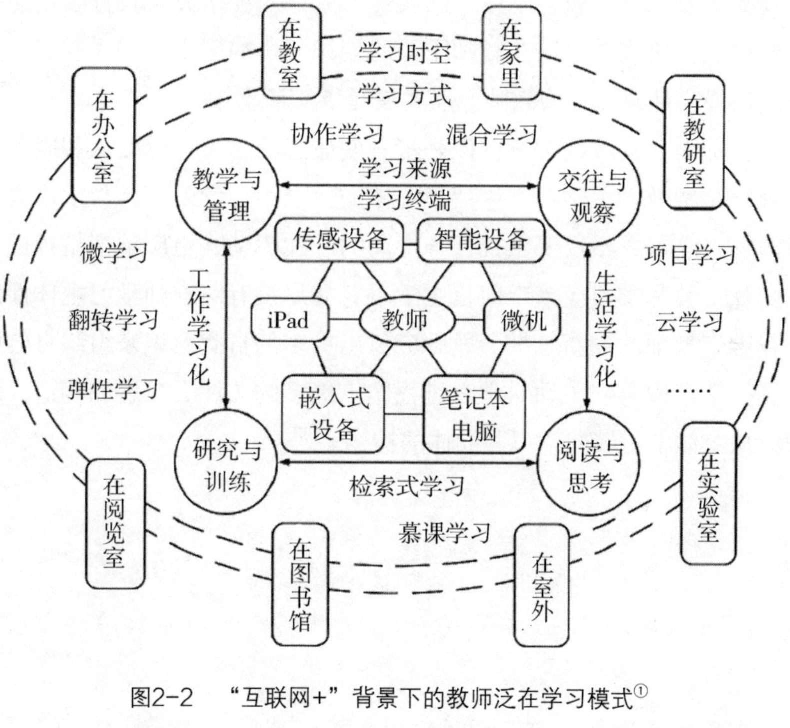

图2-2　“互联网+”背景下的教师泛在学习模式[①]

① 郑会敏.教师泛在学习：概念与理论架构[J].学术瞭望，2018（5）：15-18.

虽然目前“教师学习”已成为国际发展趋势。然而，在国内，关于“教师学习”的研究仍处于日常话语阶段，还没有形成真正的研究领域，相关研究成果屈指可数。理念到现实的转变亟待相关研究作为支撑。有研究者在对近年来国内教师学习研究所作的述评中指出：已有研究虽然取得了丰硕的成果，但尚存教师学习概念模糊、混杂，研究内容分散，研究视角与方法单一等不足之处，今后相关研究要厘清基本概念、明确研究范围、拓宽研究视角、丰富研究内涵、进行多种方法的整合研究。①

对教师教育研究者而言，理应担当起促进或引领教师学习的使命和责任。首先，要加强“教师学习”理论的研究。随着教师学习研究成为教师教育研究的一个前沿课题，研究者应有目的、有意识地扩大国际视野，学习和借鉴西方教育研究的优秀成果，构建具有中国特色的教师学习理论体系。其次，要加强“教师学习”的实证研究。实证研究是教育学走向科学的必要途径。研究者可以在教师学习的规律、影响因素、方式变革、管理等方面加强实证研究，为教师专业发展提供实证支撑。

对教师而言，教师学习应该是带着使命感的学习，应服从和服务于学生发展，是融教学、学习、生活于一体的“全纳”学习，是与生命成长相关联的终身学习，不仅要重视任务导向的外在驱动，更应重视精神成长的内在自觉。教师学习应该走向自主学习。如果没有对教师学习主体性的激发，很难有教师的创新思维。教师应付出更多的自我意识来组织自己的学习，选择学习内容，主动对学习过程作出更多的关注、反思和调适。教师学习应从个体学习转向学习共同体的构建。②

---

① 杨跃.教师教育学[M].北京：北京师范大学出版社，2016：227.

② 刘胡权.聚焦教师学习研究，助力专业发展转型——首届“教师学习与专业发展”国际研讨会会议综述[J].北京教育学院学报,2019（1）：81-86.

第三章　校本研修与合作学习

一、以校为本的教师学习

（一）“实践取向”的校本培训

1986年美国的霍姆斯小组在《明天的教师》的报告中提出“教师专业发展学校”（Professional Development Schools，简称PDS学校）这一概念。“教师专业发展学校”是大学与公立学校之间具有伙伴关系的一种新型机构，它强调大学与中小学之间的相互联系与沟通，是“为初学者的专业训练、有经验者的继续发展以及教学研究和发展而考虑的最佳的学校形式”。[①]“教师专业发展学校”的目的是为教师提供实践训练，最终目标是提高在职教师的实际教学水平，促进中小学和大学的改革和发展。

英国则采用“校本培训”的模式来培训教师。19世纪末20世纪初，英国开始兴起以中小学为基地的“师（教师）—徒（师范生）制”教师培养模式。[②]1944年的《麦克奈尔报告》提出教师培训要取得理想效果就必须重视培训的实践性。1972年的《詹姆斯报告》又指出，在教师培训中，应立足学校实际，破解教师工作中遭遇的突出问题，从而改进学校和教师的工作，为教师专业发展服务。在英国，教师校本培训内容集中于教师胜任教学甚至是革新教学的各种能力，包括有关教育理论、所教学科的知识与运用、学校与班级管理、与学生的交往、对学生的评价、校本课程开发、

① Holmes Group，Tomorrow's Schools: Principles for the Design of Professional Development Schools，East Lansing，M.I.：Author，1990.

② 胡艳，蔡永红.发达国家中小学教师教育[M].海口：海南出版社，2000：46.

教学新技术的运用等。而国家的教育立法和教育规划工作所倡导的重点内容更是该时期中小学教师校本培训的重要内容。其次，学校还特别强调教师校本培训内容要考虑到学科教学、国家统一考试、校本课程开发、与家长和社区的关系等方面的需要。另外，教师校本培训内容也重视教师知识和技能的扩充，这被视为中小学教师面对技术社会的突飞猛进必须作出的反应。不仅如此，教师校本培训还注重教师专业研究能力的发展。

1989年，欧洲教育协会把校本培训界定为：源于学校课程和整体规划的需要，由学校发起组织，旨在满足个体教师的工作需求的校内培训活动。以校为本的教师培训都是相对于以高等教育机构为本的教师培训而言的，都强调以教师任职学校为基本培训单位，以提高教师教育教学能力为主要目标。[①]这种培训简单地说，有三方面含义，即：一是为了学校和教师，二是在学校中，三是基于学校。这种培训是以学校为培训基地，在上级培训机构的指导下，由校长、教师、学生共同参与的，充分利用校内外培训资源，直接服务于学校和教师，服务于教学的培训活动。[②]

日本也非常重视教师培训的实践性。近年来，日本许多中小学在校本培训的基础上，构建了在职教师的实践模式——“授业研究”（lesson study）。这是一种校内培训研修模式，主要是指教师通过共同设计、观察与讨论真实课例的一种合作研究，其主要精神为“反思、合作、持续、改善与做中学”，其理念是通过“授业研究”，创造各种机会和有效的方法来改变和丰富课堂实践，提升教学质量，促进教师专业发展和改善学校学习环境。[③]

澳大利亚在20世纪80年代颁布了许多关于教师教育的报告，如《澳大利亚国家学校教师专业发展蓝图》《一种值得关注的道德——对新教师的有效计划》和《联邦高质量教师计划——2003年行动纲领》。这些报告都提出了“以校为本”的教师教育理念，要求教师教育必须在学校进行实践

① 李永生.国内外教师校本培训研究与实践的综述[J].中小学教师培训，2003（6）.

② 李进主编.教师教育概论[M].北京：北京大学出版社，2008：530-531.

③ Stigler, J. W. &Hiebert, J., The Teaching Gap Best Ideas from the World's Teachers for Im- proving Education in the Classroom, New York: The Free Press, 1999, pp.78-83.

研究，针对学生管理、课程材料分析、教学录像等作为教师的课程研究内容，将研究结果直接运用于教学实践，从而促进教师专业发展。

2011年10月8日，我国教育部颁布的《教师教育课程标准（试行）》在第一部分基本理念部分明确将“实践取向”列为教师教育课程改革的基本理念。[①]标准提出，教师是反思性实践者，在研究自身经验和改进教育教学行为的过程中实现专业发展。教师教育课程应强化实践意识，关注现实问题，体现教育改革与发展对教师的新要求。教师教育课程应引导未来教师参与和研究基础教育改革，主动建构教育知识，发展实践能力；引导未来教师发现和解决实际问题，创新教育教学模式，形成个人的教学风格和实践智慧。

综合各国教师校本培训的目的，可以发现，除了遵循国家总目的，校本培训更注重自己学校教学的实际需求，更注重现实性和未来性，是学校教师自我要求、学校教学实际中现实问题解决和教育改革三方面的有机结合。[②]归纳起来主要有知识目标和能力目标两方面：更新知识的培训目的；提高能力的培训目标。可见，国内外教师校本培训在目标上具有许多相同之处，即都强调以学校为基础，注重培训过程中教师经验的总结与提升，重视个体需要和自我教育，以此提高教师教育教学实践水平和教育科研的兴趣和能力。

吴卫东（2005）指出，校本培训的理论基础包括：将教师蕴涵于教育教学活动中的个人实践性知识显性化是知识发生的一条重要途径，知识的权威不一定在高等学校，不一定只是专家学者；学校环境是影响教师专业发展的重要外在因素，“校本”切合于这个理念。基于共同体的教师学习可以改变原有的以专家讲解和灌输知识为主要方式的在职教师教育模式，有助于教师在教育改革中认识、内化新的教育教学方法，促进自身的专业发展（Hutterli& Prusse，2011）。“校本”培训使教师在职教育的问题解决模式得到了新的突破，成为教师在职教育的有效形式之一。校本培训打破了以往以理论知识为尊的教师教育模式，重视基于教学实践的探究。因

① 王会亭.基于具身认知的教师培训研究[M].北京：中国社会科学出版社，2017：240.

② 于建川.国外校本培训的经验及其启示[J].中小学教师培训，2003（2）.

此，校本培训也成为促进教师科学研究能力的有效手段。

就培训内容而言，当前国外教师校本培训日益淡化政治色彩，主要倾向于满足教师个人需要，重视教师在教学实践过程中的问题解决和所需技能的获得，诸如如何实施有效教学、如何运用信息技术加强学生课堂学习、如何满足有特殊要求的学生的需要等。知识和技能的扩充、教育理论的学习、学校管理和教师教育研究能力的培养都是校本培训的内容。

教师校本培训的优点可以概括为：（1）目标的直接指向性；（2）内容的现实针对性；（3）方式的灵活多样性；（4）组织管理的自我主体性；（5）支持系统的共同协作性；（6）培训质量的有效评价性。通过校本培训的组织和管理，加强教师间的协作与交流，建设会学习的教师群体，促进学校由教师忙于授课、辅导、改作业的事务性组织向学习型组织发展。从这个意义上说，校本培训的最大特点是教师学习与工作有机统一，是终身学习的生存理念在学校展开的生动体现。

（二）从校本教研到校本研修

校本教研是一种活动，它原本的切入点是教师针对教学中的实际问题以研究的方式展开的问题解决活动。50多年来，这种教学研究活动作为一种学科教学研讨制度，一直存在于中小学校中，是中小学教师工作的一部分。回顾新中国成立后中小学教育教学研究的历程，自从20世纪50年代初开始，中小学的教研活动在改变教学的盲目性和无准备状态，建立健全的教育教学秩序上起过很重要的作用。走过“文革”10年后，70年代末80年代初，学校教研活动为恢复正常的教学秩序、大面积提高教学质量起到了重要的、积极的作用。通过教研活动，一批学校的面貌发生了改变，一批有成效的教学经验得以推广，一批教师获得了成长。[①]学校教研制度在我国已有50多年的历史。为应对新课程改革的挑战，学校教研工作发生了很大的变化，顾泠沅等认为，“校本研修”超越了原有的“校本教研”概

① 王洁，顾泠沅.行动教育——教师在职学习的范式革新[M].上海：华东师范大学出版社，2007：63.

念，其变化主要体现在以下四个方面。[①]

一是从熟练技术操作取向到实践反思取向。如果说以往的教研活动偏重于教师在把握教材组织提问教学环节过渡、衔接等技能技巧的熟练度的话，现在的校本研修则除了关注这些细节操作，更关注如何从杂乱无章的经验中理出头绪来，将经验加以分析、整理、归纳，从中提取出共通性的部分，使零碎的经验成为有意义的组合。这意味着，教师应该不断地追问实践，在日常教学实践中不断发现问题，经由有计划、有目的的学习获得成长，而不是依赖盲目的尝试错误而改进。这也意味着，校本研修活动要创造一种气氛，协助教师对所获得的经验加以反思，否则经验对于促进教师专业发展的功效是相当有限的。

二是从研究教材教法到全面研究学生、教师的行为。研究教材教法主要关注：教师如何吃透教材精神；选择恰当方法；更有效地向学生传授知识、培养能力。这时教师是教学活动的主体，学生是"一桶水与一杯水"中的"一杯水"。全面研究学生、教师的行为，即关注学生的现有基础、发展需求和实际可能性，关注教学过程中学生主体地位的实现，关注教师的教要适应学生的学。

三是从重在组织活动到重在培育研究状态。国内外的很多研究表明：教师的探索性实践是教师专业发展的一条重要途径。学校教学研修活动是教师专业生涯中的一个重要方面，要让它在教师的成长中、在当今的课程改革中发挥作用，我们就应努力在学校的学科教学研讨中引入研究文化，让学校教研活动成为教师解决教学实际问题的行动学习。教研不再是折腾教师的负担，而是与教育教学相融合促进教师专业发展的有效途径。

四是从关注狭隘经验到关注理念更新和文化再造。以往的教研活动注重个体某项教学经验的总结和交流，现在的校本研修关注经验和问题背后的理念和行为方式，换言之，关注的是这些经验怎样才能形成和重新形成，使学习和研究成为教师共同的职业生活方式，使教研组成为学校的学习型组织。

---

① 王洁，顾泠沅.行动教育——教师在职学习的范式革新[M].上海：华东师范大学出版社，2007：80-84.

“为了学校、基于学校、在学校中”，这是现在对“校本”的最高度化概括。校本研修就是指在学校中组织教师培训活动和教师开展的科研、教研活动。具体而言：一是理念上，“校本”指向的是学校文化的重建、教师专业的发展、管理方式的改进。二是机制上，“校本”指向的是外在（培训机构）的引领和指导、内在（中小学校）的决策和组织、内外的协商与互动。“影响”的实现不是通过行政的方式，而是通过协商与互动使双方达成“共识”：“协商”不是讨价还价，而是理论的引领、方式的引导、资源的引入；“互动”不是相互走动，而是项目的合作、问题的解决、平台的搭建。“共识”是推动校本研修的核心机制。三是方式上，“校本”指向的是学校问题的解决、教师发展的自主、学习文化的形成。在校本研修方式的设计上，需经历从“自由化”到“规范化”到“特色化”的变化过程；在校本研修方式的实践中，需经历从“自主实施”到“规范实施”到“统而不死、放而不乱、实而不虚”的实践局面。

作为教师专业发展的一种模式，“校本研修”是在1999年上海教师教育工作会议上正式提出并写入《中小学教师培训规定》的。“校本研修”的特征概括起来有以下几点：职场性、自主性、研究性、专业性、成人性及区域性。“校本研修”是基于学校、立足职场、源于问题、自主研究、团队互助、专业引领、区域统领的教师专业发展模式。从教师教育的角度来看，“校本研修”是以“课程为中心”向以“问题为中心”转型的实践模式，它符合新课程改革的需求，应该成为教师专业发展的主要模式。

总之，从“校本教研”到“校本研修”，重构的是学校原有的教研活动。“校本研修”是融合于教学活动之中的，从某种意义上说它就是教育教学实践行动的一种形式，而不是游离于教育教学实践行动之外的活动。融工作、学习于一体的校本研修不只在于改变教学实践，更在于加深教师对于从事的教育教学实践的理解，增进教学专业知能，提升教学实践智慧。因此，校本研修活动既是教师教学方式、研究方式的一场深刻变革，同时也是教师学习方式、历练方式的一场深刻变革。它在中小学中展开的图景是：一群有着共同的关注点、对同样的问题或者同一个话题有热情的教师，聚拢在一起，相互观课、相互评论、分享经验、行为跟进，最终获得各自不同的长进。从学校管理的角度看，它是一种学校既有教研活动有效展开的方式；从教师个人的角度看，它又是一种教会教师实现理念向行为的转移、改进教学、追求卓越的一条比较有效的途径。“校本研修”与“校本教研”的切入点不同，它秉持的理念是将教师成长作为方向，是教师成长的一种模式，是教师的工作、学习进修与研究三者的整合。当在职教师在学校工作中，真正将自己的教学、研究和学习三者整合在一起的时候，就成了一件事情，在本质上是一种“行动教育”。

（三）校本研修的类型

校本研修模式立足于“以学校为本”“以教师为本”，旨在通过研修活动提高在职教师的自我学习和自我发展能力，从而推动教师可持续、终身发展，进而促进学校文化及其特色的打造和学校的持续发展。研修内容以在职教师在教育教学实践中遭遇的疑难、疑惑、问题为中心，多以教学实践技能和教科研能力的培养为主。研修方式包括专家讲学、师徒结对、自学指定图书、课题研究、学术沙龙等。校本研修是基于在职教师的自身需求，往往有着较强的学习内驱力；研修的内容、资源也大多源自教师和学校。研修的针对性、激励性、全程性以及在职教师培训重心的前移、自主权的下放、教师内在需要的受关注等是这种模式的最主要特点。但是校本研修模式也需要防范可能出现的问题。比如，充分的教育培训自主权、单一的教师教育培训环境等容易使教师在职教育滑入“庄园式”的封闭怪圈，当组织者和参与者心态失衡或心态疲软时，容易趋向急功近利或流于形式。①

校本研修的开展需要一个能够担负起鼓励学习、发展能力、管理知识和推动个人行动等责任的组织。这个组织能使老师们聚拢在一起，关注问题、相互支持。在实践中，这一组织类型有三个维度的划分方法：正式的与非正式的合作小组、他人促进的与自我促进的合作小组、校内和校外的合作小组。正式的教研活动主要包括：集体备课、说课、听课、评课；讨

① 杨跃.教师教育学[M].北京：北京师范大学出版社，2016：144.

论考试命题、试卷分析；集体业务学习，传达贯彻上级指示，业务考核；专题研讨活动或正式课题研究；出外参考考察，学术会议或在职研修；优质课评比，研讨；师带徒，结对子。非正式的教研活动主要包括：围绕教学工作的随意交谈；针对个别学生的“集体会诊”；对学校焦点（热点）问题的自由讨论；教师自发的学术沙龙或聚会；围绕教师工作的网上聊天；教师反思性阅读，撰写专业日志；教师与研究人员或校长的平等对话。相比而言，非正式的教研活动对在职教师启发、影响最大，和学校日程上安排的“正式教研活动”对教师具有同样重要的作用，两者共同构成学校的教研文化。[①]

1. 按组织方式分类

（1）“群体学习”式教研：全校教师以教研组、课题研究小组、自愿者组合等形式，在探索教改之路、“摸着石头过河”的同时，加强群体学习，用学习的力量避免盲目。（2）“先导小组”式教研：校长或学校中核心人物接受了一个新的理念，通过建立一个由少数人组成的“先导小组”方式，先行实践，在实践的过程中带动了更多人的认知，引发了学校更多人的自觉实践，最后实现了共同长进。（3）关键人物发起的教研：骨干教师、课改先行者是课程实施的关键人物，学校充分发挥他们在校内的引领作用，成立专门的工作室或研究小组，与一般教师组成一个实践共同体，在面对复杂、真实的教学问题的讨论与处理过程中，展开校本教学研究，使教师获得专业成长。（4）不同背景教师组合的教研：教师作为独立的个体，有着不同的知识结构、经验背景及兴趣爱好等，这些具有不同背景教师的组合，能通过合作、交流与分享，完善知识结构，从不同的角度和侧面“走进”新课程。

---

① 王洁，顾泠沅.行动教育——教师在职学习的范式革新[M].上海：华东师范大学出版社，2007：93-96.

吴正宪小学数学教师工作站[①]

如何以优秀教师的成长经验和教育智慧作为专业发展的课程资源，引领广大教师的专业学习与成长，历来是研修工作创新的重要实践领域。自2002年开始，北京教育科学研究院尝试以吴正宪老师的成功教学经验作为专业资源进行推广，开始了基于优秀教师专业资源开发的教师专业能力培养机制的实践探索。北京教育科学研究院于2008年6月正式成立了“吴正宪小学数学教师工作站”（以下简称工作站）。经过反复研究，工作站的目的确定为：将吴老师的成功教学实践经验及其研究成果作为课程资源；以团队教研服务方式，深入基层学校组织开展丰富多样的系列研修以及后续实践研究；在此过程中探索培养既能上课，又能研究，还能够引领同行教师成长的资源型骨干教师。工作站还提出了“为基层教师提供高质量教研服务中培育优秀教师”的团队研修理念，以及“在服务中学习、在服务中研究、在服务中提升”的能力发展原则。

工作站的教师团队研修自觉顺应教师专业学习与能力发展的基本理念和实践原则，有意识地引领团队成员深入基层学校，借助精心设计的教研活动，引导基层教师深刻认识学科知识、学生知识和教学知识，在提供高质量专业服务的过程中发展自身专业实践能力。他们坚持实践的专业学习与研修服务方式，包括：专业阅读、网络学习、名师大课堂、课例研修、学生评价、“菜单式”服务、“1+5+N”的研修、课题研究以及广泛的国内外业务交流等，而且已经从常规的现场活动基本形式拓展为现场活动与网络课程及移动学习服务为一体的教师专业能力发展机制。在那些凝聚团队成员倾心付出、群体合作和深刻反思基础上形成的一个个研修故事，既是工作站为基层服务的真实工作记录，也体现了团队对于新时期教

① 张铁道.教师研修：国际视野下的本土实践[M].北京：教育科学出版社，2015.

师专业能力发展理念和实践方式的探索过程。

工作站的团队研修实践体现了一种新的教师专业能力发展理念，即教师的专业学习与能力成长实际上是通过自身有意识的学习、实践、反思的连续过程，获得一个有助于增强教学有效性的新知识、新行为方式和教学观念的有意义内化过程。他们的系列实践表明，教师专业能力的发展目标仅靠教科书学习或专家教授、名师示范等方式的学习并不能完全奏效，而组织教师团队针对基层教师需求开展有目的、有挑战性的行为干预，更能有效地促进教师专业能力的发展。他们的实践表明，将教师已有的知识经验作为一种研修资源，创设问题解决情境，引领教师开展互动研修，可以帮助教师群体体验富有专业发展意义的学习过程。

他们的团队研修理念特别强调围绕精心设计的专题研修活动过程进行实践过程的信息资料采集、整理和加工，使那些鲜活的“话语”信息以及大家参与其中的“事件”通过加工整理变成具有一定理性特征的“文本”资源。为此，吴正宪和她的团队花费了大量精力采集、整理每一次业务活动形成的文字、图片、声像资料及基层师生反馈，而后又以这些真实材料作为反思和研究实践的资源，并从中提取行之有效的经验和方法。

工作站的经验还深刻地启示我们，作为教研员、教师培训人员和其他专业工作者，我们既是教师经验的学习者、分享者，同时也是教师学习的设计者、组织者和引领者。团队研修的实践说明，当我们不再刻意地去“教导”“示范”“培训”同行教师，而是与他们一同介入富有挑战性的问题解决过程学习的时候，就能够在帮助教师成长中亲身体验到共同成长的欢悦！目前，“成就他人，丰富自我”已经成为团队成员自觉践行的价值观和教研行为。

2. 按发动、激励方式分类

（1）任务驱动的教研：以一个阶段内教师们比较关注的、来自教学实际中相对集中的问题，作为一个活动主题或研究的专题，对教师而言，任务本身是一种教学研究，也是一种探索的驱动力。（2）项目合作的教研：学校参与专业机构主持的某一个项目的研究，成为实验点或承担部分研究工作，通过教师与专业研究人员的亲密合作，提高学校教研活动水平。（3）有技术介入的教研：和以往的教研活动相比，有技术的介入能够提高教研活动的实效性，使教研活动以不同的形式展开。例如学科教师与负责现代信息技术的教师组合起来，建立教研的技术平台，甚至试行网上“虚拟教研”。（4）以“打造学校品牌”驱动的教研：以一个阶段内教师们比较关注的、来自教学实际中相对集中的问题，作为一个活动主题或研究的专题，综合教师知识结构、经验背景及兴趣爱好等优势，以打造学校品牌任务为动力，开展群体合作的校本教研。

3. 按推进、展开方式分类

（1）连环跟进式教研：教研活动中，由多位教师接连上同一内容的课（也可以是同一位教师接连上几次课），每次上课都进行深入的观察、分析比较，并提出改进建议，通过不断的实践反思，提高教师的教学行为水平。（2）中心学校辐射的教研：主要利用中心学校的人力资源、物力资源和信息资源，支持周围的一般学校，共同提高教师的教学研究水平，这对解决农村、偏远地区教育资源相对贫乏问题，具有突出作用。（3）联片教研：学校之间共同合作，相互开放，相互交流，在立足于自己学校开展教学研究的基础上，充分挖掘不同学校的潜力和资源，从而实现优质资源共享，优势互补，谋求共同发展。

校本研修在不同的学校、不同的环境下，其演进的途径是不相同的，展开的途径举不胜举。当然，每种途径都有存在的条件，有它的优势和不足，我们进一步要做的是，甄别不同展开途径的形态与功能，具体分析每一种实施形态在什么条件下、对什么学校、对怎样的教师的适用性。这项研究只有通过实践与行动，通过理论的比较与提炼才能获得相对比较全面的、深入的认识。

北京丰台区校本研修模式

丰台区的校本研修是根据北京市教育委员会《北京市“十三五”时期中小学教师培训工作实施意见》和《关于丰台区“十三五”时期中小学、幼儿园教师培训工作的意见》的要求，为加强对全区中小学校本研修的管理，推进校本研修工作逐步走上科学化、规范化、制度化的轨道，提高校本研修的质量，制定了《丰台区中小学“十三五”校本研修管理办法》。在此制度化文件的指导下，各学校结合自身实际，实践出了多种模式。

一、基本特点

1. 强调校长的作用。丰台区在“十三五”期间，要求各校更加明确校本研修与教师发展的必然关系，深刻认识到以校为本的教师发展的重要意义。校长是校本研修的第一责任人，同时也是校本研修的设计师、决策者之一。培训的实施作为校长进行师资队伍建设的考核内容，是考核校长的责任目标之一。校长应立足于本校教师专业化发展与学校发展，紧密围绕教育教学和学校发展的关键问题，领衔制定校本研修规划和方案，集聚培训资源，开发培训课程，凸显学校特色。各中小学成立了校本研修领导和工作小组，依托现有的职能部门并指定主管教学副校长负责校本研修工作，保障校本研修工作的有效开展。

2. 强调“校长领衔，专家引领，骨干示范，全员参与”。丰台区充分挖掘各级各类优质教育资源，发挥区域优秀名优教师的示范引领作用，鼓励校际合作和教育集群内部合作，加强对青年教师的培养和培训。校长、专家与本校骨干和优秀教师均参与执教校本研修课程，各学校根据自身情况自主安排相应比例。丰台区强调校本研修属于全员培训，为教师必修内容。在“十三五”期间，丰台区注重统筹性和灵活性相结合，面向全员发展，不应局限于大一统模式，应采取分层分类培训以增强实效。从整体上并未局限于特定的学科教学，而是与学科研修活动相结合。

3. 强调“五有”“四结合”。丰台校本研修围绕新课程改革和教育教学实际，服务于学校发展和常规化教学质量提高。这种“研训一体”的培训，做到了“五有”：有培训的规划和明确的主题与培训目标；有活动组织方案与日程安排；有代表参加研修教师个人研究水平的成果；有研修过程的完整档案；有鲜明的学校特色。同时，做到了“四个结合”：与教育教学相结合；与课题研究相结合；与学校发展相结合；与教师培养相结合。校本研修要突出体现“研修一体”，将教师培训与学校教研活动结合起来，以培训、研究推进教研组建设，提升教育教学质量。

4. 强调科学性。丰台区校本研修的课程设计强调科学性、实践性和发展性。课程由学校提出年度主题，课程整体由全校辅导及教研组研修部分组成，即学校按学年确定校本研修的主题，各教研组按照学校校本研修主题确定本教研组研修主题。校本研修课程切入口不大，注重可操作性，注重发挥学校特色，体现教师培训实效性，推进了教师整体专业化发展。在组织管理方面，北京教育学院丰台分院全程参与校本研修的管理与指导。教师培训管理办公室对校本研修的实施过程与目标质量监控。丰台分院各教研室和教师培训管理办公室负责全区校本研修的具体管理和业务指导，搭建校际间校本研修的交流平台，为全区各校校本研修提供了信息与人力资源服务。

二、内容与形式

1. 丰台区校本研修以提高教师职业道德修养和实施素质教

育的能力和水平为重点，着力研究和解决先进的教育教学理念向教学行为转化过程中出现的实际问题。主要内容包括：教师职业道德教育、教育法律法规、中华传统文化、教育心理；现代教育理论、教学工作常规、教育教学技能、教育科研方法、现代教育技术、自然科学知识和社会科学知识；新课程改革、学生与学科核心素养、教材教法和教学方式等与教师专业发展相关的内容。

2. 丰台区校本研修课程重视教师的实践与体验。主要内容包括：①用观察记录、诊断改进、专题讨论、课题研究、成果展示等方法促进教师习得班级管理、学生心理辅导和学科德育等为主要内容的教育实践知识；②习得教学设计、教学方法、教学过程、教学评价、因材施教、学法指导、课程开发等为主要内容的教学实践知识；③习得教学反思、教学研究、教育科研等为主要内容的教科研实践知识；④习得其他综合修养。

3. 丰台区校本研修重视形式或过程与成果多样化。培训形式或过程包括理论讲座、案例分析、教学观摩、课题研究、专题教研等。培训成果包括教学课件、学习体会、教育教学论文、教研报告、科研报告等。

4. 丰台区校本研修强调因校制宜、按需施训。一是搭建了教师之间相互切磋、合作研讨、彼此支持、分享经验、共同成长的平台；注重发挥教育专家、学科教研员、校长、各级骨干教师在校本研修中的专业引领作用。二是充分发挥本校教研组、备课组和年级组的作用，并采用校际或区域相联动的方式，紧跟时代发展形势，充分运用信息技术手段，开展网络研修和互动交流。三是充分发挥教师在校本研修中的主体作用，积极倡导教师在教学过程中以实际问题为中心开展各种研究活动。

需要特别指出的是，校本研修是一种团队合作性质的互动学习。除了要有活动的精心策划，离开参与研修活动人员的投入性学习、经验分享和互补协同，对象群体的后续实践努力，甚至缺少相关技术、行政、工勤人员的全力配合，都难以保障研修活动的质量与成效。除此，校本研修实践案例的撰写是提升研修实践的成果价值，推动研修后续实践，并增强社会认可程度的基本方法。同时，它也是培养研修专业人员的一种有效策略。实践表明，校本研修的最大魅力在于能够使组织者在促进参与者开展经验分享的过程中，帮助大家获得有意义的学习，彼此之间变成志同道合的同事和朋友。

虽然校本研修的内容比较丰富，但从目前校本研修的实践来看，主要存在以下问题：在政府推动方面，后劲不足，监管不够；在学校管理方面，认识不足，措施不力；在教师参与方面，沟通不强，动力不足。表现在具体操作上，校本研修工作缺乏系统性。一是计划不系统，很少有长远的校本研修规划；学校虽然每年都制订工作计划，但学校工作计划与校本研修规划的有机联系较少。二是内容不系统，校本研修内容没有形成自己的体系，往往会受外部因素的干扰，随意性很大。三是措施不系统，没有从学校的整体工作出发，往往局限于校本研修本身进行思考。因此，目前制约校本研修的因素主要有：一是丰富的资源和自主研修能力（包括习惯）是影响校本研修效能的核心因素，而资源开发和科研能力是中小学教师比较薄弱的方面，这除了需要有外在的牵引力量和有较强“研修”能力的校长，还需要有一定数量的骨干教师队伍，而这类骨干教师在中小学普遍都比较缺乏。二是校本研修对教师培训机构提出了更高的要求，不仅要有引领方向的专家队伍、深入实践的组织管理指导队伍，还要具备开发多样性资源的能力、搭建个性化互动交流平台的能力，而这也是很多教师培训机构目前尚不完全具备的条件和能力。

二、学习共同体与合作学习

（一）学习共同体的理论与实践

1. 发展脉络

1887年，滕尼斯在《共同体与社会》一书中首次使用“共同体”这一概念，其目的在于强调人与人之间的紧密关系，共同的精神意识及对社会的归属感、认同感。英国社会学家齐格蒙特·鲍曼在《共同体》一书中阐述道：“共同体这个词传递的感觉总是很美妙的。共同体是一个温暖而舒适的场所，一个温馨的‘家’，在这个家中，我们彼此信任、互相依赖。”1990年，美国的彼得·圣吉在《第五项修炼》一书中第一次提出，把共同体称为学习型组织，虽然他写的是商业团体，但此后这一词很快进入教育领域中。1995年，美国教育学家博耶尔发表了题为《基础学校：学习的共同体》的报告，提出并具体阐释了“学习共同体”这一概念。他认为在有效的学校教育中首要的是建立真正意义上的学习共同体，为了达到这个目的，学校必须：有共同的愿景，能够彼此交流，人人平等，有规则纪律约束，关心照顾学生，气氛是快乐的。此外，我国教育家陶行知提出，“学校是师生共同生活的场所”，这种“共学、共做、共修养”也是“共同体”的教育思想。陶行知的教育思想中的角色不仅仅是教师，而是师生及其共同成长。

教师学习共同体的兴起与研究源自美国，其前身可以追溯至杜威的“雏形的社会”，他曾尝试提出大学学者和中小学的协作。尽管杜威的思想蕴含学习共同体之意，但他并未提出“学习共同体”的概念。20世纪以来，西方教育改革开启了人们对教师学习共同体的探索。如20世纪70年代出现的“实验学校”“入门学校”等教师教育机构，都是通过各种形式与中小学的合作。20世纪80年代的著作中也不同程度地体现这一探索的成果。如，古德莱德提倡的大学与中小学的合作，努力构建“共生的伙伴关系”；霍姆斯提出的“教师专业发展学校”的建立；20世纪70年代末的校本学习，即校内教师间的合作学习。除此，还有一直致力于构建学习共同体实践的日本学者佐藤学先生，他在《课程与教师》中提到自律文化的形成是促进专业共同发展的关键。

教师学习共同体是教师自发组织的，以提高教师专业能力和促进教师专业发展为根本宗旨，有多种学习形式，成员之间的经验资源共享，实现一种互促共进的教师学习型组织。教师学习共同体是实现教师专业发展高效、迅猛成长的快车道，是打破教师专业瓶颈的有效途径。教师共同体为其成员提供了一个寻求帮助、互惠互信，同时又能获得个人专业发展支持的场所，消除教师的孤独感，也可以有效提高教育教学质量。无论从学习共同依托的平台分类（线下、线上），还是分学科、跨学科的分类形式，抑或是根据研究的问题不同的分类方式，很难有一种学习共同体是孤立存在的，大部分的教师学习共同体都是两种甚至多种类型混合存在的类型。无论属于哪种类型，教师学习共同体要有两个特点：一是共同发展。共同体中的教师、管理者与参与者在不断的学习、合作中提高自身专业素质，推动整个共同体的发展，最后落实到学生的学习和发展上。二是学习与合作。所有成员在民主的氛围中，互相学习，分享经验，协同工作。

2. 实践探索

美国的教师学习共同体的发展阶段可以大致分为：（1）孕育阶段：20世纪70年代以来，人们开始意识到教师专业化的实现需要终身教育，教师应该向“学习者”角色转变。（2）兴起阶段：1990年学习型组织的创始人和倡导者彼得·圣吉《第五项修炼——学习型组织的艺术与实务》一书的问世，在商业领域影响巨大，逐渐地全球范围的工商业社区都在学习如何共同学习，都在变成学习社区。受到彼得·圣吉《第五项修炼》的启发，一些学者认为学校应该成为学习共同体。20世纪初，杜威把教师的协同工作描述为教师为了检验他们的实践、进行经验创新和批判性对话而进行集体探究活动，这个定义和教师学习共同体很像。1997年，美国西南教育发展研究中心（SEDL）首先通过描述专业学习共同体的特点来解析其概念，他们认为专业学习共同体是以致力于促进学生的学习为目的的具有共同理念的管理者与教师构成的团队，进行合作性、持续性的学习。这种组织形式是促进教师专业发展的有力途径，能够成为学校变革和发展的有效策略。从此，专业学习共同体一词在学习型学校与合作学习的理论与实践中被频频使用。（3）发展阶段：加拿大著名学者迈克尔·富兰（Michael Fullan）在2000年时指出，在教师专业发展过程中，针对外部技能和知识的教师培训不能真正有效地促进教师的发展，缺少针对性和时效性，教育改革的成功应取决于教师有效的专业学习。2004年，美国学者芬韦克（Fenwick）通过研究指出，在过去的10年，教师专业发展的趋势出现了两个非常重要的变化：一是逐步以“教师终身学习”代替“教师专业发展”；二是从注重教师个体学习转向通过学习共同体来促进教师学习。

事实上，我国中小学在这种通过教师合作学习来改进教学与学生学习的实践上具有很长的历史，尽管并未对相关实践冠之以“学习共同体”的名义。早在20世纪50年代，中小学便开始建立教研组，希望通过教师集体教研来提升教学质量。随着学校规模的不断扩大和发展，备课组和年级组也逐渐形成并发展为我国学校的基本组织。除了统一的组织形式，一些学校还建立了具有自身特色的教师团体，如课题小组、青年教师小组等。除此，不同于西方国家教师将自己孤立于教室的情况，我国学校设有教师办公室，教师在办公室这一共享空间内进行频繁的非正式沟通与合作，办公室内的随机交流与学习十分普遍。从这个意义上讲，合作实践在我国中小学已被制度化，成了教师的日常生活方式。

实践表明，学校“教研共同体”所组织的听课、评课及公开课活动，在帮助当代教师实现从传统“教学活动的自在者”向“教学艺术的生成者”的角色转变的同时，也有助于提升教师的现场学习力。一种由教育实践者、教育管理者和教育研究者组成的广义而多元的共同体，要求每一位共同体成员必须首先以一名“教师”的身份融入共同体的教研活动现场（王占魁，2013）。教师共同体中的教师学习是经验式、参与式和身份获得式的学习。作为边界地带的大学与学校伙伴关系代表着教师学习情境的扩展，伙伴关系中教师学习方式是扩展式、横向式的跨界学习过程，侧重于问题的解决和探究，体现在新知识的试验、探索和创造上，代表着教师教学活动系统的整体提升（王晓芳，2015）。也有学者认为教师建立的学习共同体是教师专业学习共同体，因为专业学习共同体是促进教师专业发展的重要途径。因此，成功的专业学习共同体不仅具有共享和支持性的领导、共同的价值观和愿景、共同学习和应用、共享的个人实践、支持性条件，还要专注学习、合作的文化、聚焦于成果等基本理念（陈晓端、任宝贵，2011）。同时，这种共同体作为组织形式，离不开组织管理，想要管理有效，促进教师有效地成为自我管理者，需要学校领导、教师本人、教师培训者承担各自的责任（吴艳茹，2015）。教师共同体具有实践性、研究性、专业性、合作性和开放性等特点，并为教师专业发展提供了精神家园，成为教师教学、研究和学习三合一的专业生活方式的载体。同时，教师共同体也促进了教师教育责任的延伸（王天晓、李敏，2014）。

3. 研究视角

国外教师学习共同体研究的视角可以包括以下三种：（1）文化视角。莱芙和温格认为，共同体是诠释文化传承的理论工具。任何知识都存在于文化实践当中，学习就要求学习者参与其中。日本学者佐藤学在《课程与教师》中指出，教师学习共同体的关键在于自律文化的形成。加拿大学者迈克·富兰提出了教师间合作文化的重要性，认为合作文化可以提高教师的专业水平和推进学校的变革。哈格里夫斯认为，教师的合作文化可以促进教师学习共同体的形成。（2）管理学视角。美国学者彼得·圣吉提出了学习型组织理论，要求改革教师与学校的关系。库伯与博伊德提出，学校是合作的学习共同体。Roth 指出，“知识是合作建构的，意义和活动过程是协商的”“学校和课堂是多种共同体集中的场所”。罗宾·布鲁克·史密斯和保罗·克拉克从学习型组织理论出发分别提出了学习型学校和学习型系统。（3）身份认同角度。格里诺（Greeno）认为[①]：“学生在学习环境和活动中的身份，既是作为个体学习者，也是作为学习共同体

---

① [美]埃蒂纳·温格.实践共同体:学习、意义和身份[M].李茂荣译.南昌：江西人民出版社，2018：5、16.

中有意义的有效参与者。”温格指出[①]：“我们作为共同体内成员之间意义协商的过程，也就是建立一种身份的过程。”有相关学者齐美尔认为，当个人参加一个群体时，他对该群体的归属感形成了一个该群体成员的身份，在组织的场合中就可以推断，当多重的组织参与不断创造新的主观成分时，个人就进一步进行了身份的塑造。

国内对教师学习共同体的研究主要从以下几方面进行分析：（1）社会文化分析视角。赵健从学习的社会文化分析视角来看教师学习共同体，认为对中观层面的学习共同体的研究要从两个方向延伸：一是微观层面的实习场研究，二是宏观层面的学习型社会研究。对于宏观层面的延伸，聚焦于推进学习型社会发展，在此过程中整个社会文化以及相关的观念、政策取向为个体社会成员的学习和成长提供和谐的、有力的环境支持。（2）信息技术视角。在信息化社会的大背景下，较多的学者把教师学习共同体置于网络环境下来探讨其定义、内涵、特征、价值、构建以及评价研究等，这为教师学习共同体的研究提供了新的思路。赵健对网络环境下城乡互动教师学习共同体的社会互动特征进行研究，以促进城乡教师信息化能力的发展。武俊学通过质的方法对教师学习共同体的教师进行个案考察，并且尝试建构网络环境下教师学习共同体的结构模型。还有王蕾的《在线教师学习共同体的构建研究》、葛情情的《基于SNS的教师学习共同体研究》、赵健和郭绍青的《网络环境下教师学习共同体运行效果的调查分析》、周速的《网络环境下教师学习共同体对教师专业发展的支持》、张杰和林丽的《基于知识管理SECI模型的教师学习共同体构建研究》等研究成果。（3）教师的专业发展视角。教师学习共同体对促进教师专业发展具有重要意义。周淑艳的《专业发展背景下教师学习共同体构建研究》指出，教师学习共同体对教师个体和教师群体的发展具有积极的促进作用。程琳从专业发展视角出发探讨了教师专业发展和教师学习共同体的关系，分析了在教师专业发展视角下教师学习共同体存在的问题并提出了相应的策略。袁利平在《基于学习共同体的教师专业发展》中探讨了

① [美]埃蒂纳·温格.实践共同体:学习、意义和身份[M].李茂荣译.南昌：江西人民出版社，2018：5、16.

学习共同体对教师专业成长的意义以及在学习共同体视角下教师专业发展的路径。魏会廷在《教师学习共同体：促进教师专业发展的新途径》一书中论述了教师专业发展及其实施途径、教师学习共同体的理论解读、美国教师学习共同体构建的宝贵经验和我国教师学习共同体构建现状审视、教师学习共同体构建的总体目标和建构策略以及基于网络的教师学习共同体的构建研究。（4）从不同学科或不同学段来分析。对教师学习共同体的研究，近几年学者们从普适性的教师学习共同体研究渐渐趋向于情境化，具体深入到各学科或各学段进行探讨。郑建芳通过对部分中等职业学校教师学习共同体的现状进行调查，提出了一种基于职业学校教师学习的学习共同体模型。魏军针对当前职业教育发展的需求和师资队伍现状，从学习共同体视角出发提出了基于网络的高职教师“咨询诊断模式”。原霞的《教师学习共同体：高校教师教学学术发展的一种新范式》为高校的学术发展提供了新的视角。汪晓佳提出了语文教师学习共同体以及其评价制度的构建路径。孔祥提出了构建体育教师专业学习共同体的策略。王志丽提出了高中教师学习共同体的构建策略。（5）其他视角。研究者们通过不同的理论背景和语境对教师学习共同体进行诠释。董静论述了学校场域下“专业学习共同体”构建的现实意义以及“专业学习共同体”的构建路径。范玉凤和李欣中从活动理论视角对虚拟学习共同体进行了审视，探讨了虚拟学习共同体的设计理念、设计方法和运行机制，并设计了课程虚拟学习共同体的架构原型。夏冬杰从知识共享视角分析了知识共享是教师学习共同体形成的重要基础以及探讨基于知识共享视角下教师学习共同体的构建策略。赵健分析的教师学习共同体中间人角色提供了新视角。①

4. 构建困境

一是教师学习共同体中的知识共享困境。教师共同体是基于共同的目标与价值观、共同的兴趣与发展观、共同的要求与规则观、共同的认同与归属感等要素而构成的教师发展组织。其中，知识的传递与吸收、内化

① 张爱杰.教师学习共同体的构建障碍及对策研究[D].河南师范大学硕士学位论文，2016:6-8

与生成是核心，并以知识的创生与共享为旨归和愿景。但在教师共同体的实践过程中，教师的知识共享却面临着诸多困境，主要体现在以下四个方面：知识共享意识的薄弱、知识共享层次的低端、知识共享机制的匮乏、知识共享生态的缺失。

二是乡村教师群体的教师学习共同体构建困境。农村教师专业学习共同体发展缓慢，无论是在外部环境上，还是在农村教师的内在驱动上，都存在一些问题：共同学习的环境差；组织方式单一；“前喻文化”氛围浓厚，引发学习动力不足；资源匮乏，共同体同化现象突出；协同合作意识不足。

三是教师学习共同体发展的形式僵化。教师学习共同体在当下发展中，牵涉于管理机制过紧与过松的矛盾，经常出现组织内部被领导威权渗透或处于无人问津的“放羊式”发展状态，导致教师学习共同体发展僵化与形式化的状态。一方面，“一管就死”。现代科层制管理进入学校后，学校施行校长负责制的科层管理模式，强调规则与控制，会使学校变得呆板僵化，失去变革的动力。教师学习共同体作为组织形态，自然有管理者的存在，而这一学校的组织自然就带有科层管理的性质，权利与层级观念渗透其中。当教师学习共同体管理者管制过紧时，其他教师往往趋从于这种领导的权威而失去个体性，结果导致教师专业学习共同体发展的僵化。另一方面，“一放就乱”。某些教师学习共同体受虚无价值理念影响，当没有外界任务要求与监管时，往往出现包含管理者在内的构成人员无作为状态。另外，有些管理者对教师学习共同体的重要性认识不到位，没有认识到教师学习共同体对教师成长和学校发展的积极意义，管制过松，没有提出发展目的和任务要求。

（二）教师的合作学习

1. 合作学习的重要意义

学习共同体的相关研究表明，建立合作性的学校文化，能够切实提升学校的改革能力，是改革成功的关键。它的核心特征包括：在相互信任的基础上促进多元化；激发并控制焦虑；重视知识创新；将关联性和开放性有机结合起来；融合道德、政治和智慧三方面的因素。在这样的学校文化中，每个教育人员都成为有效的改革推动者，彼此之间共享话语、意义和目标。它能最大程度地促进教师的专业发展，改善教学实践，提高学生的学习效果。正如研究结论所说，教师通过集体获得新知识和技能，能够得到更好的结果，尤其是当组织需要作出重大、深远的改革时，合作网络比等级制度更有效。[①]学习共同体的理论与实践更多是西方的话语体系，对于我国的教育实践而言，有其特殊性。无论是学习共同体还是专业学习社群，尽管其概念所指不同，但其核心思想就是强调合作学习的重要性，就是希望建立合作性的学校文化，为教师提供社会和精神支持。透过这些概念，我们应该意识到，建立和发展合作性的教师学习团队是有效的教育改革策略，为打破改革失败的困境带来希望。

合作学习的重要性也得到了PISA（国际学生评估项目）研究的验证与肯定。对在PISA测试中取得优异成绩，即学生学习水平高的国家的研究表明，优秀的教育系统通过建立合作团队，让教师共同探讨和改进教学，从而有效地促进了学生的学习。达林·哈蒙德（Darling Hammond）明确指出，学生学习水平高的教育系统会有一些类似的做法，其中包括学校为教师提供合作规划和专业学习的时间（每周15～25小时），以持续改进教学。麦肯锡（McKinsey）的报告也显示，合作实践是所有文化背景下优秀教育系统的共同特点，无论是美国加利福尼亚州的集体备课、英格兰的公开课、拉脱维亚教育学实验室的课例研究，还是中国香港的带教实践、中国内地的教研组活动等都是如此。优秀的教育系统如中国香港以及新加坡、韩国、加拿大等都建立起了教师合作的实践，使教育系统持续改进。[②]

合作学习之所以具有如此大的魅力，是因为它既能促进教师个体的专业发展，又能有效提升教师整体的改革能力。首先，它能够通过集体探究，促进教师个体的教学实践及效能感的提升。研究表明，它能增强教师

① 张佳.教师专业学习社群：特点、发展与影响[M].北京：中国社会科学出版社，2017.
② 同上。

对教学实践的理解，使教师创造出新的教学方法，让教师在教学上变得更有策略性，从而提高学生的成绩。它还有助于教师降低孤立感，增强专业意识和自信心，并提升效能感和承诺水平等。其次，合作学习还有助于增强教师的集体效能，并改善学校的整体文化。通过合作学习，教师能够将改革政策转化为具体的学校和课堂实践，有能力分析不同的观点、方法和材料，对教学问题提出高质量的解决方法。通过开展合作活动，教师还能形成对学生学习的集体责任，从而改善学生的表现。此外，合作学习能显著改善学校文化，使教师更愿意开展改革，对学校使命和价值的承诺增强，能够更加主动地与家长和社区建立联系等。它为教师共同理解改革目标、分析学生数据、彼此间互助合作等提供了环境基础。当教师共同参与到对自己工作的实证的、常规的、应用的研究中时，教师之间会产生一种非正式的同伴问责，通过创建对于什么是好的实践的共同概念，并基于如何帮助学生更好地学习的实践探究，来进行相互问责。这种集体探究和问责的过程，成为合作学习促进学校教育改革发展的根本途径。①

2. 合作学习的组织形式

我国学校具有丰富的教师群体组织，为教师的合作学习提供了大量的机会。我国中小学校合作学习的实践组织形态包括：正式、统一的学习组织，独特的学习组织，非正式的学习组织。其中，正式、统一的学习组织占主导地位，对于学校教学和教师发展起着主要的作用。而在统一的组织形态中，教研组（备课组）占主导地位，是合作学习的核心实践形式。

（1）正式、统一的学习组织。

在正式、统一的团队中，教研组的历史最为悠久。早在20世纪50年代，我国各中小学便开始建立教学研究组织，即教研组。作为历史最久的教师组织，教研组出现于20世纪50年代。它的缘起在于学习俄国“教学法小组”的做法，希望通过集体来提升教师的业务水平。1952年，中国教育部颁布了《中学暂行规程（草案）》，并规定：“中学各学科设教学研究组，由各科教员分别组织之，以研究改进教学工作为目的。每组设组长

① 张佳.教师专业学习社群：特点、发展与影响[M].北京：中国社会科学出版社，2017.

一人，由校长就各科教员中选聘之。”同年出台的《小学暂行规程（草案）》规定：“教导研究会议由全体教师依照学科性质，根据本校具体情况，分别组织研究组。各组设立组长一人，主持本组教导研究会议，研究改进教导内容和教导方法，并交流和总结经验。”这两个规程均对学校提出了建立教学研究组的要求，但并未对其工作内容作出具体说明，而且各地教学研究组织的名称不统一，有的叫教学小组，有的叫学科小组。1957年1月，教育部发布了《中学教学研究组工作条例（草案）》，明确了教研组是“各科教师的教学研究组织”这一专业属性，其任务在于“组织教师进行教学研究工作，总结、交流教学经验，提高教师思想、业务水平，以提高教育质量”，工作内容包括“学习有关中学教育的方法、政策和指示，研究教学大纲、教材和教学方法，结合教学工作钻研教育理论和专业科学知识，总结、交流教学和指导课外活动的经验”，并规定教研组长“由校长聘请有教学经验，并有一定威信的教师担任，负责组织领导教研组的工作”。这即我国学校教研组的起源，也是教师合作学习制度化构建的开始。历经半个多世纪的发展，无论是其组织层次、职能还是活动方式都已自成一体。从组织层次上说，除了学校教研组，还有区/县级、省/市级教研组（室），一级受一级领导。从职能上说，各级教研组都要指导第一线教师的教学，并对提高课堂教学质量提供专业的帮助。从活动形式上说，有学校、区/县级、省/市级等不同层面的活动。学校层面的活动包括集体备课、共享材料、教师间互相听课评课、就课堂教学进行讨论、集体学习改革政策、探讨学术文献、共同开展研究课题等。在某种意义上，这些活动已经嵌入教师的日常工作中，对教师的学习产生重要的影响。区/县级、省/市级层面的活动包括教育专家讲座、公开课及专家评课、教师研讨等，这些活动能够帮助教师理解课程标准和方案，为其提供教学支持。其中区/县级、省/市级教研室设有教研员，他们从学校的骨干教师[①]中选拔出来，具有丰富的教学经验和教学水平，同时进行教育教学行动研究，往往在教学期刊上发表过一定数量的论文。这些教研员参与到教研组活动中，

① 在中国的学校中，骨干教师指的是业务素质较强、具有一定知名度、被大家公认的、具有丰富教育教学经验的教师。

能够给教师提供有效的指导，因而深受教师的欢迎。可以说，教研员的工作已经深入课堂教学实践中。从这个角度看，他们不是“外部专家”，而是学校教研组的一部分，为教研活动带来新的想法和实践。由此，从学校教研组到区/县级、省/市级教研室，构成了一个完善的教研体系，为教师提供了丰富的专业发展机会和资源。

在教研组中，除了一般性的学习，集体备课慢慢成为其主要活动。这主要出于三方面的需要：一是在当时教师教学完全由个人发挥、具有很大随意性的背景下，集体备课有利于促进教师教学的规范化；二是由于不同教师在教学经验、态度和能力上存在差异，集体备课有助于其互相学习与促进；三是在教育改革的环境下，集体合作更有助于教师应对教学中的问题。因此，教研组在一定程度上演变成了备课组，备课组即由同一年级的相同或相似学科的教师组成的教师专业学习社群。备课组的职能和活动形式与教研组类似，都以改进教学实践为核心任务，可以看作是合作学习的最小组织单位。

随着20世纪80年代学校教师的增多，行政管理的思想在学校中得以强化，因此承担管理教师职责的年级组应运而生。它在一定程度上解决了教师管理上的困难，因此“逐渐取代了学科教研组的地位”。年级组由同一年级不同学科的教师组成，不仅关注学生在学习方面的表现，而且共同探讨学生在身体、社会、审美、道德等方面的发展需求，以促进学生素质的全面发展。相对而言，年级组承担着较多的管理职责，因此往往被视为学校的一级行政组织。

这三种类型的教师群体构成了中国学校组织结构的基本要素。这种组织结构贯穿中国所有地区的学校教育系统，不论是经济最发达的地区，还是最贫穷落后的地区，都不例外。因此，它们是中国学校普遍存在且统一的合作学习的组织实践形态。

（2）独特的学习组织。

另外，一些中小学还根据自身的发展需要设有一些独特的学习组织。这类群体并非因教育行政部门的统一要求和规定而建立，而是由各个学校根据自身的实际情况设立的、反映学校独特环境和文化的组织形式。这类组织的主题内容也比较广泛，既有因为教学经验相似而形成的青年教师小组，也有基于共同兴趣而开展的学习小组、课题小组等。在结构上，这类社群比较松散。活动内容和方式较为多样，教师具有一定的自主权，由教师自愿、自主地进行开放式的交流与研讨。

（3）非正式的学习组织。

以上不管是全国统一的教研组、备课组、年级组等组织形态，还是学校自身创建的课题小组、青年教师小组等社群形态，都属于教师之间正式的专业学习社群。除此，中国的学校还存在着大量的教师非正式合作学习的形态，例如同一办公室的教师之间的随机交流学习，食堂、咖啡室、网络等私下场合的互动与合作等。这些非正式的合作学习方式的存在，使得中国学校的学习组织意蕴更加丰富。

3. 合作学习组织的特点

（1）情境依赖性。

首先，与西方国家自下而上建立的方式不同，中国的教研组等学习组织是由教育部门以自上而下的方式推动建立的。在教研组成立初期，教育部对其目标、任务、运作及具体活动提出了明确的规定，全国的教研组活动都按统一的规定来开展。从这个意义上讲，教研组等教师组织中的合作是哈格里夫斯所指的硬造合作，它的特点是强制性、固定性和可预测性，而非合作文化所强调的自发性、灵活性和不确定性。因此，有研究者认为我国学校的教研组等组织是一种硬造社群。尽管如此，在中国传统的集体观念和文化的影响下，经过了几十年的发展，教研组的常规活动逐渐被合法化和制度化。对于中国的教师而言，参与教研组的合作学习活动已经成为一种理所当然的事，并嵌入他们的日常工作实践中，在其学习与专业发展中发挥着重要的作用，同时也形成了一定的制度规范和结构。从这个角度看，教研组等教师群体体现出了学习共同体的根本特点，可视为一种具有中国特色的学习组织，如澳大利亚学者王婷（Wang T.）对中国东北地区两所学校的实证研究就发现，有意安排的组织结构支持了教师的专业学习和集体探究，两所学校体现出教师间真正的、自律的合作和共享责任，也即基于集体责任的协调的（coordinated）、自律的（disciplined）合作系统促进了教学和学生学习的改进。这说明中国的学校中存在着一种不同于硬造合作的、协调的、系统的教师合作取向。[①]

其次，与西方相比，教研组、备课组等学习组织形式不仅承担着教学探究与改进的职能，而且也具有行政管理的功能。这种双重职能使它们在具体活动中显得更加复杂和微妙。如教研组长既具有专业权力，即在专业知识和能力方面得到大家的认可，具有一定的专业权威，也具有一定的行政权力，负责教研组的活动安排和任务布置等。在这两种职能中，占主导地位的是专业职能。因为教研组的常规活动，如集体备课、相互听课、公开课、评课议课、课题研究等都属于专业活动。而且，教研组长对教师的影响更多的是依靠其专业能力和经验，而非行政权力。也因此，它往往被研究者视为专业学习社群，而非单纯的行政组织。

最后，中国的学习组织是学科组层面的，而非多数西方学者倡导的学校层面的学习组织。一些西方学者认为，专业学习组织应该具有包容性，即应包含学校的所有成员，包括教师、校长、职员、学生甚至是家长和社区。这种将整个学校建设为专业学习组织实践的在中国比较少见。相反，中国的组织主要以学科或年级为单位，而且只包含具有专业身份的教师。

（2）专业性的行政组织。

虽然教育部规定教研组“是教学研究组织，不是行政组织的一级”，任务是“提高教育质量，而不是处理行政事务”“教研组长负责组织领导本组教学研究工作，而不是介乎校长、教导主任和教师之间的一级行政干部”。但教研组“从开始建立起，就不是单纯的教学研究组织，而带有一定的行政组织的属性”。这体现在：教研组并非由教师自愿参与，而是具有一定的强制性；它不像俄国的教学法小组那样结构松散，具有很大的稳定性；不同于俄国由教师推选出教学法小组组长，教研组长是由校长聘任，即行政任命的而且要处理教师的日常事务。因此，从表面上看，教研组是通过借鉴俄国的教学法小组而成立的，但本质上，它是中国特定历史条件下的产物。尤其是20世纪80年代末以来，随着学校环境的变化，教研

① 张佳.教师专业学习社群：特点、发展与影响[M].北京：中国社会科学出版社，2017.

组的行政属性越来越强。如学校规模的扩大带来了教师管理上的困难，因此校长、教导主任两级行政管理逐渐演变为校长、教导主任、教研组在内的三级行政管理。教育改革、教师职称评定、学校内外交流等活动越来越多，教研组逐渐变成教师事务组。有研究者指出，教研组成为集“行政管理、教学研究、专业学习、党派组织等职能为一身的复杂的混合体”，尤其是“事务性、行政性的工作”占据了相当的比例，日益成为“行政的附庸”。20世纪末21世纪初，面对改革带来的种种挑战，教研组这一被行政化的专业组织又重回人们的视野。无论是教育领导还是一线教师，都看到了它对于应对课程改革的重要意义，并开始反思教研组存在的问题，致力于教研组专业属性的回归。同时，具有学校自身特色的教师合作群体如课题小组、学习小组等也慢慢出现。

在中国，教研组、备课组等教师合作学习实践已有半个多世纪的历史，学校教育的很多工作都由教师集体合作、共同完成。一些学者将教研组、备课组等教师合作学习组织视为专业学习社群；另外一些学者尤其是中国学者则认为教研组等教师组织的行政属性过强，并非真正意义上的专业学习社群。因此，教研组、备课组等教师组织是否为专业学习社群，目前尚未有定论。中国香港学者黄丽锷（Wong J.L.N）指出，专业学习社群的发展是一个动态的过程，有其进化与生长的周期，因此应该用动态的视角来加以考察。王婷对中国两所学校的研究表明，尽管教研组等教师组织是人为促成的（deliberately arranged），却存在真正的同僚合作（genuine collegiality），在很大程度上可视为专业学习社群。①基于此，本研究认为，教研组等教师群体组织是具有专业性的行政组织。我们期待这类组织超越原有校本教研的特点，走向校本研修，真正将教学、研究、培训等有效整合，完成其专业性。

（3）系统、协调性。

关于专业学习组织的发展取向，哈格里夫斯曾经根据行政控制介入的程度，提出了合作文化和硬造合作两种方式，其中合作文化强调的是教师的自发性，而硬造合作则以行政控制和强制性为特点。由于中国学校的教

① 张佳.教师专业学习社群：特点、发展与影响[M].北京：中国社会科学出版社，2017.

研组是根据行政要求，以自上而下的方式建立与发展的，所以一些研究者将教研组等教师群体称为硬造组织。实际上，中国的这种学习组织并非单纯地强调行政控制的硬造合作，而是体现出行政要求与教师自发合作的结合，即系统、协调的教师合作。

尽管教研组是教育当局以行政要求的方式自上而下建立的，体现出一定的强制性，但经过半个多世纪的发展，很多学校的教师交流与合作打破了学科、年级甚至是学校的界限，实现了跨学科、跨年级以及跨学校的集体探究。这些更大范围交流的开展主要基于学校自身的安排，而非教育当局（市教委或区教育学院）的强制要求。也就是说，教师之间的交流与探讨并未局限在教研组内，探讨的内容也不完全是官方规定的任务，而是在一定程度上体现出了丰富性和自由度。另外，很多学校都根据自身的发展现状和需求，由学校的领导或教师自发建立了课题小组、学习沙龙、青年教师小组等学习组织形态，这些不同的教师合作形态也是合作学习组织的重要组成部分。同样，这些教师团体的形成并非因为官方的行政要求，而是学校及教师根据自身需要主动、自发而建立的。它们的结构较为松散，活动的内容和方式也灵活多样，由教师自愿、自主地进行开放式的交流与研讨。更重要的是，很多学校存在大量的教师非正式合作学习的形态，包括办公室、食堂、咖啡室、网络上的交流等。尤其是办公室内的非正式合作，在很多教师看来是无时无刻、无所不在的。这些非正式的合作学习是由教师基于自身的发展需要而自主、自发地开展的，体现出真正的合作文化。因此，目前中国很多学校中的学习组织并非局限于教研组内自上而下落实的合作任务，还包括自下而上的、自发式的交流与探讨，体现出了教师合作实践的丰富性、多样性。

以上各种打破教研组界限的教师交流（包括非正式合作）都与教研组息息相关。或者说，学校与教师自主、自发开展的合作是以教研组为基础的，可视为教研组内教师合作的进一步拓展。而且，不论是教研组内的合作，还是超越教研组范围的自发合作，都离不开教研制度所带来的系统的、协调的支持。具体而言，在教研体制的要求下，学校乃至区域教育部门为教师合作提供了坚实的结构支持，包括每周为教师安排至少1小时的集体学习时间，为同一教研组（备课组）或年级组的教师提供共同的办公空间，在经费、设备、网络、资源等方面满足教师的学习需要，确立重集体、轻个体的教师评价制度，来鼓励教师之间进行分享与合作等。除了学校层面的支持，区域教育学院还通过开展集体观课、公开课研讨、理论培训等专业学习活动为教师合作提供支持。可见，教师多元、多层、多向的交流与合作离不开这些系统的制度与结构的支持，这些支持因素在很大程度上使得分享与合作成为教师的一种日常工作方式。①

4. 合作学习的建构

研究发现，学校组织层面的因素在教师合作学习实践中发挥着至关重要的作用，而且对教师的发展具有关键性的影响。因此，学校应从以下几个方面努力，为教师合作学习营造良好的环境。

首先，加强学校领导对于合作学习组织的支持。研究表明，中国的校长主要采用自上而下的领导方式，较少分布权力和责任，这不利于合作学习组织的发展。因此，校领导应在一定程度上放权于教师，为教师提供参与学校决策、承担学校事务的机会，并培养教师的领导力，鼓励其主动开展改革。同时，加强与教师之间的平等交流，为其提供充分的表达空间，也有利于社群的发展。除了领导方式的转变，学校的校长应加强对学校相关学习组织的支持力度，具体包括：了解教师的学习需求、参与教师的专业学习活动、提供适切的资源等。

其次，努力克服传统文化给教师合作学习带来的不利影响。研究发现，传统的尊重、敬畏甚至是服从权威与长辈的观念，强调表面和谐的人际关系而避免冲突的文化，会导致教师合作的表面化和形式化，不利于教师的教学探究及合作文化的发展。学校要营造一种民主表达的氛围与文化，尽量鼓励教师表达自己的真实意见，提出不同的有价值的观点，形成教师之间对话与辩论的气氛，从而推动合作学习组织内形成深入、有意义的对话。同时，引导教师正确地看待冲突，将冲突视为正常现象，并且提升教师之间的信任程度。在此基础上，培养教师互相质疑和批判的习惯，

① 张佳.教师专业学习社群：特点、发展与影响[M].北京：中国社会科学出版社，2017.

并鼓励一定范围内的冒险，使得教师间形成真正的集体对话、探究与反思的文化。

最后，在时间、空间上强化对学习组织的结构支持。尽管中国的教师每周具有固定的集体学习时间，但由于其工作负担较重，很难找到额外的共同探讨时间。因此，学校应减轻教师的工作任务和压力，为其提供更多的专业学习时间。同时，鼓励教师之间进行非正式交流，也是有效处理其合作时间不足的策略。另外，加强对学习组织的空间支持，如采用备课组与年级组相结合的方式来划分教师办公室，能够同时加强同学科和同年级的教师之间的交流，从而使教师之间的互动在更加多元、多层的意义上展开。

总之，自20世纪90年代以来，有关教师合作学习积累了丰硕的研究成果。不同学者基于不同的文化背景提出了对于教师合作学习特点、内涵、形式等方面的理解，并通过实证研究加以验证。然而，关于合作学习对教师发展、学校改革和学生学习的作用，多数研究尚停留在简单分析的层面上，实证研究数量较少，需要更多的实证研究来提供数据支持。更重要的是，对于合作学习如何促进教师、学生及学校发展的研究略有不足，对于其内在的影响过程与机制的分析还有待进一步加强，尤其是对于教师在合作学习进行互动的本质和促进教师发展机制的研究进展不大。尤其值得注意的是，目前绝大多数关于教师合作学习的研究都建基于西方的文化背景下，或者使用西方的概念框架，很少有学者对亚洲地区尤其是中国的教师合作学习实践进行探索，或将西方的社群特点加以中国化。

三、实践共同体与行动学习

（一）实践共同体的理论与实践

1. 内涵

“实践共同体”（Community of Practice）的概念是人类学家J·莱芙

和E·温格（Lave & Wenger，1991）在《情景学习：合法的边缘性参与》（*Situated Learning: Legitimate Peripheral Participation*）一书中提出的，最初源于人类学家对非正式学习的关注与研究，表达一种“基于知识的社会结构”以及“学习即实践参与”（实践共同体中合法的边缘参与）的观念。莱芙和温格运用人种志的方法，通过对包括利比亚Vai和Gola两地裁缝的手工艺学徒等5个典型案例的研究，强调“学习与工作实践的不可分割性，并由此凸显学习和识知的社会本质”，以此来说明共同体之于合法的个体实践的不可或缺以及在个体与共同体的关系中活动的重要性。他们认为：“‘共同体’这一术语既不意味着一定是共同在场，定义明确、相互认同的团体，也不意味着一定具有看得见的社会性界限。它实际意味着在一个活动系统中的参与，参与者共享他们对该活动的理解，这种理解与他们所进行的行动、该行动在他们生活中的意义以及对所在共同体的意义有关。”可见，共识的领域、共同关注该领域的人以及这些人们为有效获得该领域知识而发展的共同体实践是“实践共同体”的三个基本要素。随后，温格在《实践共同体:学习、意义和身份》（*Community of Practice: Learning, Meaning and Identity*）中对“实践共同体”给予了更为系统的阐述，他认为：一个实践共同体是一个诸多个体的集合，这些个体长时间地共享共同确定的实践、信念和理解，追求一个共同的事业，它的特点包括了“共同的文化历史遗产”“相互依存的系统”“生产的循环”等。温格强调相互的介入（mutual engagement）、共同的事业（joint enterprise）和共享的技艺库（shared repertoire）是构成实践共同体的三个关键特征。“实践共同体”这一概念一经提出，就在组织设计、政府管理、教育、专业发展联合组织、项目发展以及市民的生活中获得了广泛认同和有效应用。他秉承了“共同体”传统理论中关于共同的愿景、合作的文化、共享的机制、对话的氛围、交往的温馨等主旨，同时也注重参与者的“合法边缘性参与”（Legitimate Peripheral Participation）地位，强调共同体成员认识到他们所共同从事的实践活动的共同性并通过不断的协商与探究以进行再认识与文化再生产；在共同实践的过程中，成员们积极参与、相互介入、彼此信任、共同支持和彼此激励，一起分享资源、情感、观念以及风格，形成行动的共同精神特质。①

基于以上认知，我们可以看出，教师的个体知识建构、身份形成以及专业发展都处于一定的实践共同体中，也就是说，教师共同体在本质上是一种实践共同体，它是一个诸多个体的集合，这些个体长时间地共享共同确定的实践、信念和理解，追求一个共同的事业。教师无时无刻不处在实践共同体的境遇中，实践共同体构成其理解知识、发展知识、践行知识的前提和基础。此外，为了帮助教师获得专业发展，需要培育以学习或者实践为中心的相互支持、相互影响、相互依存的教师实践共同体，使得教师在不断实践以及“文化再生产”的过程中习得专业知识和身份认同的要素。据此，有研究者将“教师实践共同体”理解为：由学习者与助学者（包括教师、专家学者、学校顾问等）组成的正式或者非正式的教师共同体，它打破以往“教育者”与“学习者”之间的界限，从“教师实践问题”出发，以“共同体”为载体，以“共同的愿景”为导向，以分享与创造为精神、对话与协商为机制、合作与互助为途径，旨在促进教师专业发展和心智成长的一种以共同的目标、意义和实践为基础的具有 “文化再生产”能力的学习生态系统。②

2. 价值

哈格里夫和富兰（Hargreaves& Fullan）曾经根据对教师专业发展层次的不同认识，指出可以从三个方面对教师专业发展的本质进行理解，分别是：知识与技能的发展、自我理解和生态变革三个方面。具体地说，知识与技能观（知识—技能取向）认为，教师专业发展即知识和技能的发展，包括学科知识、课堂管理、教学策略、依据不同学习风格作出反应等；自我理解观（实践—反思取向）认为，教师专业发展最重要的是教师对个人的和实践的知识的反思；生态变革观（生态变革取向）认为，教师专业发展是一种生态变革，它强调的是教师发展的背景及创造能够促进教师专业

① 吴银银.教师实践性知识的生成与发展机制研究[M].北京：中国社会科学出版社，2018.

② 同上。

发展的适宜土壤。受我国传统文化对教师角色定位的影响，以往对于教师专业发展的认识和研究大多停留在第一种取向，处于一种相对孤立、封闭的系统内。随着第八次基础教育课程改革的开展以及教师教育的深入发展，教师专业发展研究走向了更为开放与多元的阶段，实践—反思取向的教师专业发展研究日渐得到关注、充实与丰满。一种强调把教师专业发展置于更加广阔的背景下，关注教师专业发展的社群背景、合作和文化的生态变革取向的教师专业发展观超越了只从教师个体层面探讨教师专业发展的单一视角，注重从文化、组织、社会或制度层面研究教师专业发展的问题，提出了建构教师实践共同体的理想。教师的专业发展不仅仅依靠个人力量，教师群体才是个人成长与发展的沃土。也就是说，他们提倡教师通过不断的学习，成为终身学习者和学习合作者，也强调教师除了关注自身素质的不断提高，还应注重与他人的合作、协商和共同提高，使教师群体成为和谐共赢的实践共同体。也就是说，教师在更为开放和多元的教育实践场域中，在与包括同事在内的“重要他人”和“重要他们”进行交往、互动、对话、协商、合作和分享的过程中建构起温馨和谐的“实践共同体”。教师实践共同体的形成，意味着教师知识从“公共知识”向“个体知识”聚焦；从“外铄知识”向“生成知识”聚焦；从“个体知识”向“团队知识”聚焦，这样的知识创生过程也是教师不断超越自我，实现其专业知识和专业能力的发展，以及个人幸福和公共福祉的达成。①

在实践共同体中，教师以在教育实践过程中遇到的具体问题为研究基础，共同体成员对彼此的问题进行交流、探讨、分析、协商与反思，通过共同学习，探究解决问题的方案，彼此分享研究成果、理念和有价值的发现，从而实现个体性实践性知识与公共性实践性知识的和谐统一，提升教师整体的教育实践智慧，促进教师专业的共同发展。教师实践性知识的积累需要具体的实践情境。教师实践共同体作为具有自愿性、发展性和引领性的群体学习型组织，能够为生活于其中的教师提供一种情境平台，促使他们在与他人互动的关系中，结合自身的经验、感受、思想形成和积累属

① 吴银银.教师实践性知识的生成与发展机制研究[M].北京：中国社会科学出版社，2018.

于个人的实践性知识。[实践表明，知识或许可以分为“实践知识”（即个体或社会大众在日常社会实践中积累的经验）、“理论知识”（即人类对于普遍社会实践及其规律性的专题性的、系统的认识）。除此，还有一类存在于二者之间的中介性知识，即“方法论知识”。理论需要借助实际可行的方法才能指导和推动实践；实践也需要凭借科学的方法才能不断提升其理性化程度，并借此为验证、发展理论提供支撑。无论是应用理论还是改进实践的努力，都会因为有了正确的方法论支持而事半功倍。详见张铁道.教师研修：国际视野下的本土实践[M].北京：教育科学出版社，2015.]

3. 实践

教师实践共同体的主要成员是教师组成的教师团体，它还包括了能够与教师共享话语系统的教育研究人员、教育管理人员等教育工作者以及一些非教育工作者，如家长、学生等。在共享专业话语的实践共同体中，成员们采用特定的语言围绕教育实践问题进行交流。正式的教师实践共同体主要包括学校内的专业组织和学校外的专业组织，前者包括教研室、年级组或科研组等，同时学校本身就是一个更广泛意义上的专业组织；而后者主要是指由具有共同思想或志趣的专业工作者组成的团体、协会或高校从事相关研究的学者，它能够给成员提供支持或其他资源。在我国，校内的专业组织、校外的高校研究人员、教育学会和教研组织成为三种不同的教师专业话语共同体，它们相互补充，帮助教师开阔视野、提供信息、交流教育经验和科研成果，并为其提供施展才能的舞台。由于在拓展教师知识技能、解决专业疑难问题、维持教师专业兴趣和情感等方面都起到了良好的作用，它们已经成为促进教师专业发展不可或缺的实践共同体的重要组成部分。

在我国的教育研究组织机构中，由各级教研室和教科组成的基础教育教研室扮演着很重要的角色，它们的形成是我国教育研究机构发展的一个独特的现象，在中华人民共和国成立后教育事业的发展中，基础教育教研室功不可没。从教研室的教研组织管理系统来看，国家教育部设立了基础教育课程教材发展中心，各省、市、县级教育行政部门也分别建立了教研室（或相应的教研部门），各学校建立了学科教研组。这样，就形成了一个自上而下、科层化的严密的教研组织管理制度系统。教研室制度在半个多世纪的发展历程中，在稳定正常的教学秩序，执行教学计划和教学大纲，开展教学研究，总结推广教学经验，积极组织教改实验，提高教师的业务水平，以及加强中小学教材建设等方面，做了卓有成效的工作，为提高中小学教育教学质量做出了积极贡献，也为中小学教师摆脱职业的孤独及满足社会对教师职业的要求提供了切实的帮助。尽管我国的教研室制度对基础教育的发展功不可没，但是毋庸讳言，当前教师专业发展状况在新的发展形势下已经发生了很大的变化，教师整体的专业素质已经得到了较大的提升，加上我国持续不断地进行基础教育改革，这些都对教研机构的人员和工作提出了更高的要求。

（二）实践社团理论下的教师行动学习

1. 实践社团理论

欧洲教师培训基金会（European Training Foundation）近年来在欧洲开展了一系列教师培训改革，在欧盟成员国中具有一定的影响力。2013年，该组织在支持黑山共和国（Montenegro）教师培训项目中引入了一种更为新颖的教师培训理论，即基于行动学习的实践社团理论[①]，对于在职教师教育而言具有一定的针对性与特效性。

行动学习理论始于1940年Revans的一项研究。该研究发现：在组织内面临工作问题时，经理人能从彼此间的沟通与主动执行产生的经验中直接受益。量化研究显示：借助直接解决问题、主动沟通的方式，企业生产率能够提高30%。据此，Revans提出了一个有关学习的基本公式："L=P+Q（其中，L-learning, P-programming, Q-questioning）"，其内涵是，人能够从问题解决中改变自己的常规思维与行为方式，从而产生实质性学习活

① 龙宝新.当代国际教师教育研究[J].北京：科学出版社，2016：202-203.

动。2009年，Marquardt等对之进行了改进，进而变成了“L=P+Q+R（其中，R-reflection）”，其内涵是，人在面临问题时会反思，进而改变自己的一贯思维与行为，由此产生真实学习活动。在此基础上，许多学者认为：一个团队一起工作，共同解决问题，这种方式在促进问题解决时特别有效。由此，他们将这一学习过程称为“行动学习”（action learning）。行动学习“是人发展智力、情感与体力的重要手段，它倡导：以负责的态度介入一些现实、复杂、有压力的问题，人就能获得一些预期的变化，借此直接改变他们在问题领域中的行为表现”。将之与在职教育关联起来，在职教育的目的是促进教师专业发展，增进教师的专业能力。在行动学习视野中，这种能力可以被理解为人在实践中做事的能力与意愿，参与实践其实就是教师能力发展过程中的一部分。进言之，教师学习是教师参与实践中对面临的问题进行反思，由此改变他的教育观念、教育思维与教育行为方式的自然转变过程。

换个角度来看，在职教师教育的根本构成是教师学习，可以把这种学习分为两种，即垂直学习（vertical learning）与横向学习（horizontal learning），前者是指教师从专家那里自上而下地进行学习，后者是指教师与其同伴间的相互学习。换个角度看，尽管每一个教师不会变得像教育专家那样“全能”、那样“专业”，但起码在某一方面他们也可以算是“专家”，只不过是在专业水平与专业领域上有差异而已。教师的横向学习涉及丰富内容，如从外在世界、专家、同事那里获得学习的要求与冲动；从教育教学工作中获得直接经验；借助共享学习的方式从他人那里获得知识经验；等等。教师横向学习的常见形态是教师在专业学习共同体（professional learning community）中发生的专业学习。在学习共同体中，全体教师在首席主事人的组织下共同参与专业决定，面对面开展合作学习，从对方那里获得反馈与帮助，分享成功的故事与经验，这正是横向学习的典型形态。

有效教师培训的实质是促进教师两种学习——垂直学习与横向学习的有机整合与综合利用，努力提高教师专业学习的水平与效率。在这种新型教师培训模式中，教师学习的核心要素包括四个：学习网络，即由精选的培训者与教师组成的学习团队网络；平行学习；行动学习；实践社团（community of practice，即COP），即教师面对面或同在网络社区分享并发展专业知识，由此构成了一个围绕专业知识生产与共享实践社团。在这四个要素的协同下，教师职后培训的主要依托就是实践社团。基于实践社团的教师培训活动具有五重含义：教师通过“做中学”而非训练与教学来开展专业学习，这种学习方式对成人更具吸引力，也可以节省教师与学校的培训成本；倡导同伴学习，尤其是借助经验评估与深度反思展开的同伴相互学习方式；通过构建实践社团来进行系统反思与专业学习；通过实践社团学习模式，教师不仅可以学到显性的教学经验，还可以学到隐性的教学经验；在实践社团学习中能够生成新知识，创新教学实践，促使教师同时从个人与社团学习。无疑，这一教师培训方式从理论上讲是高效而又科学的。

2. 教师行动学习

教师行动学习是一种基于教师个体成长和学生整体发展的需要，由专家协作，教师主动参与，以问题为导向，以反思为中介，把培训与教育教学实践和教师研究活动紧密结合起来，倡导基于学校实际问题的解决来直接推动教师专业的自主发展（让教师学会教学、学会研究）、学校教育教学质量的提高和学校整体办学水平的不断提升。[①]关于教师行动学习的特点，总结起来具有以下几点：（1）研究主体是教育实践工作者，包括广大的中小学及幼儿园教师、教育行政人员；（2）研究对象来源于教育实践，是广大中小学教师在教育实际工作中碰到的问题；（3）行动研究重视现场研究，是解决教育实践中的问题，改进教育工作质量；（4）研究过程具有开放性，是一种开放性的探索活动，边行动边研究，根据理论的发展以及对教学实践的反思，对研究与行动及时进行调控。[②]

教师行动学习的步骤可以根据实践的进程概括为8个阶段：（1）界定需要研究的问题；（2）提出假设；（3）文献探讨；（4）修正研究问

① 于建川.校本培训的经验及其启示[J].中小学教师培训，2003（2）.

② 李进主编.教师教育概论[M].北京：北京大学出版社，2008：531-532.

题；（5）确定研究程序；（6）选择资料评估的办法；（7）进行研究；（8）资料整理。

行动学习的类型按照研究的侧重点来分，可以分为:（1）教师用科学的方法对自己的教学实践进行的研究；（2）教师为解决自己教学实践中的问题而进行的研究；（3）教师对自己的教学实践进行批判性的反思。从参与对自己所做的反思来看，可以分为：（1）内隐式行动中认识；（2）在行动中反思；（3）对行动进行反思。按参与行动学习的成员的不同身份，将教师行动学习分为：（1）合作模式；（2）支持模式；（3）独立模式。

第四章　教师培训的改革创新

一、在职教师教育机构

在20世纪90年代中国经济社会转型的大背景下，我国教师教育政策逐步倾向于鼓励倡导非师范院校（高水平大学、综合大学、其他高校）参与教师教育，形成开放的教师教育体系。2003年11月，在教育部师范教育司的倡导和支持下，100多所举办教师教育的非师范院校在厦门召开了“全国非师范院校教师教育工作研讨会”，并成立了“全国非师范院校教师教育工作协作会”，会议还发表了《非师范院校积极参与教师教育行动宣言》。这足以表明当时的教师教育主管部门对于开放教师教育体系的积极态度和原则立场。[①]此后，国务院印发的《关于加强教师队伍建设的意见》提出“构建以师范院校为主体、综合大学参与、开放灵活的中小学教师教育体系”，对于师范院校的主体地位重新给予了肯定。之后教育部等三部委印发的《关于深化教师教育改革的意见》进一步明确，要“发挥师范院校在教师教育中的主体作用，重点建设好师范大学和师范学院。鼓励综合大学发挥学科综合优势，参与教师教育”。

与三级师范教育体系[②]相对应，系统的在职教师教育（进修）体系亦逐渐建立和形成。20世纪80年代初，原国家教委将在职教师教育体系作为与三级师范教育体系同等重要的机构加以建设：省级教育学院或教师进修

---

① 蔡国春.改革在路上：中国特色教师教育体系建设之省思[J].江苏高教，2019（12）：34.

② 伴随教师教育的发展，教师培养体系由“老三级”（中师、专科和本科）向“新三级”（专科、本科和研究生）转变。

学院（对应于师范学院）、地（市）级教育学院或教师进修学院（对应于师范专科学校）和县级教师进修学校（对应于中等师范学校）。至此，三级师范教育（教师职前培养）体系与三级教师进修（教师在职进修和培训）体系共同构成了我国独立、封闭的教师教育体系；也由此出现了两大类型的教师教育机构：职前教师教育机构（师范教育机构）和在职教师教育机构（教师进修培训机构）。①

伴随教师教育一体化的发展，原有的教师进修院校培训体系完成转制重组，以师范院校为主体的教师培养培训一体化体系基本确立。从政策导向和制度设计来看，教师教育一体化改革主要基于以下几个方面的考虑：一是体现教师终身教育思想，促进教师终身学习、专业发展；二是师范院校与教师进修院校分离在管理和资源配置上是低效的；三是职后培训由教师进修院校承担，不能满足提升教师专业发展水平的需要。相应的教师教育一体化的政策目标，就是构建教师职前培养与职后培训相衔接的体系。具体来说，教师教育一体化改革是适应社会和教育的改革要求，针对现有师范教育中职前职后隔离、体制机构各自为政、教育内容重叠交叉、资源配置不合理等问题，依据终身教育思想、教师职业生涯理论以及资源优化配置的原则，试图构建一个体系完善、机构合理、内容科学的一体化教师教育模式。②

教师教育体制改革的重点是推进教师教育一体化，教师教育一体化的关键是教师教育机构的一体化。要改变当前师范院校管培养、教育学院管培训这样相互分割的格局，积极稳妥地推进教育学院和师范院校的合作、合并，最终由师范院校统一承担教师培养和培训的双重任务，实现教育资源重组，确保职前培养和在职培训的相互衔接，实现教师教育工作的一体化。建立以师范院校为主体、教师培训机构为支撑、现代远程教育为支持、立足校本的教师培训体系。在实践中，主要的实施途径是通过合并重组、联合办学、转设改制等形式逐步将各地区教师培训机构并入师范院

① 杨跃.教师教育学[M].北京：北京师范大学出版社，2016.

② 蔡国春.改革在路上：中国特色教师教育体系建设之省思[J].江苏高教，2019（12）：34.

校、综合性大学或其他地方高校，推进普通师范院校以多种方式积极参与中小学教师的在职培训工作。在最初的10年间，各省市教育学院数量持续缩减，从2002年166所减少到2011年60所。①官方文件也显示，2002～2019年间，以省级教育学院或省会城市教育学院为主体转设为普通本科院校的共有11所（其中 1 所未冠名“师范学院”）②；地市级教育学院除少量独立转设为师专，大多被地方其他院校合并。与此同时，教师职后培训主要任务逐步由师范院校越来越多地承担。以最具影响力的国培计划为例，据统计，2010年首批“国培计划”中国家级示范性培训项目骨干教师集中培训由34个单位承担，共举办200期，其中25所师范大学承担了160期，培训人数达7927人，占80%。③2018年教育部遴选首批“国培计划”中小学名师领航班培养基地（共14个），其中师范大学11个、综合大学1个，教育学院和进修学校各1个；“国培计划”中小学名校长领航班培养基地（共13个），师范院校共9个、综合大学2个、教育学院1个和中学（人大附中总校）1个。由此可见，在教师教育一体化的道路上，师范院校已经发展成为教师职后培训的主力军。④

作为我国教师教育体系的重要组成部分，长期承担广大中小学教师学历补偿教育、职后继续教育和教育行政干部培训等任务的省级教育学院，随着基础教育师资学历补偿任务的完成和我国高等教育的深化改革，也开始遭遇重重困境，谋求新的发展（有的改制为普通本科高校，有的直接并入普通本科高校），而在本地政府大力支持下坚守教师在职培训任务的省级教育学院所剩无几，而且不同程度地面临着生源萎缩、功能弱化、地位边缘化的窘境。如何科学定位、合理谋划，尽快走出发展困境，是摆在这

① 许涛.转型中谱写新篇——教师教育改革发展十年巡礼[J].人民教育，2012（17）：6-9.

② 教育部发展规划司.院校设置[EB/OL].[2019-09-09].http：//www.moe.gov.cn/ s 78/A03/ghs__left/ s 181/.

③ 同①。

④ 蔡国春.改革在路上：中国特色教师教育体系建设之省思[J].江苏高教，2019（12）：35.

些省级教育学院面前的迫切任务。①

同样，以教师进修学校为主体的县级在职教师培训机构，作为我国教师教育体系的重要组成部分，对农村义务教育的普及与发展和县域内中小学教师的专业成长与发展也曾经发挥过重要作用。然而，进入21世纪以来，县级教师培训机构的发展也面临严峻的挑战，甚至出现了严重萎缩现象（在有些地方已经名存实亡，很难承担起新形势下培训农村教师的任务），突出存在的问题有职能定位不明确、基础办学条件薄弱、师资水平不高、培训课程体系不完善、培训教学方式相对单一、培训组织管理不规范等，造成这些问题的因素固然很多（如教育管理体制不完善、教育政策执行乏力、忽视培训者的专业发展和教师的主体地位等），但其根本是触及县级在职教师培训机构的建设。②

虽然实现了以师范院校为主体、职前职后教育机构一体化，但与此同时，由于诸多地方教师进修院校被合并改组，导致教师教育资源散失。即便是转设为普通师范学院，因其更加热衷于兴办职前教师教育和非师范专业，从而导致其在教师职后培训的人力资源投入日趋减缩。作为教师教育一体化主体的一些师范大学，对职后培训投入精力不足，趋利性严重。承担教师培训的师范院校与地方教育行政部门协同机制未能形成，导致其与地方教研室、教研员制度形成新的体制隔离。

深化“教师教育一体化”改革的关键是建立协同机制，而不能停留在满足已经实现了的“教师教育机构一体化”的简单层面。在教师职后培训方面，师范院校和其他举办教师教育院校要充分吸纳地方基础教育系统教师培训资源，通过合作共建“教师专业发展学校”等模式，密切与地方基础教育系统的联系，特别要注意与地方教研室、教研员制度进行对接，采取兼职、双聘等方式，建立教师教育师资共同体，协同开展教师培训、教研教改和教师教育的学科建设。③

---

① 杨跃.教师教育学[M].北京：北京师范大学出版社，2016.

② 苗培周，等.县级教师培训机构面临的发展困境及其对策建议[J].江苏教育学院学报（社会科学），2011（6）：42-46.

③ 蔡国春.改革在路上：中国特色教师教育体系建设之省思[J].江苏高教，2019（12）：38.

二、在职教师培训的发展

（一）发展脉络

20世纪80年代以前，教师培训与发展的研究主要以开发适合各种情境的理想的教学行为模式为主要目标。专门的教师教育与发展研究在教学研究中占有极小的比例，在很大程度上它只是一个实践领域而非研究领域（Freeman＆Johnson，1998）。基于这样的现状，培训机构培养的教师似乎能够应对各种教学任务，因此，以在职教师培训与发展为主题的研究更为罕见。教师培训的实践活动围绕如何训练教师掌握专项的教学技能而展开，这种“过程—结果”式的教师教育模式以非情境化的知识为基础，忽视了教师自身的经历及其对教学的理解，期望通过统一的培训项目训练出标准化的教师。

随着20世纪70年代认知理论的发展，教师教育研究者开始关注教师如何结合情境因素及所学的理论知识在课堂中作出决策（Elbaz，1983）。教师作为学生时所获得的经验、教师的个人实践性知识、教师自身的价值与信念，以及教师所处的工作环境都受到教师教育研究者的重视。直到20世纪末期，教学研究领域才逐渐认识到，没有一种教学方法可以适用于任何教学情境，为了应对变化多样的教学环境，教师应该掌握一些宏观的教育原则，并在实际的教学过程中发挥主动性，开发适合不同情境的有效的教学实践（Kumaravadivelu，1992，1994），独立的教师教育研究领域才正式确立。教师教育研究者重新审视了该领域的知识基础，确定了教师作为主动的教学学习者而非被动的受训者的身份，他们在所处的社会环境中与不同成员协商建构关于教学的知识，学习如何教学成为一个长期的、复杂的、不断发展的过程（Freeman＆ Johnson，1998）。

随着教师教育研究逐渐从“培训”到“发展”的术语系统转换，教师培训与发展突破了理论培训的单一模式，尝试开发能够激发教师主动参与的互动模式。终身学习的理念以及世界范围的教育改革使得教师教育研究者及教育行政部门在重视教师职前培养的同时，开始意识到在职教师的培训与发展对于教育的成败同样重要，专注于在职教师培训与发展的实证研究（如 Lopriore，1998；O'Sullivan，2003；Patrick，2009等）有所增加，研究主题包括教师培训与发展的知识基础、有效的培训与发展模式和方法、培训的效果及影响因素等。国内的教师教育研究相对滞后。21世纪以来，国内的教师教育研究以介绍西方发达国家的实践模式、相关研究的理论探讨为主。[①]

20世纪60年代，教师培训研究受到行为主义和实证研究取向的影响，认为外在因素的刺激至关重要，把教师看作输入与输出的系统，教师的职责只是将他人已经创造的知识传递给学生，是预设课程内容的执行者。在教师培训项目中，教师只要接受老教师的教学模式或培训者根据研究和理论得来的知识输入即可，不需要自主地创造新的产出。因此，传统的教师培训模式以技术理性的教育理论和实践观作为主要理论依据，教师培训的形式局限于专家由外而内的讲授方式，其目的是培养"理想型"教师。教师作为学习者主体的需求并未得到充分的考虑，他们的主动性和参与性也在极大程度上受到了压制。以外语教师培训为例，20世纪70年代以前在国外语言类核心期刊上以"teacher training"为主题进行检索，获得的文章主要探讨教师专业训练的知识基础，外语教师应该掌握哪些主要技能，如关于语言学、语言习得等内容（McKinney，1964）。在职外语教师进修的课程往往围绕着外语理论与实践、语言学理论与外语学习理论、教育心理学理论与教学实践三个方面进行设置。

20世纪70年代，认知主义研究范式推翻了行为主义，学科教学研究开始强调教师在教学中的关键地位和主体作用，研究视角从外在的教学行为转向其背后的认知世界。在这一发展趋势的影响下，教师教育的研究重点也从开发教师应该掌握的知识系统转变为教师拥有的实践性知识及其获取的过程。然而，人类认知过程的复杂性曾经让教师教育研究者一度陷入更加迷惑的境地。随着研究界对教学复杂性本质认识的逐渐深入，学者们

① 徐浩主编.外语教师教育重点问题研究[M].北京：外语教学与研究出版社，2016：195-207.

开始认识到教师培训不能离开课堂教学实际，教师的专业发展需要来自课堂实践的可持续动力，需要系统的、对终身发展起指导作用的培训，而不是与教学实践相分离的理论知识的灌输（Johnson，2006）。因此，以理论讲解为主导方式的教师培训模式因脱离教师的教学实践而受到了极大的批判。

20世纪末期，特别是90年代以来，人本主义和建构主义受到教育研究者的广泛关注。前者强调以教师为本的教师教育理念，即教师具有自我概念、学习动机等方面的差异，他们的独特性需求及作为人的终身发展受到重视；后者强调知识的意义随着学习环境的变化而不断发展，即教师的学习与发展是一个社会化过程。社会认知主义在综合了认知主义和社会建构主义两个理论视角的基础上，也得到了进一步的发展。知识是对外部世界的描述和解释，受到社会、历史、文化等环境因素的影响，因此，知识的建构，即学习的过程，是基于社会成员的互动协商和个体经历的共同作用，在个人内在的习得和社会环境的相互作用下形成的，缺一不可；专业学习是在教师重塑原有知识、信念和实践行为的过程中逐渐发生的，而不是简单地将新的理论、方法或材料强加于教师所能达成（Johnson & Golombek，2003）。教师结合自身的知识和经验，在与他人不断互动的过程中主观能动地建构知识。教师培训与发展研究的理论视角不断向着多元化的方向扩展，在教师教育内容及模式等方面得到了空前的发展。

一方面，Schon（1983）提出的反思性实践者模式（model of the reflective practitioner）为教师的专业发展开拓了新的方向，该模式强调教师在教学行动中不断反思，适应不断变化的社会环境。Wallace（1991）在此基础上提出了外语学科教师发展的反思性实践模式，使外语教师培养从单纯地探讨教学内容和方法转向促进教师教育和专业化发展的新的研究领域，成为外语教师教育领域标志性的研究成果。在这一模式中，教师具备的专业知识（received knowledge）和经验知识（experiential knowledge）是教学实践和反思的核心与理论基础，是推动教师自我发展的根本动力。教师教育者在教师培训与发展的项目中引导教师以其专业知识和教学经验为基本出发点，结合自身的教学实践发现问题，在思考、计划、实践和评价等不断反思的循环过程中，通过教师日志、听课与观察教师评价、教学录像和教学行为研究等多种方式（Bailey，2000；Nunan，2000），寻求解决问题的办法，实现改进教学实践行为和自我发展的目的。教师的个体知识获得了合法地位，教师的反思性实践知识受到了重视和认可，围绕教师知识、教师身份等认知主题展开的研究得到了长足的发展（Borg，2003）。①

新型的教师发展模式侧重教师自身的认知能力以及实践与理论的融合，鼓励教师参与到教师教育的研究中来，对自身的教学实践行为进行探究。“研究型教师”的概念应运而生，教师职业发展的重要标志就是，教师的角色从纯粹的知识传递者转换为研究者。教师参与研究不仅是在职教师发展的有效途径，也暗示着教师实践者掌握了更多的话语权（Stewart，2006）。由内而外、以实践为导向的行动研究和基于教师个人经验与情感的自我研究、叙事探究等也成为教师培训与发展的重要方法，教师教育研究更加重视以解释主义世界观为基础的质性研究方法，认识到对访谈、观察等数据的定性分析和基于问卷和实验等数据的定量分析均发挥着重要的作用。

另一方面，教师教育研究受到建构主义和社会文化理论的影响，教师所在群体的合作逐渐引起研究者的关注。Wenger（1998）等学者提出了“实践共同体”（community of practice）和“情境学习”（situated learning）的概念，对于在职教师的合作与发展有着深刻的启发。从社会文化理论（Sociocultural Theory）来看，理论学习和互动式交谈都非常必要，两者并非对立的关系，理论学习为教师提供了必要的文化媒介（cultural artefact），成为促进教师学习的文化中介物；在互动交谈中，教师与教师教育者之间或教师彼此间共同分享对理论的理解和实践过程中的困惑，达成了对理论学习的情境性理解，完成了教师学习的内化过程（internalization）。因此，教师教育者应该认识到，多种培训工具都可以为实现教师学习创造中介空间，使得他们将现有的理解表达出来，即外化（externalization），并重新认识原有的理解（reconceptualization），将其

① 徐浩主编.外语教师教育重点问题研究[M].北京：外语教学与研究出版社，2016：195-207.

置于新的情境中（recontextualization），以便在教学中不断发展出新的、有效的活动（Johnson& Golombek，2003）。

随着建构主义对教师教育研究的影响不断加深，研究者开始尝试将“专业学习网络”（professional learning network）的概念引入在职教师培训与发展的实施过程中，并在此基础上开发了校本培训和网络培训的新型模式。校本培训以改进学校师资状况、解决教学实践问题、促进教师专业发展为目的，由学校组织和实施，是面向全体教师的继续教育。其中，系列专题培训、合作反思、校本课题研究和课堂教学观摩是有效的几种方式。White和Jarvis（2013）专门介绍了校本教师培训的重要性及可行性，从具体的培训技术到情感等方方面面，详细为教师的指导者和辅导者（tutors and mentors）组织校本教师培训提出了建议和理论基础。其中，Graham（2013）和 White（2013）认为，校本培训应该加强教师的专业学习对话，培养教师的学科教学知识；Lenten（2013）则提醒教师培训者在校本培训中注意将支持和挑战相互结合起来，从情感方面为校本培训的实施做好保障。随着21世纪信息科学技术的迅猛发展，网络电子技术也开始被引入到教师的学习与发展中来，在此基础上建立的电子网络学习平台（E-learning）为专业学习共同体的实施创设了新的机遇。计算机网络多媒体、专业内容网站、信息搜索、电子图书馆、远程学习与网上课堂等媒介为教师培训与发展提供了更为广阔的沟通机制，使得教师与教师教育者及教师之间的交流与讨论冲破了时间和空间的限制；电子邮件、博客等成为教师反思和探究的新的有效媒介。

除此，教师培训与发展过程中的合作还可以体现在教师与研究者之间的合作研究与互赢过程中。20世纪80年代以后，西方学者开始关注高校研究者与一线教师的合作，希望以此促进在职教师的专业发展。Hawkins和Legler（2004）反思了研究者与教师在行动研究中的合作及其收获，肯定了双方在合作中对语言及语言教学产生的新的认识。Cornelissen等（2011）提出，高校与基础学校的合作将教师教育中的理论研究与实践行为有机地结合在一起，这种实践取向的研究增强了教师的专业知识基础。近年来，我国学者对此也有所关注。特别是在基础教育课程改革的背景下，一些高校研究者尝试开展了与基础教育一线教师的合作研究，在一定范围内促进了在职教师的专业发展。卜玉华（2009）介绍了叶澜率领的“新基础教育”高校研究团队在上海部分中小学尝试的教学改革，帮助教师打造精品课型，提高教学实践能力。王蔷、张虹（2012）介绍了高校研究者团队在北京市海淀区高校与中学英语教师合作开展的行动研究，教师加深了对教学和学生的理解，获得了教学的自信，提升了教学反思能力和自主创新能力。杨鲁新（2013）以北京某城区英语教师自愿研修小组活动为案例，阐释了基于行动教育理论发展的扎根课堂、教研一体的中学英语教师培训模式，高校研究者与一线教师以教学为媒介、以课例为载体开展了行动教育，教师与研究者取长补短、通力合作，构成了实践型的学习共同体，从而获得了共同的专业成长。[①]

总体来说，教师培训与发展研究经历了从教师培训到教师专业发展的转变过程，其本质是从教师作为教书匠到教师作为职业教育工作者的角色定位转变过程。在职教师教育的目标也从短期的技能培训和提高转变为教师终身学习能力的培养和发展。自我引导的、合作的以及基于探究的教师学习理念使教师发展突破了自上而下理论学习的培训模式，逐步拓展到学习或研究小组、自我探究等多种与教师教学实践紧密结合的自下而上的有效专业发展方式中（Johnson，2006）。[②]教师的教学不再是纯粹的、机械的付出，其本质应该是教师通过不断学习、不断研究、不断积累教学经验和教学案例，逐渐成长为教育领域专业人才的专业发展路径。

---

① 徐浩主编.外语教师教育重点问题研究[M].北京：外语教学与研究出版社，2016：195-207.

② 教师教育者开发了很多有效的培训手段，其中较为常用的方法有：观察/观摩（observation）、反思（reflection）、合作（cooperation）、任务法（task-based approach）、行动研究（action research）、体验法（experiencing as learner）、记录日志（如journal或diary）、访谈（interview）、教学录像（video tape）、参与式工作坊（workshop）、互动（interaction）、同伴互评（peer evaluation）、研讨（seminar）等（夏纪梅，2006）。相较于单方面的理论讲授方式，以上这些培训方法使教师能够参与到培训的过程中，更好地激发了教师自主学习的意识，有利于教师在短期培训后获得持续性终身学习的能力。

（二）争议性问题

虽然在职教师培训的发展取得了一定的成就，但目前仍存在一些争议性的问题。

1. 在职教师培训与发展应该基于理论还是实践[①]

在教师教育研究的发展历程中，培训的内容基础始终是讨论的焦点，例如学科知识、教学知识、心理学知识、课程知识等，由于研究者的立场不同，教师培训与发展到底是基于理论还是基于实践的问题成为该领域最具争议的问题之一。早期的教师培训研究大多探讨了教师教育的内容基础，特别是在行为主义的影响下，教师教育者认为足够的理论知识输入能够刺激教师转变其教学实践行为，完全忽略了教师自身的经历及其所处情境因素对于教师教育效果的影响。但是，Lortie（1975）明确提出，教师大部分是自我塑造而成的，内化培训或教育过程获取的理论知识，对于他们在工作中作出相应改变只起到非常有限的作用。相对而言，教师在作为学生学习过程中对于自己老师的观察（observation of apprenticeship）对于其后期的教学行为影响更深。

教师教育是一个动态的过程，可以通过训练（training）和发展（development）两种策略实现。以往倡导的培训主要针对具体的知识或技能，由教师教育者直接介入，指出错误并责令教师修改，具有明确的针对性，虽然效果明显，但存在着对教学片段式理解（fragmented view）的缺陷。相对而言，教师发展策略则是一种整体的、相互融合的（integrated）理念，是一种针对教学复杂性的间接介入策略，目的在于提升或改变教师的意识，进而催生教学行为的变化。教师教育者通过询问、观察，或者分享自身经历等方式，引导教师反思、批评、改进自己的教学实践。因此，教师发展远非教师教育者预设或主导的行为，而是与教师之间的合作与交

---

① 徐浩主编.外语教师教育重点问题研究[M].北京：外语教学与研究出版社，2016：207-210.

流，教师在发展中的变化往往不是外显的，很难量化。教师培训与发展的关键区别在于教师教育者的角色：在培训中，教师教育者主导着培训的问题和解决问题的办法；而在发展中，教师教育者基于自身对于教育教学的理解提出讨论的问题，但是解决的方法并非预知的，而是在教师成员共同讨论与反思的过程中逐渐生成的。培训与发展是教师教育的两种基本策略，并非对立，而是基于教学的复杂性而共同存在的不同策略。

那么，理论究竟应该在教师教育中占据什么样的地位？Johnson（1996）对这个问题进行了探讨，认为理论知识包括抽象知识（conceptual theory）和感性知识（perceptual theory），后者与教学感性和解释性的本质特征相吻合，是教师教育中应该特别重视的理论。在教师的培训与发展过程中，教师教育者应该多提供感性知识，鼓励教师参与讨论，让教师能够结合自身的实际环境进行理解、反思和运用（Johnson，2006）。在这样的背景下，教师教育者不仅要承担教育学者（scholar of education）的角色，还应该成为实践的探究者（inquirers into practice）（Hui & Grossman，2008）。对于在职教师而言，培训内容能否与课堂教学建立切实的联系显得更加重要，讲座及工作坊等培训方式旨在了解新的研究方向及研究成果，其作用固然重要，但是能够直观感受到新的教学方法及效果的课堂观察也非常重要，二者可以相辅相成，成为增进在职教师教学信心的重要培训手段（Patrick，2009）。

2. 教师发展的动机问题，主要涉及如何结合教师培训的外部评估（accountability）及教师自身自主性（teacher autonomy）的问题

教师培训往往是教育改革的重要保证，因此，教师培训效果的评估始终受到教育行政部门的关注，这种外部评估既为教师的职业发展带来了压力，也提供了外在的动力（Crandall，2000）。另外，教师教育研究者也越来越意识到教师作为学习主体的内在自觉性与自主性的重要意义。教师自主发展是指教师具有自我发展的意识和动力，自觉承担专业发展的主要责任，通过不断地学习、实践、反思、探索，使自己的教育教学能力不断提高，并不断向更高层次的方向发展。McGrath（2000）指出教师的自主性不仅体现在对自己的教学有责任心，还体现在对自己的专业发展有自主性，教师成为研究者，成为反思型的实践者，自觉地不断接受新知识，增长专业能力。教师自身的自主性是教师尝试新的教学实践方式并实现专业学习和成长的根本的、内在的动力。如何在教师教育中有机融合外在的评估与内部的自主性是教师培训效果最大化的重要保障。

然而，教育政策的改进也在一定程度上为教师带来了更多的工作压力，教师培训制度为教师设定了更高的工作要求，特别是其中与教学没有直接联系的发展要求。例如，参加会议或撰写论文成为教师压力和紧张感的主要源泉，甚至导致了有经验教师的职业倦怠感。只有当外部政策与教师自身专业发展需求达成一致时，教师培训才能更好地推动教师的成长与发展，在情感上得到教师的认可，从而改变教师的教学实践行为。于是，一些学者建议一线教师参与到教育政策的制定和教师发展评估标准的开发过程中，提高教师在教育政策制定中的话语权，通过共同开发可行的教师培训政策切实改进教师的教学实践行为，促进教师的专业发展。

相比于系统化、规范化的西方教师培训机制，我国的在职教师培训还存在着很多不足。例如，缺乏系统的教师培训体系、教师自身的专业发展意识还很薄弱，教师的职业发展将会是一项十分艰巨的任务。因此，我国在职教师培训仍然任重而道远，既要大力建设合理的教师发展评估标准，为教师终身学习与成长提供政策化、制度化的系统保障体制，又要激发教师内在发展动机，提高自主发展意识。

三、教师培训的实践模式

教师培训是教师持续专业发展、实现终身发展的重要环节。国外学者认为，教师培训是中小学教师自觉参与的继续学习活动，是持续的中小学教师专业发展实践。在目的上，国外强调发展教师的专业能力、元认知教学策略、“适应性专长”、政策理解力、自我分析与发展能力，呼吁拓展教师专业素养，努力培养有效教师；在类型上，国外教师培训的主要类型是普通培训、学位课程、补偿性培训、基于标准的培训、教练（辅导）、实践社区、行动研究等；在教师培训主体上，辅导教师是培训者主体，其三种角色是反思型教练、共同研究者与阶段性指导者，帮助教师学会学习、学会发展、学会反思、学会研究是辅导教师的主要使命；在内容上，课程与教学培训、课堂支持培训、专业精神培训是其主要内容。国外教师培训活动的主要特点是，重视教师培训需求的变动性，关注教师培训活动的个体性，强调教师培训活动的变革性，关注教师培训活动的条件性，重视教师培训的参与性等。[①]美国学者Kennedy划分了九类培训形态：一是普通培训，主要培训内容是教学技能和少数实用性教学内容，常常借助专家的讲座与讲授来实现，其主要目的在于改进教师的课堂教学表现。二是学位课程（award bearing），常常是大学教师培训服务的核心内容，其目的在于丰富教师的专业知识，但其缺陷是总是探讨一些与学术前沿无关紧要的教育学知识，容易与教师的教学实践相脱离。三是补偿性培训，重在针对个别教师的缺陷设计出量身定制式的培训指导服务，其目的在于照顾教师间的专业发展水平差异，但不利于增进教师的专业自信，无法针对全体教师展开，无法支持校内全体教师的专业发展。四是喷流式培训（cascade），这是一种节约资源的培训方式，其做法是定期由培训专家或辅导教师对全校教师进行集中培训，其培训意图在于短期内提高教师的整体专业素养，但它往往忽略了教师基于课堂实践与探讨的原创性学习，减少了教师间合作学习、分享交流的机会。五是基于标准的培训，即依据学区与教育行政部门制定的教师专业发展标准组织教师培训活动，其培训目的在于“达标”，这种培训一般具有较强的系统性与规划性，相对而言灵活性较差，难以满足教师个性化学习要求，培训内容较为狭窄、有限。六是教练（辅导）（coaching/mentoring），即在教练与受训教师间建立师徒式关系，对全校或个别教师进行深入实际的指导，其目的在于将培训嵌入受训教师的教育生活中，构建细致入微、能深入教师工作细节的培

① 龙宝新.当代国际教师教育研究[J].北京：科学出版社，2016：151.

训服务，其优点是便于教练与受训教师间展开自由研讨，提高培训的深度，但缺点是教练或受训教师需要较强的沟通能力，是一个教学上的“全能手”，这不是一般培训者所能达到的。七是实践社区（community of practice），这是一种借助建立教师学习共同体、教师学习社区等方式来开展教师培训的方式，其目的是让全体教师在参与集体专业学习中都有所提高，其优点是全体社区成员的潜在知识经验基础可能被整个社群共享，其缺点是容易限制个别教师参与培训的主动性与创造力，他们容易在讨论中陷入随波逐流的境况。八是行动研究，即授课教师对课堂问题进行研究，自己寻找解决方案的培训形式，其目的是提高教师的自我发展能力与问题解决能力，其优点是与课堂教学紧密相关，便于教师对各种可能做法进行尝试比照，学校层面展开的行动研究还能够培养教师间的协作能力，让教师整体得到更好的专业发展。九是变革性培训（transformative），这是一种将前述培训模式融合在一起的培训类型，受训教师一般要有强烈的自我更新意识，整个培训有严格的日程，其目的是促使教师在培训中改变自己的专业认识与行动，引发学校教育教学的整体改进。本研究将在职教师教育视为入职和在职教师的教育，因此，本节从入职和在职两个层面简单介绍一下教师的培训实践模式。

（一）新教师的入职教育模式

新教师入职教育是教师教育一体化的一个重要组成部分，是教师专业化的重要关口，也是全面提升教师素质和业务水平的重要环节。近年来英美等国都越来越重视新教师的入职培训，并把新教师入职培训视为教师专业成长的一个重要的和不可或缺的阶段，逐步加以规范化和制度化，以提高师资水平。

1. 美国学区对新任教师培训的做法

（1）“新教师入门指导计划”的主要目的：为刚出校门、初次任教的教师（一些学区也将新到该区任教的教师包括在内）提供支持和帮助，以减轻他们在过渡阶段可能遭遇到的挫折与孤独感，减少教师流失，稳定教师队伍。（2）“新教师入门指导计划”的主要内容包括：学区情况介绍；课堂管理；学校情况介绍；组织纪律；教育教学方法；教学计划；学生评估；资料来源；课程；与家长合作等。（3）“新教师入门指导计划”的组织形式：一是导师制。为新教师指派一名经验丰富（一般是同学校同年级同学科）的教师作为“导师”帮助新教师熟悉环境，提供精神方面的支持和鼓励，帮助解决教育教学方面的问题。听课、评课、示范教学是最常采取的方式。二是指导小组制，是指由校长或分管教学的副校长、学区中心办公室教学专业人员，或者从大学教育学院聘请的教授组成指导小组为新教师提供咨询和指导，同时帮助他们提高理论水平。

2. 英国对新入职教师教育的做法

（1）新入职教师教育的目标定向。新入职教师教育主要为了解决新教师难以胜任教学工作岗位、任职前几年流失率高和教师专业成长脱节等问题。（2）新入职教师教育的内容。一是对新教师进行监督和支持，二是对新教师表现的评估。（3）新入职教师教育的组织和实施。首先，从入职培训的监督和支持方面来讲，主要采取以下措施：明确新教师专业发展的基本需求、设定专业成长目标和行动计划、听课、召开专业考察会议。其次，从对新教师的表现进行评价的方面讲，主要注意以下几个问题：明确评估人员的职责、依据各种因素进行评估、根据国家标准进行评估。

3. 日本新任职教师的研修制度和做法

（1）新任教师的研修目的在于培养新任教师的实际指导能力和使命感，拓宽新任教师的知识面。（2）主要特点是，从文部省一直到新任教师的所在学校，形成了责任明确的层层下放的实施体系。（3）文部省制定的新任教师研修实施要项范例，内容包括新任教师研修的目的、对象、内容、年间研修计划、年间指导计划、指导教师、代用教师、教科指导教师等。新任教师年度研修计划要领大体包括基础素养、学生指导、教学指导、班级管理、同和教育、自立活动、特别活动、道德教育等研修项目。（4）日本的新任教师研修分校内研修和校外研修两种形式。校内研修指的是以指导教师为中心进行的研修，校内研修的目的是提高新任教师的实际教学能力，使新任教师在较短时间里掌握指导学生、班级管理和校务处理等教师的基本指导能力。根据文部省的规定，要求新任教师要保证一周2日，6小时左右，年度60日左右的研修。校外研修按文部省要求，以教师研修中心为中心，每周1天，一年中至少要保证30天，具体内容包括全体研修、住宿研修、教育咨询、信息教育、教学科目研修、各种特殊学校的研修、企业研修、文化设施研修、社区研修、海上研修等，其形式主要有事例研究式、讲演式、讲义式、体验式以及写报告等。①

4. 我国新教师的培训模式

有研究者总结了我国对刚入职的新任教师的培训模式，主要有三种②。

（1）岗前集中培训模式。在新任教师参加工作前（大多是在秋季新学期开学前的暑期中），利用一段时间（一般在1～4周），对他们进行一次性集中教育、培训（以集中听讲座、听报告等形式为主）。这种一次性集中进行的教育培训模式，具有快速、便捷等优点。但也可能出现缺乏实践性、交互性、针对性和发展性等弊端，影响和制约新教师的专业成长。比如，这种模式的主要形式是听专家讲座和领导报告，依然属于理论讲解和政策、经验介绍。新教师原本就十分缺乏的实践能力和教育教学技能并不能因“接受式学习”而得到提高，灌输式教学明显缺乏交互性和针对性，呈现出“教”“学”“用”的脱节，不仅影响教育培训的效果，还会挫伤新教师参加教育培训的积极性和主动性。

（2）分散培训模式。将工作1～3年的新教师按照其专业发展阶段和水平，进一步分为“新手教师”“熟练新手教师”而进行分阶段、连续性、发展性的新教师入职教育的一种模式。首先，对初次踏上讲台的新

① 李进主编.教师教育概论[M].北京：北京大学出版社，2008：523-524.

② 杨跃.教师教育学[J].北京：北京师范大学出版社，2016：141-144.

手教师，以“带教式校本培训”①为主要形式开展职教入职教育。其次，对进入“熟练新手”阶段的教师，以“科研式校本培训”②为主要形式深化入职教育。最后，对经历了1～3年工作实践、教育教学技能和经验都得到一定发展和提高的、开始向胜任教师阶段发展的教师，进行“理论专题讲座式集中培训”，由教育培训机构和学校定期聘请教育理论专家学者举办教育新理论、教育热点问题等方面的专题讲座，帮助这些教师进一步系统、深入地学习教育理论，把握教育理念和理论发展的前沿与最新动态，促使教师更好、更快地完成从熟练新手教师向胜任型教师的发展。

（3）“导师制”（mentoring）模式。又称“师徒制”，是通过“师徒结对”的方式，由资深的优秀教师将自己的教育教学经验通过“传”“帮”“带”等方式传递给新任教师，形成“一对一的师徒关系”。与传统“学徒制”不同的是，“导师制”不仅注重对新任教师进行知识技能的传授，而且注重对新任教师职业生涯的指导，通过构建一种专业成长的良好氛围和机制，培养和满足新任教师职业长远发展的需要。“导师制”侧重于导师与新教师之间的互动关系，侧重于导师及新教师对于吸收信息的开放性，侧重于指导过程中缄默知识的传递，有其优势。但同时，也可能存在一些局限，例如指导教师与新任教师之间沟通不畅、缺乏信任；例如容易削弱新教师的个人特色和风格；例如存在较多不确定因素，使得缄默知识的传递效果并不理想。因此，第一，在实践中，要以新任教师的个体职业发展为出发点，一方面注意引导新任教师突破自身限

① 所谓“带教”是指由新教师所在学校指定具有良好师德表现、具有中级或中级以上职称、具有新的教育观念和丰富实践经验的老教师作为新教师的指导教师，进行带教培训。带教内容主要为教学工作及班队管理等。指导教师在带教过程中对新教师培训的情况作较为具体的指导并给予评价记载。这种模式可以更好地结合每一位新教师的具体情况和实际需求，有针对性地进行教学技能的指导和培训；新教师也可以就教育教学中遇到的问题及时地向指导教师请教，更好地吸收和消化指导教师的丰富经验。

② 所谓“科研式”是指通过科研意识、科研方法和科研技能的教育和锻炼，引导“熟练新手”教师对遇到的问题、困惑等进行研究、探讨，帮助他们在探究中进一步澄清问题、困惑的实质，解决理论和实践的碰撞与冲突，寻求解决的办法和途径，培养其科研素质。

制，既要传承导师的经验、风格，也要吸纳其他优秀教师的经验、风格，在此基础上使他们尽可能地发展个体的才能；另一方面导师应在充分了解新教师的基础上，帮助新教师根据自身的个性特长确定发展方向，明确实现目标的方法与途径，形成独立探索、自主学习的能力。第二，重视协调、激励及过程管理，应建立、完善指导教师的选择和培养制度，实施形式多样的指导活动，并保证指导实施过程中必需的资源，从而保证指导关系的质量得到提高。

综观各国对新教师的入职教育，都体现出教师专业发展的一个新特征，即新教师上岗前的入职教育将越来越受重视。对于我国教师教育和教师专业发展而言有以下几点启发：一是将新教师的入职教育纳入管理部门，进一步加强行政管理和政策支持，并将新教师入职教育制度化和规范化。二是制订并颁布面向全国的“新教师入门指导计划”，使新教师入门教育有章可循，有法可依，并逐步提高指导质量，促进教师专业的发展。三是以中小学为基地发挥经验丰富的老教师的指导作用。

（二）在职培训的模式

现代社会已进入了一个终身教育的时代，新的时代必定对教师角色赋予新的任务，并对教师教育提出了新的要求与挑战。教师作为社会中特殊的一员，首先要使自身成为一名终身学习者，获取终身不断学习的意识与能力。因此，这样的教师教育就不能只注重于教师发展的某个阶段，而忽视其他阶段的学习，完善的教师教育应持续于教师的整个职业生涯，满足教师专业发展的终身需要；并且这种学习是出于教师内在的学习需求，是一种主动形态的学习，因而这样的教师教育就不应只是自上而下的强制性教育，而是需要提供多种形式的学习机会，激发教师主动学习的积极性。

1. 美国的实践模式[③]

美国属于地方分权制国家，教育属于各州自行解决的事务，联邦政

③ 陈永明等著.教师教育学[M].北京：北京大学出版社，2012：193-194.

府不得干涉，因此各州教师继续教育没有统一的规定，但在教育的形式方面，由于参与举办的主体大致相似，因此各州教师继续教育也有相同的地方，主要有以下几种模式：（1）高等院校继续教育模式。20世纪50年代以后，美国教师教育主要由综合性大学进行，通过综合性大学设立的教育学院或教育系具体实施。由于高等院校长期积累下来的丰富的人力资源与良好的人文环境，特别是高等院校从事学历教育的优势，因此使其成为中小学教师继续教育的重要基地。高等院校主要采取校内学分课程、校外服务以及远距离教育三种模式。（2）学区教育模式。这种教育模式主要由学区主任和中心办公室人事主管负责设计、管理和监督，由地方教育委员会负责财政拨款，主要是围绕学区的发展目标和教学需要来进行。（3）教育专业团体教育模式。除了美国最大的两个专业团体“全国教育协会”与“美国教师联盟”，还有众多的全国性和地区性教师团体。几乎每一个专业都有自己的团体，有自己的专业刊物。他们经常用专业团体开展课题研究，举行相关学术会议，进行专业内的沟通与对话。为了获取更多的信息，增进知识容量，一个教师可以加入多个团体，以此获得更多的进修机会。（4）任职学校教育模式。教师任职学校本身就是一个学习资源，由于教师许多问题来自于课堂教学，这样，中小学校教师经常要面临大量的教学问题，各学校在教学实践过程中大都建立起自己的教师进修学习模式，是最经常、最直接的学习模式。以上四种主要的教师继续教育模式，就其目标而言，有学者认为主要有四类：解决具体问题、扩大知识面、更新知识以及获得学位。

2. 英国的实践模式①

总体来说，英国的职后继续教育有以下四种模式：（1）校本培训模式。如前文所述，这种模式至今已成为英国一种主要的教师在职进修模式。校本培训模式强调教师任职学校本身就是一种教育资源，教师在自己任职学校里不仅是为了完成教学工作，为任务而生存，而且是在完成教学任务的同时能发现其中存在的一系列教学问题，这些问题不能单纯依靠

① 陈永明等著.教师教育学[M].北京：北京大学出版社，2012：195.

外界提供帮助，教师群体本身就可以自行解决，实现正常的教学目标。不仅如此，校本培训还同英国后来逐渐形成的以学校为基地的教师职前培养有关。基于此，21 世纪以后英国以实践为导向，开始实行了以学校为基地的教师职前培养模式，这种模式被直接带进了教师继续教育工作中。（2）高校培训模式。以高等院校为主体的培训包括以大学、高等教育学院以及开放大学等为主体举办的教师培训。其目标主要在于获得学位，提高学术水平以及以后升职的机会。大学教育学院或教育系大都设有在职进修专业和中小学各学科业余进修，或者开设不同层次、内容广泛的在职教师进修课程。大学主要有两大类课程：学位课程和各种证书课程。（3）以教师专业发展中心为主体的教育模式。教师专业发展中心也是实施英国教师进修的一个重要基地，在英国这种机构非常广泛。目前，英国基本上每个郡至少设一所设备齐全的教师中心，从事本地区的各科教师的进修工作。教师中心由教育行政当局设立，其一切工作都在当地行政机关的视导机构指导之下开展。教师中心的主要工作有：根据教师的需求，组织各种针对性较强的而且又有实效的教学；为了保证教学的针对性与实效性，中心通常选聘较知名的大学教授、有经验的中小学特长教师以及地方有经验的行政管理人员；充分利用学校的资源，组织教师学习新的教育政策、法令与规章制度；发现好的经验进行推广；组织教师进行课程开发；不定期地举办学术活动以及为教师提供最新的信息与教学技术。教师中心的功能多样，除此，它还发挥着社区教育功能，如对移民进行英语培训、对当地居民有时供应茶点等社会福利性服务功能。由于其从实际出发，教学灵活多样，收到了较好的效果，曾获得“教师之家”的美称。（4）专门组织和专业协会教育模式。英国一些专门组织，如“全国教师联合会（NUT）”“全国校长协会（NAS）”“女教师联合会（WLTT）”等，以及专业协会，如“全国英语教学协会（NATE）”“科学教育协会（ASE）”“数学协会（MA）”“大不列颠及北爱尔兰幼儿协会（NSAGBNI）”“全国补救教育协会（NARE）”“全国天才儿童研究协会（NAGS）”等，也都根据自身的利益，利用自身的优势开办一些短期课程、召开研究会、举办暑期学校，间接性地起到了促进教师终身教育的作用。

3. 法国的实践模式①

法国和英、美地方的自治权力有较大不同，法国基本上属于中央集权国家，继续教育主要有以下几种模式：（1）以教育行政部门为主导的三级教师教育模式。与英、美不同，法国教师的培训工作有严格的制度，组织性较强，形成了分别由省学区和国家三级组织实施的培训体制。省主要负责初等教育教师在职进修。各省设立了初等教育教师培训委员会，它主要是一个咨询机构，负责在初等教育教师培训的各方面向教育行政当局提出意见和建议，同时也参与制订培训计划、组织培训和进行评价等工作。在省教师培训委员会与行政当局共同制订教师培训计划以后，主要由大学教师学院在本省的教学中心——原本省教师学校负责实施。内容广泛，针对性很强，同时也介绍社会文化与科技新动向。学区主要负责本学区的中等教育教师的在职进修。各学区先后建立了“学区培训工作组”，负责中学教师的培训，其任务是根据教师与社会发展的实际需要设计与安排各级教育工作者的进修课程，确定与邀请有关教学人员，如中小学与大学有经验的教师、学校和行政部门的领导等。1991年改革后，“工作组”成为本学区大学师范学院的组成部分。培训范围也不断扩大，不仅有各种短训班，也有一些长期进修班，不过以前者为重。国家主要负责那些专业化较强、普遍性也比较大的进修。教育部每年提前公布进修班的目录，使全国教师了解进修班的主题、内容、对象、时间等情况，教师个人则根据自己的需要与实际情况决定是否参加。培训重点是各科的教学内容和方法，以及科技成果在中学中的应用和其他工作中经常遇到的并迫切需要解决的问题。（2）暑期大学教育模式。上述由教育行政部门组织实施的三级在职教师培训是法国教师培训中最经常、最核心的培训形式，除此，还有暑期大学。它是在“新教育”学派倡导下而成立的，主要利用暑假对教师进行以互教互学为形式的培训。

① 陈永明等著.教师教育学[M].北京：北京大学出版社，2012：196.

4. 日本的实践模式

日本教师的终身研修制度主要由两部分构成：[①]（1）教师在职研修。在终身学习理念的影响下，日本从1977年开始了对有5年教龄的教师、从1993年开始了对有10年教龄的教师实行研修的工作。政府还指导各地教育委员会制定政策，拨出专款形成一个分别针对任职5年、10年、15年、20年教师进行研修的终身教育体制。教师的在职研修由地区教育中心组织实施，有5年教龄者须研修8天，研修内容为专业学科教学工作；有10年、15年教龄的骨干教师也必须参加8天的研修，内容为指导学生的技巧和与学生家长进行教育交谈的艺术。新任校长、副校长则必须参加为期3天的研修。为满足在职教师通过研修提高学历的要求，战后已采用“开放型”教师培养制、取消师范院校、改由大学培养各级各类学校教师的日本，又重新组建了兵库、上越、鸣门三所专司教师再教育的教育大学，在职教师可以通过攻读教育大学设置的学位课程，进一步提高学历，并取得相应学位。在职教师研修制度的确立，使日本真正实现了教师队伍的终身学习和终身研究。教师在从事教育工作的同时不断更新知识，提高素质，以确保教育的高质量。（2）校外社会体验研修。[②]为创办开放型学校，培养具有社会交往能力的教员，日本于1989年开始派遣教员到校外的企业、社会教育机构及社会福利部门进行为期1个月到1年的社会体验研修。实践证明，经过社会体验研修的教员扩大了视野，提高了人际交往的能力，并明显提高了其管理班级、指导学生工作的成效。由于社会体验研修效果明显，这种研修形式在日本迅速发展起来。为使社会体验研修在教师的终身教育中发挥更大作用，日本教育职员培养审议会在所提交的《关于教员素质能力的要求》的咨询报告中建议：在发展教员长期社会体验研修的同时，还应为全体在职教员提供1周到1个月的短期社会体验研修的机会。同时，为促进在职教师的终身进修，日本政府采取了激励性的措施，如教师通过进修获得高一级的教师许可证书或取得硕士学位，并以此作为教师升薪晋级的

---

① 杨民.日本教师研修制度与我国教师终身教育之比较[J].中国教育学刊，2002（8）：56-59.

② 陈永明等著.教师教育学[M].北京：北京大学出版社，2012：199.

依据；资助教师的进修，短期进修一般是免费的，可以带薪在研究生院攻读硕士学位；更新教师资格证，为了保证教师资格证书的资质能力符合社会对教师的要求，日本不断提高教师资格的标准，以取得国民对教师资格证的认可。

5. 我国的实践模式

有研究者将我国的在职教师培训模式总结为三类："院校为本"模式、"学校本位"模式以及其他模式。[①]

（1）"院校为本"模式：高等院校主导和负责教师职业发展的教师在职培训模式。这种模式的重心一般在高师院校（又被称为"高师院校模式"），也包括由教育学院、教师进修学校等院校主导和负责的在职教师培训活动。这种模式以高校为基地，利用高校教育资源对在职中小学教师进行继续教育。根据具体学习任务、学习目标、学习内容、学习组织形式等的不同，该模式又可细分为：学历教育模式（以学历补偿教育为主要任务），短期研修模式（培训时间从一两天到十天、半个月不等），现代远程教育模式（在职教师要通过现代教育技术进行远程学习而无须自始至终都身处高校物理环境之中）等，其共同特点是：第一，课程设置以理论类课程为主。该模式的课程设置多采用职前教师教育的课程模块（公共课、学科方向专业课、教育专业理论课等），不同的只是这三个模块的课时结构、比例等有所调整，课程门类较少，课时也较短。但在有限的课程学习时间内，理论类课程居多，而实践类课程受到严重限制。第二，教学方法以高校教育理论专家讲授为主。当前我国在职教师培训的行政命令性色彩仍较强，大规模的在职教师培训迫使高师院校采取大班教学，并以高校教育理论专家的讲授式为主。第三，在职教师作为学习者的主体地位尚未充分展现。理论类课程为主、专家讲授为主，使得在职教师作为学习者，只能根据预设的课程体系进行学习，"教什么、怎样教就学什么、怎样学"的单向教育模式在在职教师继续教育中仍有明显表现，师生之间仍然是单向、不平等的关系状态。但同时，这些特点导致这种模式存在很多不足，诸如培训目标不明、时效性不强；培训观念滞后、方法手段传统；培训面

① 杨跃.教师教育学[M].北京：北京师范大学出版社，2016：144-148.

狭窄、培训过程间断；教学内容上缺少对学科前沿和学术动态的关注；对中小学教师需求的关注也较少，难以适应不同中小学校和不同教师的个性化需求，导致受训者期望值降低；课程结构普教化，忽视成人学习的特点，难以调动中小学教师参与培训的积极性；以政策性手段强制督促中小学教师参与培训；部分中小学校从学校的眼前利益出发，对教师参加培训并不支持；缺少针对不同发展阶段教师的不同培训等。其中，“重理论轻实践”甚至“理论脱离实践”被认为是这种模式最大的不足，大多数在职教师在参与这种模式的培训后都会发出“听起来激动，回来后不动”的感慨，普遍认为专家讲的理论与自己的教学实践差距甚大，不知道如何才能把培训课上专家讲的理念、理论，学习到的知识、技能等运用到自己的日常教学中，真正改善自己的日常教育教学工作。这也是在职教师在培训活动中主动性、积极性不高，培训工作满意度、实效性不高的根本原因。① 可见，在职教师培训要提高实效性必须深入研究在职教师的学习性质、学习动机、有效学习方式等，依据在职教师的学习特点，明确培训目标、深化培训内容、丰富培训形式，实现理论知识与教育实践的整体融合，真正促进教师专业能力的提高。

（2）“学校本位”模式：以教师任职学校为基地，依托学校现有的人、财、物、信息等资源，充分发挥学校在继续教育中的导向、计划、组织管理、指导、辐射、监控、评估、激励等功能，根据学校需要和教师需求制订培训计划，通过多途径、多形式培养、提高教师综合素质的一种继续教育模式。具体模式又可分为：课题研究模式、案例研究模式、教师自主发展模式（主要通过教师自己的实践反思）、中小学名师网上授课模式等。“学校本位”在职教师培训模式以中小学校为主导，基本特点是“立

① 造成这种状况的原因值得深思。有研究者指出，以理论为依托的在职教师培训指望教师们“听了就能懂，懂了就会用”是不现实的，真实的结果往往是“听了未必接受”“接受了未必会用”；这是因为如传播学的认知不协调理论认为的那样，人们总是回避同自己原有认知要素对立的不协调信息，而积极接触与之协调的信息。教师对不协调信息较易排斥、扭曲，于是难以重构那些不断传播的新的信息；哲学认识论的缄默知识论则指出专业人员具有的知识很多是缄默（不能解释）的、个性化的，而且镶嵌于情境活动之中，需要“做中学”才能学会。详见杨跃.教师教育学[M].北京：北京师范大学出版社，2016：144-148.

足本职、本岗、本校”，以学校最基本的教育教学实践活动为阵地，以提高在职教师的课堂教学能力和教育科研能力为主要目标，将教师个人素质的提高和学校教育与发展目标的实现有机统一起来，相互促进、相得益彰。相比于上述“院校为本”模式，“学校本位”模式更受中小学教师的欢迎。这种模式往往和在职教师的教育教学实践工作联系比较紧密，也多采取现场观摩的方式，将听课、评课、讲座、交流等环节结合起来，培训活动有一定的针对性和示范性。教师们感觉一部分培训活动对自己的教育教学能够起到一定程度的指导和促进作用，但并非所有培训活动都有实效，特别是名师的讲授其实也很难“一学就会”，名师也是无法复制的。在让参培教师积极主动地学习、交流方面，这种模式虽然比“院校为本”模式好，但也仍需要进一步为在职教师提供更多、更充分的切磋、讨论、交流的机会，帮助和促进他们在不断发现和开发资源的过程中进行选择学习，真正地将“学—教—研”三者合为一体。

（3）其他模式。随着在职教师培训工作的发展，越来越多的模式出现了，如合作型模式、科研驱动型培训模式、网络培训模式、基于教育问题解决的模式等。第一，合作型模式。鉴于“院校为本”和“学校本位”在职教师培训模式各自的特点及不足，近年来合作型模式越来越受到重视，这是院校与中小学教师任职学校以及当地教育行政部门或社区等多方联合起来进行在职教师培训的模式，又可具体分为“U-G-S合作”（院校、政府、学校三方合作）和“U-S-C合作”（院校、学校、社区三方合作）两种亚模式。合作型模式能够有效防止“院校为本”模式和“学校本位”模式都易于走向极端（“空洞、抽象的理论灌输”或“热闹、肤浅的实践观摩”）的弊端，是这两种模式的优化组合。第二，科研驱动型培训模式，是通过科研推动教师整体素质提高的一种创新型继续教育模式，其根本特点是借助科研项目或科研活动来推动教师的学习和研究，在教师主动发现和解决问题的过程中促进教师综合素质和教育教学水平的提高。第三，网络培训模式，是着眼于利用现代化的教育教学手段培养教师的自主定向学习能力和信息技术应用能力的培训模式。从近年来的网络培训实践看，人们对这种模式褒贬不一。第四，基于教育问题解决的教师培训模式，将问题作为发展的起点，通过解决教育问题来获得教师实践性知识的增长与素养的提高，从而提高教师发展的速度。这种模式以情境学习理论、教师实践性知识和教师专业发展为理论支撑，将教师置于教育情境中，在问题解决中建构教师知识（而不是单方面的知识接受），彰显教师培训的情境性、主体参与性和实践性，具有“创设内蕴教育问题的情境”“鼓励教师解决教育问题”“在实践中检验培训效果”等特点，凸显培训目标、内容、途径和评价等方面的培训模式特色，最终促进教师的真实发展。

综观世界各国在职教师培训的模式，各有其优势和特点，也有其不足或弊端：教师参训机会与时间难以保证，培训活动缺乏针对性与系统性，培训活动难以适应教育发展需要，无法将教师培训整合到更大的教育政策与体制中去，培训效果难以持续等。为此，未来教师培训改革的方向如下：在培训目的上，旨在实现教师专业发展的持续性；在培训途径上，呼吁组织结构建设与教师个人发展并驾齐驱；在培训方式上，大力倡导教师学习；在培训内容上，推进基于真实问题的培训；在培训思维上，强调学校发展指向性；在培训重点上，强调教师专业自主；在培训模式的选择上，需要根据实际情况、实际情境选择合适的培训模式。已有研究和经验表明，高效的在职教师培训模式应该注重教育理论与实践的结合，体现出“开放”“互动”“适恰”“自主”“探究”“合作”等特点，①应更加

① “开放”指教育理念、课程体系、培训资源、教育技术、评价方式等多方位的开放，逐步创设教师自主发展的文化环境和学习条件；“互动”指培训过程是教育者与学习者之间的对话过程，双方主动投入、充分沟通、交流互补、共同提高；“适恰”指培训活动从实际出发，根据不同教师的学习需求，运用具有鲜明针对性的培训组织形式和教学方法（如系统讲微格训练、自学辅导、观摩交流等，只要运用恰当，都可能成为有效的培训方式），让不同个性、不同特质的教师都能取得进步和提高；“自主”指中小学教师出于自我发展的内心需要，完全自觉、自愿地投入学习活动，而不是迫于外部环境压力参加培训，培训活动也充分尊重教师的主体性，调动和发挥其自主性；“探究”指培训活动旨在促进学习者通过积极主动的参与，发展自己对教育问题的探究意识和能力，在培训活动中充分发挥学习者的主体性，积极引导他们投身教育实践反思和研究；“合作”指培训活动包括专业引领、同伴互助和个人反思等环节，充分发挥院校、学校、社区教育行政部门以及专家、同伴、教师之间的合作。详见杨跃.教师教育学[M].北京：北京师范大学出版社，2016：144-148.

注重培训的有效性、针对性、实用性，更多注重科研引领、教研指导与教学主体三者相结合。未来培训模式不仅需要在实践操作层面和培训形式上努力创新、力求多样化，更需要立足于教师的自主专业发展，让教师培训回归本真。

四、存在的问题与改革创新

较之职前教育，教师培训在教师职业生涯发展中具有持续时间长、培训目标高远、深嵌于工作实践、受训者自主性强、培训需求优先、工作经验为本、实践技艺受宠等特点，对教师专业发展的影响更为深远、更为持续。近些年来，为适应教师教育专业化、一体化等要求，培训工作虽有改进，但与新形势、新任务要求相比，还存在一些问题。

（一）存在的问题①

1. 内容上不够适应

培训内容是保证培训质量的前提。各级教育学院及教师进修学校，培训内容上普遍存在前沿性、针对性、整合性和动态性不够强的问题。（1）前沿性。教育学院及进修学校由于自身的培训者队伍高职称、高学历的不多，特别是缺乏理论研究人才，同时又囿于经费紧张，难以延聘更多的省内外教育专家、名师来到培训班授课，所以在培训内容上，传播新知识、新理念、新方法、新成果等受到一定局限，对一线教师更新观念、创新教学方法、作深层次的解读和高层次的指导显得不够。（2）针对性。教育学院及教师进修学校因自身培训者队伍的原因，在针对基础教育课程改革中的重点、难点和热点问题进行培训方面有的显得力不从心。

---

① 赵素文，郭春芳.福建基础教育调研报告（2008-2016）[M].北京：社会科学文献出版社，2016.

如县级教师进修学校教师来源多是小学、初中任教经历者，对高中课程改革指导与培训往往难以下手。对义务教育阶段课改教学的培训与指导，因大多数培训教师、教研员长期脱离一线教学，在培训中往往出现做通识培训的多，对重点、难点和热点进行针对性的培训少的问题。许多中小学一线教师反映培训“不解渴”。（3）整合性。教育学院及教师进修学校的培训内容与学科教学内容互相配合、互相渗透方面，存在“两张皮”的现象。比如教师教育技术能力培训，县级教师进修学校许多教师自身还未过好信息素养关，往往出现把教师教育技术能力培训简单化成教师信息技术能力培训，如何将教育技术能力与学科教学进行渗透、整合，目前普遍状况不够理想。又比如德育问题，如何针对学科教学特点，开展自然地融入爱国主义、社会主义核心价值观体系教育的培训，也是需要研究与改进的问题。（4）动态性。处在不同学段、不同发展水平的教师有不同的需求，同一位教师在不同的发展阶段也有不同的需求，这就要求在培训内容上要把握好层次性和动态性，才能达到继续教育的目标。据了解县级教师进修学校目前在培训中还不同程度地存在“大锅煮”的现象，因而造成培训针对性、实效性不强的问题。

2. 培训形式上不够适应

培训形式是影响培训质量的重要因素之一。培训效果不仅取决于培训内容，也取决于培训方式。在教师培训中，目前普遍存在“五多五少”的问题。一是满堂灌多、互动参与少。培训中往往是由授课教师一人从开始讲到结束，培训学员接受满堂灌，被动式接受培训，互动参与较少。中小学新课程改革强调落实知识与技能、过程与方法、情感态度价值观的“三维目标”，要求推行自主、互动、探索式的学习方式，中小学教师培训理应要在贯彻新课改理念上起示范作用，但一些进修学校培训方式仍旧是老一套，既影响了培训成效，也不利于培养受训教师贯彻实施新课改的能力。二是预定课程多、“菜单式”自主选题少。由于中小学教师培训大部分是提高式培训，培训的内容不是一成不变的，目前很多培训机构基本上没有一个完整的培训课程体系，加之区域教师进修学校各学科培训教师和教研员配备不足，使得各学科培训中很难开出丰富的“菜单”供培训学员选择。目前区域教师进修学校相当程度上存在“因人开课”的问题，即有什么教师就开什么课，教师备什么课就开什么课。由于大部分培训课程是预先设定的，不能由培训学员自主选择，按需“点菜”，因而在一定程度上影响了培训成效。三是课堂讲座多、情景培训少。中小学教师培训实践性很强，通过示范课、听评课等现场培训，可以有更好的培训效果。据培训学员调查，大部分教师希望能到课堂观摩、听课评课，或是当名师的“影子教师”，接受情景式培训。但目前培训机构在情景培训方面组织推进不够，举办课堂讲座的传统惯性做法还比较多。四是研训脱节多、研训一体少。很多培训机构培训教师、教研员捕捉中小学教学中的重点难点问题的能力、将教学问题作为科研课题研究的能力、将科研课题研究成果转化成培训课程的能力都有一定的局限性，有的培训机构培训者与教研员分开设置，也影响了研训一体的推进，影响了培训成效。五是单一面授多、面授与网授“两翼齐飞”少。在开展远程培训上，网络培训较多地集中在信息技术能力培训项目上，其他项网授存在自身原创资源少，对外来远培资源筛选不够、针对性不够，以及远程培训组织管理不到位等问题，影响了网授培训质量。

3. 培训管理机制上不够适应

培训管理机制对培训目标、培训内容、培训过程等实施具有直接影响。目前区县教师进修学校突出存在四个机制滞后的问题。（1）目标机制滞后。教育部制定的中小学教师专业标准，从专业理念与师德、专业知识、专业能力三个维度，分别提出10多个领域60多条具体要求。这对中小学教师继续教育工作指明了目标方向，培训机构应根据这些目标方向，结合本地中小学教师培训的实际情况，制定出培训的总体目标、阶段目标和分层目标及实施方案等。据了解，目前区县教师进修学校对教育部制定的中小学教师专业标准反应迟钝，有的被动等待，主动学习研究、制定培训目标的很少。（2）服务机制滞后。教育培训机构是为提升中小学教师素质服务的机构，中小学教师到培训机构参加培训，既希望得到培训服务，也希望得到信息服务、资料服务、生活服务等。目前区县培训机构由于办学条件相对较差、办学经费不足等原因，在培训管理中为教师提供全方位的、周到的服务还有很大的差距。中小学一线教师反映，进修学校办学条件比中小学落后了一二十年，服务能力跟不上培训服务的需求。（3）评估机制滞后。培训评估机制对培训质量有着直接的联系。中小学教师继续教育的复杂性、层次性、灵活性，要求评估应着眼于系统的整体性和教师的发展性。目前区县教师进修学校的评价依据、评价指标、评价方法、评价方式等方面都没有完整的机制，进修学校的工作干得好还是不好难以评价。（4）激励机制滞后。激励机制包括评先评优、职称评聘、进修学习等。区县教师进修学校反映，进修学校很容易被遗忘，相关机制并未建立。

（二）改革创新

1. 改革创新培训内容，提高培训的针对性与实效性

中小学教师参加培训，基本上是能力提高培训。参训教师已具有较为系统的学科知识、一定的教学经验，又有专业困惑和学习需求。教师教育机构应依据一线教师的学习特点，按照国家颁发的中小学教师专业标准，精心设定培训内容，努力提高培训的针对性、系统性与实效性。

一要加强培训对象需求分析，使培训内容具有针对性；要做好培训目标整体规划，使培训内容具有系统性。在职教师教育归因于教师专业发展阶段，其差异源自教师在工作环境、职前准备状况、教学地点与新手教师经验准备状况方面的差异，还有教师在不同专业发展阶段中的教学态度、教育知识水平、实践知识状况与成人机能领域等方面表现出来的差异与变化。所以，教师学习必须因不同阶段、不同地域教师间的具体培训要求而有所差异，这是实现教师培训要求与培训活动之间无缝对接的现实要求。国外更强调教师培训活动的系列性与阶段性安排，充分满足教师专业发展阶段的要求，作为教师持续专业发展的特征贯穿整合到整个教师职业生涯中，从专业学习角度促进教师深层理解。根据教师专业发展水平给予教师

各层次的辅导与训练，让教师在培训中得到其“最近发展区”内的个性化专业指导，是教师培训活动充分满足教师培训需求的有效途径。[①]因此，在制订培训计划时，要开展对培训对象需求调研，开展教师队伍建设现状研究，开展基础教育课程改革中重点难点问题分析。培训内容应针对培训对象需求、教师队伍建设需求、深入推进教育教学改革需求进行综合考虑精心设计，努力提高培训内容的针对性。

二要优化培训课程设计，使培训内容具有实效性。目前教师培训没有明确、统一的课程大纲，培训单位要根据国家制定的教师专业标准，从促进教师专业发展出发，科学、合理设置培训课程体系。教师培训的实践性很强，从各地培训课程设计的实践与成效上看，培训课程内容一般由理论研究、应用研究两大部分组成。理论研究以培训者讲授为主，传递新理念、新教法。应用研究以参与研讨、参与实践为主，提高参训教师的教学实践能力。理论研究与应用研究的具体时间安排比例，应从实际出发科学设计，使培训内容更具实效性。

研究表明，专业发展需求与课程领导（或教学领导）是决定教师在职培训效能的两大关键指标。就前者而言，发现在职教师的专业发展需要，据此设计出个性化甚至是量身定制式的教师培训与辅导项目，是引领教师专业发展的关键策略；就后者而言，有效课程领导、学校领导对教师专业发展至关重要，他们可以针对性地帮助教师克服缺陷，及时发现他们教学中的创新点，通过“小组建设、选择教师头目、合作探究与反思活动、专业辅导（mentoring）”四个策略来支撑教师的专业发展活动。国外研究表明，有效的长期教师培训活动影响教师专业发展的主要方面依次是教学设计（51%）、教学风格（43%）与教学评价（40%）。[②]

2. 改革创新培训形式，努力实现培训最大效益

中小学教师素质参差不齐，教师教育机构的办学环境与办学条件也存

① 龙宝新.当代国际教师教育研究[J].北京：科学出版社，2016：181-182.

② 世界银行报告.全球知识经济中的终身学习——发展中国家的挑战[M].北京：高等教育出版社，2006：80-84.

在差异，应在坚持为中小学教师专业化发展服务、为基础教育服务的指导思想下，采取灵活多样的，教师最需求、最欢迎的方式开展培训。

（1）合作探究的方式。传统的培训多是说教式、程式化、满堂灌，培训吸引力、实效性受到一定影响。在培训中，要引入课改理念，实行合作探究的形式。合作的过程即交流学习的过程。在合作过程中，教师不仅可以向培训者学习，还可以与其他教师分享经验，可以充分发挥教师的积极性、主动性开展学习，有助于将培训内容内化，提高培训实效性。

（2）面授网授相结合的方式。教师学习具有教学压力大、工作繁忙、学习时间零碎而有限等特点。传统的培训更多是采取集中指导的方式，灵活性不够。在教育信息化的新形势下，运用现代远程教育技术开展学习对教师培训是有力的支持。应从实际出发，在必要的时间内进行集中培训指导，在必要的集中培训后，可将培训资源放在网站上，方便教师自主查阅学习。通过运用面授与网授相结合，或远程学习培训的方式，以达到快捷、灵活、自主、高效的学习效果。

（3）现场培训方式。教师培训具有实践性强的特点，既需要有学术性也需要有应用性。近几年来，培训机构在培训中采取的观摩课堂、听课评课、案例学习、同课异构、情景培训等现场学习培训方式，对提高教师教学能力很有帮助，可进行完善提高使之发挥更好的效果。

（4）“工作室”团队学习培训方式。近几年一些地方通过组建“名师工作室”，组织教师团队开展学术沙龙式的培训学习。“名师工作室”的学习培训，立足于教育和教师的实际，基于经验与问题进行理论学习与探究，可以有效提升工作室团队成员的理论水平和实践能力，因此这种学习方式受到很多地方的重视和推行。

（5）论坛研讨方式。论坛研讨具有专题性、研训一体式的特点。培训机构在了解和掌握教师迫切需要解决的重点、难点、热点问题的基础上，设定论坛主题，通过主讲主问式、互动参与式的研讨，既可调动教师参加学习培训的积极性，又可对某一专题研训更深一些，提高培训实效性。

（6）异地培训方式。培训机构要致力于打开教师视野，让教师接受新的教育理念、教学方法、先进学校管理经验。为此，可从培训经费等方面的条件出发，适当组织开展本省县域之间、省外发达地区的异地培训，以学习吸收外地先进理念与先进经验，提升教师能力与水平。

3. 创新培训组织机制

美国国际开发署（United States Agency for International Development，USAID）组织援助非洲的教育项目报告《首要原则：为在职教师专业发展设计有效教育项目》（*First Principles:Designing Effective Education Programs for In-service Teacher Professional Development*）中提出了十条重要原则，其中四条就涉及教师参与：第二条原则为“让教师参与培训项目的设计与实施”，第四条原则为“在成人导向、主动学习模式下设计在职培训项目”，第五条原则为“在教师社区内开展反思性实践与行动研究”，第六条原则为“在学校为本原则下为所有教师提供在职学习机会与支持”，它们从不同角度强调教师及其集体参与教师培训对提高学生发展水平与教师培训质量的重要性。其实，给教师提供学习机会，将培训与教师自身关联，把学习的主阵地引向学校与教师群体内部，正是国外教师培训不断提高教师的培训参与度与培训效能的有效途径。

一要建立校本培训机制。教师教育机构可以依托中小学以校本培训的形式进行。校本培训是源于学校发展的需要，由学校组织的旨在满足每个教师工作需要的校内活动。校本培训于20世纪70年代由英、美等国率先发起，目前世界范围内许多国家广泛接受并实施校本培训计划。我国1999年教育部在《关于实施“中小学教师继续教育工程”的意见》中明确提出“各中小学都要制订本校培训计划，建立教师培训档案，组织多种形式的校本培训”。此后，校本培训在我国广泛实施。教师教育机构在培训组织管理上，可以通过与中小学管理者合作，开展培训活动，指导中小学开展校本培训，使培训工作更具连续性、实践性、灵活性。

二要建立中小学基地培训机制。要积极探索“以学校培训学校”的组织机制，以中小学为基地，让中小学基地校承担起教师教育的责任。教师教育机构可以选择不同层次的学校作为培训基地，通过加强对基地校的指导与管理，组织区域内同一层次学校教师到基地校去接受情景培训。由于培训基地本身就是中小学，培训者是基地校的骨干教师，培训内容是与受训者平时所教内容直接相关的，培训形式也不是单一的讲座形式，可以通过导师带教等方式，让培训对象“零距离”观察和体验，因此，这种培训体制与传统的教师培训机制相比，也更有实效性、针对性、灵活性和同步性。

三要建立培训联盟机制。教师教育机构在开展培训中，可以放大视野，建立培训联盟，搭建培训资源，共建共享共用平台。一方面，可以牵头将本区域内高校、相关部门等组成教师培训联盟，建立高效的培训机制。另一方面，可以与区域外的培训机构建立培训联盟，在更大范围内整合各培训机构优质培训资源，建立各学科培训资源库、培训课程资源库，实现更大范围的优质培训资源共享共用。

四要建立学习共同体机制。教师教育机构在培训组织管理中，不仅要搞好直接组织的培训活动，还要善于通过组织区域内的“学习共同体”实施培训学习活动。比如可牵头组织区域内的城乡学校、优质校与薄弱校的对口学习共同体，组织优质校的互学共研学习共同体，组织学科教师的学习共同体等，构建新的、更具针对性的培训机制，建立相应的教师“学习场”，努力把培训工作做得生动活泼、更富有成效。

4. 创新培训管理机制

培训管理是实现培训目标的各种职能活动。在培训管理上，应着重建立和完善三个机制。

一要建立教师培训学分管理机制。要求教师在五年周期内修满规定的学分（学时）培训课程。要积极探索建立教师非学历培训与学历教育课程衔接、学分互认的机制，促进教师自主学习、提高自身的综合素质。

二要建立教师培训激励机制。要改变教师培训不培训无所谓的现状，将教师完成培训学分（学时）和培训考核情况作为教师资格再注册、教师考核、评先评优、职称评聘的必备条件和重要依据，充分保护和调动教师参训的积极性，以增强教师自我提高的意识与能力。

三要建立教师培训质量评价机制。要建立教师培训质量评估机制，完善教师培训质量评估体系。及时收集教师及有关部门对培训的要求和意见，建立有效的信息反馈机制，加强培训项目的过程评价和绩效评估。要将教师培训工作纳为区域教育督导工作的重要内容之一，对教师教育机构培训工作进行督导检查，促进培训工作质量的不断提高。

第五章　在职教师教育者的专业引领

一、在职教师教育者的内涵

作为“教师的教师”，教师教育者的构成群体是复杂的，无论是中小学优秀教师、教研员（研训员）还是高校教师，作为教师教育者履行职能、开展工作，都涉及原有职能向教师教育职能的扩展问题。然而，许多教师教育者的专业发展意识尚未完全觉醒，相对于教师发展问题被关注的时间来讲，比较滞后甚至被忽略。[①]这种缺陷直接导致出现三种结果：一是尚未形成教师教育者的专业标准；二是“国培计划”专家库建设缺乏科学合理的遴选标准；三是教师教育者团队研修的课程标准的科学性难以保障。[②]总之，教师教育者的专业发展是教师专业发展的基本保障，教师教育者的角色定位、素质结构、专业标准等直接影响其专业发展，进而影响教师教育的质量。

国外学者一般按照教师专业发展过程中的指导、教导者身份角色来界定教师教育者，认为教师教育工作者既包括大学教育中负责教育未来中小学教师的教师，又包括指导职前教师实习的中小学合作教师（cooperating

① 这可能基于一个假设：在高校中的教师教育者大多是在教育科研领域取得理论成果的专家学者，在中小学中的教师教育者是拥有丰富教学经验的优秀中小学教师，整体来讲是拥有较高专业素养，高度专业自主、自觉的专业群体，在其职业生涯中会主动努力追寻并通过“自我更新”等方式获得专业发展，无须再刻意强调其资质和关注其专业发展需求、规律及机制的建立。实际上，与普通教师相比，教师教育者承担着更为复杂的专业任务，有着区别于普通高校与中小学教师的专业素养要求。

② 孟繁胜.教师培训者专业发展研究[M].长春：东北师范大学出版社，2018.

teacher），还包括指导初任教师顺利入职的指导教师，以及为在职教师提供继续教育的大学教师。这是从广义上对教师教育者的认识。对教师培训而言，在国外教师培训者的主要构成是教练（coach），或导师（tutor），或辅导教师（mentor），最后一个称呼最为普遍，他们和学校中的教学领导（instructional leader）是决定教师培训质量的两个关键角色。

荷兰教师教育者协会将教师教育者定义为支持（准）教师专业发展的所有人员，包括在教师教育机构、中小学负责教学和辅导（准）教师、新入职教师与在职教师的教师。这个定义是基于对未来理想教师教育模式的理解，即大学与中小学建立教师教育共同体，不同工作背景下的教师教育者需要具备通用的能力来提升教师专业素养。①美国教师教育者协会认为，教师教育者是为（准）教师提供正式教学指导的教师，包括在高等教育中提供课程教学的教师教育者、对（准）教师进行指导或监督的中小学教师、主持教研活动的老师或管理者；其他机构中对教学与研究进行设计、实施和评价的人员。

这两个定义都是基于教师教育者的工作背景进行的，概括来讲，教师教育者是为（准）教师提供教学引导和支持的人，他们帮助（准）教师奠定专业知识基础，促使其专业成长并具备教师应有的能力以胜任教师工作，并能够在职业生涯中持续、独立地进行专业发展（Koster et al.，2005；Smith，2005）。从目前来看，美国、荷兰对教师教育者的界定内涵较广，涵盖职前教育、入职教育与在职培训的各个环节，既包括教师教育机构中的教师教育者，也包括在中小学或专业发展学校中致力于（准）教师专业发展的专业人员。这样的定义有利于概括教师教育者的通用专业素养要求，但是来自不同工作背景的教师教育者所需的知识与技能实际上有所区别，需要进一步研究与阐明。

在我国，哪些可以称为“教师教育者”？也有学者将“教师教育者”称为“教师教育工作者”，但在英文中都指向 teacher educator，使用“教师教育者”一词是基于对教师教育者作为一个需识别且具备区别于其他群

① 罗丽君.荷兰教师教育者专业标准研究[M].北京：科学出版社，2018：2.

体的专业素养要求的专业群体的逻辑判断。在我国，目前尚未把教师教育者作为一个特定的单独群体，官方文件中也没有关于“教师教育者”的明确指称。对于高校教师教育者，学者一般称之为高等师范院校教师（韩延明，2011），将校本教师教育者称为实习指导教师（张博伟，2013），将在职培训的教师教育者称为教师培训者（吴卫东，2012）。就教师教育者的内涵来看，李学农认为，教师教育者是指具备坚实的通识素养和精深的学科素养，并把（准）教师专业素养发展作为自己唯一的专业任务的教师（李学农，2008）；杨秀玉和孙启林把西方国家中的教师教育者理解为，在教学实践过程中对（准）教师进行指导与帮助的人员（杨秀玉，孙启林，2007）；张圣洁对教师教育者的理解较为全面，认为教师教育者应是传授给（准）教师专业知识，培养他们在未来能够持续且独立地进行专业发展的教师（张圣洁，2011）。总体来看，目前的研究主要指向高等教育机构中的教师教育者，对指导（准）教师实习实践的中小学教师教育者以及对（准）教师进行在职培训的教师教育机构中的教师教育者缺少关注。在许多情况下，教师教育者被视为高等教育中教学对象为师范生的那部分教师，或者跟其他高校教师或中小学教师一样——只是作为教师，这一方面反映出我国对于教师教育者这个专业群体的忽视，另一方面也反映出教师教育者专业身份的多元性。①

尽管学术界对“教师教育者”的内涵界定不一，但仔细梳理相关观点不难发现几点共识：第一，教师教育者是专门从事教师教育工作的人，他们以教师培养为专职，专门从事教师专业化发展活动、发挥教学和研究教师教育的专门职能，成为教师专业成长的重要引路人。第二，教师教育者是帮助教师（（准）教师和在职教师）实现职业社会化的人，帮助其成为社会期待的职业人——“教师”。从广义上讲，教师教育者（teacher educator）即“教师的教师”（teacher of teachers），既包括高等或中等教师教育机构中的教师，也包括基础教育学校中承担指导“准教师”（pre-service teacher）、“实习教师”（student teacher）、“新手教师”

① 罗丽君.荷兰教师教育者专业标准研究[M].北京：科学出版社，2018：3-4.

（novice teacher）等任务的中小学教师，以及承担帮助和促进在职教师研修、发展的教师（如我国的教研员）等，主要包括以下两类教师教育者：第一，基础教育机构中的教师教育者。基础教育机构中的教师教育者包括指导师范生教育实践或教育实习以及指导新手教师成长的、有经验的中小学教师（school-based teacher educator，cooperating teacher，mentor）。基础教育机构中的教师教育者具有较强的教育实践能力和丰富的教育教学实践经验。第二，教师教育机构中的教师教育者。包括高等教师教育机构或中等教师教育机构中参与职前教师培养工作和在职教师继续教育或进修研习的教师。①

对于在职教师教育者而言，也有研究者认为是“教师培训者”，主要是指在中小学教师培训项目实施中承担培训教学任务的师资。他们属于教师教育者，与从事教师职前培养和入职辅导的教师教育者共同构成教师教育者队伍。从我国目前教师培训者队伍的构成来看，主要包括三类人群，即大学教师教育者（以大学课程与教学论专业教师为主体）、教研员（在有些地方被称为“研训员”）和具有一定教育教学或研究专长的中小学优秀教师。②其中，除了研训员属于培训、教研、电教部门紧密结合的

① 杨跃.教师教育学[M].北京：北京师范大学出版社，2016：128.

② 从“国培计划”——培训团队研修项目的实施来看，高校学科教学法专业教师、教研员（研训员）和一线优秀教师已经成为中小学教师培训者的主体。2002—2003年教育部连续实施了两轮“基础教育新课程省级骨干培训者国家级培训”，2003年开展了国家级高等学校学科教学论教师培训工作。2004—2005年教育部举办普通高中新课程骨干培训者国家级培训，继续组织师范院校教学管理者、学科教学论教师新课程国家级研修。2006年，在组织实施义务教育新课程第二轮骨干教师国家级研修的同时，组织实施了省、市基础教育新课程组织与教学指导者国家级研修，高中新课程实验省学科骨干教师国家级研修及管理者通识培训，实际参训对象已涉及教师继续教育培训机构的培训者、高等学校学科教学论教师、学科骨干教师、教学管理者、新课程组织与教学指导者等多种角色。2009年，国家开始启动“国培计划”，实施了主要面向一线优秀教师、高校教师和教研员的“培训团队研修项目”。2010年“国培计划”全面启动后，培训团队研修项目开始被作为规划性项目予以设计和实施。2012年该项目还被按照高校教师、教研员和一线优秀教师分班予以实施。

教育学院、教师进修学校的专职培训者，其他都属于中小学教师的兼职培训者。[①]可见，我国以政府为主导的中小学教师培训体系以及以“国培计划”引领的中小学教师培训项目的实施，使我国教师教育者的角色体系超越西方学者关于教师教育者角色的划分方式：伴随着教师教育体系走向开放化，部分综合性大学教育学院和各层次师范院校一起成为我国中小学教师培养培训的主体。职前教师实习的中小学合作教师、指导初任教师顺利入职的指导教师，在我国都有相应的教师教育者在担当相应角色，如参与师范生实习指导的实践导师和理论导师、中小学师徒结对中的师傅等；与此同时，为在职中小学教师提供继续教育的教师教育者角色已不仅仅是大学教师，它还包含着教研员（研训员）和中小学优秀教师。

二、在职教师教育者的角色定位

一般来讲，一个人的基本身份可以从三个维度加以区分：一是个人身份。个人身份表现某人的独特性和真实性，不受制于情境、时间点和某种关系，起决定作用的是个人素质与特征。二是角色身份。决定角色身份的关键来自他人的期待，这种期待引导某人的定位与行动。角色身份中重要的是观念的内化。一种角色通过某种一般有效性将自身与其他角色区别开来，但也需要一定程度的特异性（个人的口音、品质等，也就是与其他人不同的地方，以及某些特定情况下所需要的特质）。三是社会身份。社会身份最根本的是来自群体（有共同之处的人）的认同。一致性很重要，它会引起一种相互关联的感觉和自尊感（Burke＆Stets，2009）。这三种基本身份之间是紧密联系、相互影响的，在实践中，角色身份和社会身份会有重叠之处。角色的差别与个人如何在组织中定位很大程度上是由

① 兼职培训者有课程专家、相关学者和大学教授，有教育科研机构的研究员和教研员，也有来自中小学的骨干教师和特级教师，还有中小学教材的编写人员。详见孟繁胜.教师培训者专业发展研究[M].长春：东北师范大学出版社，2018.

个人身份决定的，个人身份反过来又受角色身份和社会身份的影响。“专业身份”是指这三种基本身份的融合（以及角色和社会身份中的多重子身份），其形成过程受外部各种变化的影响。[①]

斯文奈恩（Swennen）等对各国关于教师教育者的25篇文章进行了分析与总结，指出教师教育者具有四种身份，即教师（school teacher）[②]、高等教育中的教师（teacher in higher education）、教师的教师（teacher of teachers or second order teacher）和研究人员（researcher），强调教师的教师是教师教育者所特有的专业身份，这些子身份随着不同国家的教师教育制度、环境而发展变化（Swennena et al.，2010）。伦恩伯格等在总结了不同学者对教师教育者角色理解的基础上，基于荷兰教师教育的现状，提出了教师教育者拥有的六个角色，即教师的教师（teacher of teachers）、研究者（researcher）、指导者（coach）、课程开发人员（curriculum developer）、看门人（gatekeeper）、经纪人（broker），并指出对于“教师的教师”这个角色各学者关注最多（Lunenberg et al.，2014）。荷兰教师教育者主要具有四种专业身份：教师的教师、教师教育知识的生产者、（准）教师教学实习实践的指导教师、教师专业合作的引领者（主要促成教师教育机构与中小学校的合作）。从国外的研究来看，教师教育者的个人身份包括个人素质、规范与价值、观点与信念、兴趣与需要；角色身份包括某一领域的专家、学生的角色示范、指导者或导师、研究人员；社会身份包括教师、教师教育者、研究人员。[③]

我国学者李学农认为，教师教育者是教师专业发展的导师、教师教育专业的研究者、专业素养充分发展的教师（李学农，2008）。王加强基于教师教育者对教师专业发展作用的分析，认为教师教育者在教师专业发展

---

① 罗丽君.荷兰教师教育者专业标准研究[M].北京：科学出版社，2018.

② 大多数教师教育者都由教师转变而来（Murray＆male，2005），虽然该比例因国情不同而有所区别（Martinez，2008；Hulme＆Menter，2011）。而这部分由教师转变而来的教师教育者，之前作为普通教师的职业经验影响着教师教育者的身份认同。

③ 罗丽君.荷兰教师教育者专业标准研究[M].北京：科学出版社，2018：78-79.

过程中扮演着身正令行的示范者角色、使人继志的激发者角色和联络者的角色（王加强，2011）。康晓伟认为，教师教育者至少扮演教师教育知识生产者、教师专业合作引领者及教师教育文化推动者三种角色（康晓伟，2012）。

在国内相关研究中，教师培训者的角色也体现出多元性、复合性。多项研究（潘玉民，2012；李凌，2010；朱志平，2003；钟启泉，2004；佟德才，2004；赵锋，2004；陈文，2006；刘频、胡军，2009）都不同程度地介绍了教研员（研训员）[①]这一我国特有的教师教育者的角色职能。其中，部分文献基于教研室发展和新课程实施的视角，立足于县区教师进修院校（主要是教研员或研训员），从培训项目实施和中小学教师教学支持两个维度分析了教研员的角色，认为培训者是培训活动的组织者、参与者和管理者，[②]同时是中小学教师教育教学的研究者、指导者和服务者，[③]引领教师发展。相关研究者认为教研员应从专家、领导、指挥者、检查者等管理者身份，转向教学参与者、教师合作者、教改研究者、课程催生者

① 教研员（研训员）是我国特有的教师培训者，该角色自出现之日起就是教学研究者、学科教学中坚，负责指导教师教学，是学科教研的带头人和将课程目标落实到课堂教学中的关键人物，其职能伴随着各级教研室职能发展而发展。伴随教研室的发展，教研员角色职能也在变化：从教学质量监管者、教学示范者、教师培训者、教材开发者，逐渐转向学科教法和教研活动的研究者。有研究（张杰，2012）表明，随着教研室、教师进修学校和电教馆三类机构在一些地方的有效整合，研培日益融合，进而出现了研训员这一新角色，他们既要做教研员，又要做培训者。还有研究（孟献华，2006；高翔，2008）将教研员职能细化为学校发展的策划者，校本课程开发的指导者，校本研训的指导者，考试命题的研究者，教学的视导者、研究者与评价者。

② 要想作为一名有效的教师培训者，须在具备教师资格基础上，成为培训理论的研究者，培训资源的开发者，培训课程的设计者，培训教学的指导者、合作者，培训工作的组织者、管理者和服务者。

③ “研究”就是要围绕新课程实施问题，开展教育教学规律研究和学生心理发展规律研究。“指导和服务”就是与教师针对问题共同研讨，寻找解决问题的办法，提升各自的研究水平和能力，为学生发展服务。详见潘玉民.教师培训者的角色定位与专业素质要求[J].上海教育，2012（2）.

和教师专业发展引领者；从重检查、评价转向重进一步发展，需要从调研者、指导者成为合作研究者、教学示范者、理念解惑和引领者、新课程评价与践行者，成为参与中的引领、平等中的首席。还有的研究（余新，2012）借鉴企业界做法，将教师职后教育者角色称为“教师培训师”。[①]

从国内相关研究来看，教师培训者角色来源是多元的。研究者们都在试图探索不同来源的角色，作为教师培训者所应具有的角色职能以及作为专职培训者所应具有的角色职能。这是关乎教师培训者专业性的探讨。与角色来源多元化相对应的是其职能的多元化。教师教育者在教师入职及中小学教师的在职发展中，通过帮助教师发展知识、促进教师反思、引领教师教学以及促进学校和教师与外部合作等职能承担着教师专业发展的促进者、激励者、引领者角色，通过发表科研成果、研发课程、优化教学等职能来承担教育科学及教师教育研究者角色，通过发挥自身角色来源优势和评价职能来承担教师从业资格把关者的角色。这些角色在现实中往往在多个教师群体身上互补呈现；而各类教师培训者都承担着各种角色，不同来源的教师培训者在履行该职能时，其优势也各有不同。这些角色的集合构成了来源不同的教师教育（培训）者群体的角色谱系。从我国教师培训者

① 该研究引介黄健、罗杰·贝内特（Roger Bennett）、吉列·爱格兰(GiIley Eggland)等的研究成果，分析了专职培训者的职能角色，如传统培训师的管理者、开发者和实施者角色及现代培训师的战略促进者、咨询者、学习领导者等角色。同时，该研究引介了伊莱恩·比斯（Elaine Biech）“培训师角色是不断变化的”观点，认为培训中常会出现以下角色：职业生涯指导者、首席学习官、能力专家、持续学习指导者、企业培训师、课程软件设计师、课程开发专家、执行指导者、工作绩效咨询员、工作绩效技能专家、工作绩效改进专家、教育设计者、教育技术专家、讲师、知识经理、领导培训师、战略规划经理等。在此基础上，该研究结合教师培训师工作所跨的“教师”和“培训”两个交叉领域、教师维度中的“学习”和“工作”两个关键节点、培训维度中的“内容”和“方略”两个关键节点所构成的培训师的四大角色空间，认为教师培训师承担着培训讲师、培训管理师、培训教学专家和学校管理专家四种角色。同时指出，在这些角色中，有的培训师可能担任一种角色，但更多的可能兼任两种、三种甚至四种角色，其专业职责主要体现在项目管理、课程开发和培训教学三个业务领域，并兼任两三个领域的任务。

研究实际来看，对于中小学教师作为培训者的角色职能涉及偏少。

事实上，由于培训机构、教研机构的整合，教研员作为培训者的角色在不断得到强化。在我国“国培计划”实施背景下，我国特有的教研员角色通过教研室功能的发挥，在新课程实施中承担着教师教学研究者、指导者和示范者的角色，承担着新课程研究者、校本课程开发者、学校规划指导者的角色，通过中高考试卷的研究和命题，承担着课堂教学、学校办学和教师发展的评价者角色，通过需求调研和分析，承担着学校发展、教师发展、学生发展的咨询者和服务者角色。高校教师作为培训者是世纪之交“中小学教师继续教育工程”实施以来获得理论和科研引领者角色，成为教育教学和教师教育的研究者，是（准）教师实习工作的理论导师，其中有一部分人获得机会，成为教师培训领域相关标准的制定者，如教师专业标准、教师培训规章制度、教师培训课程标准等，有些人还成为国家教师培训政策的咨询者、研制参与者和实践评估者。而中小学优秀教师，虽然由于兼职的缘故，相对于来自高校的教师教育者来说，他们对教师教育者的角色还感觉陌生，还在不断寻找教师教育者应该具备哪些知识技能，还不能有效地适应作为培训者的角色，但中小学优秀教师作为本校的骨干教师，在学校发展和师资队伍建设中，尤其是老中青结对中，作为年轻教师的师傅角色在实践中是比较常见的。此外，在新课程实施中，尤其是“国培计划”实施以后，他们在培训项目实施中是作为培训讲师而存在的，同时他们还是教学及其研究的示范者，也是新教师入职过程中是否录用的评价者和把关者，是准教师实习期间的实践导师，是高校教师开展教师教育研究的合作者。①

由此可见，对于在职教师教育者而言，最主要的还是作为（准）教师专业发展导师——“教师的教师”的角色，即教师教育者的示范性。但是还需明晰的是，专业角色与专业身份之间的异同。专业角色应来自职位或工作环境的期望，即“教师教育者应该是谁”，而专业身份是个人对于职业的理解，教师教育者对“我是谁”的理性思考，是对专业行为、专业形象等形成的长期观点和反思模式。身份认同不是静态的，而是嵌入到了

---

① 孟繁胜.教师培训者专业发展研究[M].长春：东北师范大学出版社，2018.

解释和再解释的过程之中，还蕴含着情感因素。即使在中小学有着成功的教学经验的大多数教师教育者，也需要两三年的时间来确立新的专业身份（Murray&Male，2005）。角色模糊会带来身份认同的模糊。一般来讲，在职教师教育者的来源主要有两类，从学校毕业后直接进入高等教育机构或者从富有经验的中小学教师转换而来。前一类教师如果缺乏对在职教师教育者专业性的认识，那么作为高校教师学术身份的影响是最大的，他们最重要的是提升理论修养、积累学术资本而不是把教师教育作为自己的专业责任。后一类教师往往缺乏在职教师教育方面有针对性的准备，在中小学教师与教师教育者角色转换方面存在困难。身份认同不仅影响专业发展的主体性，对专业发展的目标与动力也会产生重要影响。[①]

面向教师培训领域，教师培训者还需要成为自我研究者，成为教师培训者专业发展研究的参与者和亲历者。在以上角色中，有一种职能得到凸显，那就是对于教师发展规律、培训规律（培训问题和对策）与课程、教师教育者发展的研究职能。按照“顾问”角色具有的“帮助组织分析各方面现存的问题，提出和评估最终解决这些问题的培训对策”的阐述，这种研究的职能是由“顾问”这一现代培训师相对于传统培训师的新增角色所承担的。之所以认为在职教师教育者是教育科研工作者与教师教育研究者，主要出于以下原因：2005年《教学与教师教育》（*Teaching and Teacher Education*）所刊数篇关于教师教育者专业化发展的文章认为，教师教育者不是普通教师，除了完成教学任务，还要进行科学研究；要善于在教师教育活动中发现问题，利用科学方法和手段探求问题解决途径，为教师教育政策研制提供依据。他们应能将自己放在一个更广阔的历史、文化、社会、认识论视角下解读、评价和批判他人的研究成果；能区分哪些成果是实证研究的结论抑或意识形态的结论；应有进行科学研究的专门知识和能力，掌握科学研究的方法。与普通教师科研要求相比，其科研自主性、操作性和现实性更强，更有深度。这一角色能促进其反思实践，以便更全面、科学、系统地评判教师教育活动，通过发表科研成果提高相关人群对教师教育领域规律的认识，完善教师教育课程功能，使教师教育课程

① 罗丽君.荷兰教师教育者专业标准研究[M].北京：科学出版社，2018：8.

设计更符合道德、伦理、社会、哲学和意识形态等方面的要求，使教师教育活动富有成效。[①]

三、在职教师教育者的素质结构

（一）已有的相关研究

本研究关注的在职教师教育者基本是教师培训者。虽然教师教育者研究起步较晚，但近20年来，国际上关于教师教育者素质结构的研究成果还是比较丰富的。综合国外相关研究（Grossman，1990；Koster& Dengerink，2001；Koster et al.，2003；Van Manen，1999；Bob Koster et al.，2005）可得到这样一种观点：教师教育者不仅需要关于教和学的系统知识，还需要关于教和学的支持系统的知识。这些研究或多或少都关注了以下素质：（1）在执教学科领域有丰富的、延展性的内容性知识和能力；（2）组织教学和指导学习的知识（如教育学、教学论、心理学等方面），以及关于儿童及成年学习者的知识；（3）对具体科目教学的系统理解和实践知识；（4）与教师、学生合作的知识；（5）共有的主体意识；（6）关于学习的合适的认知框架；（7）交流与反思的意识、知识和能力。以上观点与国内学者（刘进、哈梦颖，2016）[②]对美国32所研究型大学的385名“教师发展者”的专业化情况考察后得到的观点一致。国外相关研究（Smith，2005）还探讨了教师教育者需要具备的有别于中小学教师的专业知识与能力，如反思与元认知的能力、基于理论并在实践中得到检验的专业知识、如何创生新知识的相关知识、如何教授儿童与成年人的相关知识、对整个教育体系的全面了解、专业的成熟与自主等。而考斯特

① 杨秀玉，孙启林.教师的教师：西方的教师教育者研究[J].外国教育研究，2007（10）：6-11.

② 刘进，哈梦颖.高校“教师发展者”的专业化问题研究：以美国32所研究型大学为分析对象[J].外国教育研究，2016，43（7）：45-56.

（Koster B）还在对教师教育者需要承担的必要职责进行排序的基础上，讨论了教师教育者的相应职业能力，认为“学科研究能力”“交流与反思能力”是非常必要的能力，而组织能力、教学能力也是教师教育者的必备能力。

国内对教师培训者及其发展进行研究是近10年的事情。一些研究（杨秀治，2006；孙小媛、郑长龙，2006；李学农，2008；汲传波、刘芳芳，2009；孙自辉等，2009；万恒，2010；何李来，2014；刘鹂、王娜，2014；陈璐，2015）对中小学教师培训者提出了立体化的角色期待。在这些研究看来，教师培训者应该具备以下素质：首先，有自我发展意识和专业进取精神（涉及职业道德、职业操守和奉献精神），有激情（即有崇高的理想、坚定的信念、高涨的热情），有责任心（即意识到要对自己、学员、学校、社会负责），有创新精神和特殊的人格特质等。其次，有智慧，这涉及知识、能力和机智。在知识方面，应该掌握教学的学科知识、学科教学知识（涉及学科知识、教育心理学知识、课程知识、情境知识等）；在能力方面，应该具有教学设计能力、情境创设能力、教学评价能力、案例教学能力、实践指导能力、研究和反思教学能力、创新教学能力、示范教学能力、教学浸润能力、领导力、学科建设能力、交流能力、与外部机构建立联系的能力、对学员专业发展设计的能力、研究成人学习并开发成人有效学习方式的能力等。这些研究关注的对象比较广泛，涉及专兼职培训者、高校教师和校长培训者等多个角色的知能情意素质。

有研究（余新，2010）结合“国培计划”——培训团队研修项目实施将培训者分为讲师和培训（管理）师两种角色，并对他们应该具备的素质进行描述。此后，该研究还借鉴欧美国家培训师职责和专业能力要求，提出了教师培训师应该具备的10项专业能力，并将其区分为基础专业能力（涉及培训团队建设能力、培训师个人学习与研究能力）、通用专业能力（涉及培训需求分析能力、培训方案设计能力、培训课程开发能力、培训教学实施能力、培训管理实施能力、培训效果评估能力）和专家咨询能力（涉及教育教学咨询指导能力、学校管理咨询指导能力）。还有研究（汪文华，2011）结合一线兼职教师作为培训者的有效性问题，探讨了教师培训者特有的知识结构和能力素质，认为教师培训专门知识结构和能力素质是专兼职培训者区分的关键，也是兼职培训教师的专业发展点。在此基础上，该研究列出了有效教师培训者应该扮演的角色以及应该具备的素质。

除此，有研究（张杰，2012）[①]基于研训一体化背景和培训者功能定位提出了研训教师这一角色及其职能、素质结构，认为该角色比单纯的教研员、师训教师素质更全面，同时突出问题意识和组织管理能力在研训教师素质结构中的核心地位。该研究反映了我国基础教育和教师培训改革发展新形势下教师培训者的新角色——研训员的素质要求，虽然只提及问题意识和组织管理能力，但对本研究的深入开展具有一定启示意义。

有研究（陈璐，2015）认为，教师教育者专业素质结构与教师专业素质结构大体相同，包括“专业知识、专业能力和专业情意”三个方面，但具体内容有所不同。教师教育者的专业知识主要包括学科知识、教育心理学知识、课程知识、情境知识等；专业技能主要包括教学能力、案例教学能力指导、实践能力、科学研究能力、领导力和人际交流与反思能力等；专业情意主要包括专业精神、社会责任感、创新精神等。

孟繁胜综合中外研究成果，从专业知识、专业能力、专业品质和专业态度四个维度绘制了面向中小学教师的培训者的应然素质结构图，详见表5-1。

表5-1　面向中小学教师的培训者的应然素质结构[②]

素质维度	主要内容
专业知识	1.本体性知识：执教学科及其延展知识，有关教学内容的专业知识，尤其是前沿知识和学科课程标准。 2.条件性知识：（1）有关教与学的系统知识，如教育学、课程与教学论、心理学等方面的知识；（2）有关教与学的支持系统的知识，如对整个教育体系的全面了解，对教育改革与发展动态的把握；（3）有关参训学员的知识，如中小学幼儿园教师专业标准和发展现状，发展现状主要指向学员工作实践问题与

① 张杰.实现研训一体须培养和提高研训教师的问题意识[J].中小学教师培训，2012（9）：8-10.

② 孟繁胜.教师培训者专业发展研究[M].长春：东北师范大学出版社，2018.

续表5-1

素质维度	主要内容
专业知识	需求，教师发展阶段理论主要涉及教师在不同的职业生涯发展阶段具有的心理特点、专业发展需要及所倾向的专业发展方式。 3.实践性知识：（1）相关经验，一是中小学教育教学实践、作为参训教师的研修实践、教研和科研实践等专业经验，二是培训讲师实践、项目管理实践、项目研究经历等专业经验；（2）非认知性知识，如课堂教学行为中的知识，隐含在肢体语言或者信息中的知识，隐含于工作环境中的知识（即情境知识），与他人合作交流中所反映的知识；（3）有关交流与反思的专业知识，如自我反思的方法，促进参训学员反思的方法和策略；（4）有效表达内隐知识的知识、方法和策略，包含实践知识（表象）、实践智慧（基于情境的自我认识）、教学智慧、教学习俗（实践原则、行为规则）。 4.如何创生新知识的相关知识：涉及相关教育研究方法，使其能够参与学科知识、教育教学和培训的研究，并在研究中发现新知识。 5.具有教师培训理论知识：（1）如何教授儿童与成年人的相关知识，即在教授所有不同年龄阶段的学习者方面具有较强技巧，如针对教师成人学习心理如何实施有效培训的知识，涉及指导参训教师个性化发展的策略性知识，对案例教学法的示范和解读知识等；（2）掌握教育模式建构理论，具有基于学科特点的、学科化培训方法，如培训流程、培训课堂教学方法、培训活动组织方法、课程设计等专业技术；（3）掌握中小学教师培训需求调查的技术和方法；（4）培训行业发展动态等。
专业能力	1.内容方面的能力：（1）具有学科研究能力，能与他人探讨专业领域问题，完善某学科专业领域内容性知识；（2）有在教育学层面对某一学科领域问题有所洞见的能力；（3）对教育（学）领域的最新发展有所了解的能力；（4）致力于学科教学论专业学科建设并参与新发展的能力；（5）具有指导新教师开展教育科研的能力。 2.交流与反思的能力：（1）评价与调整自身教学的能力；（2）反思和发展教学模式的能力，能对自己的教学模式进行反思、研究和创新；（3）反思与元认知的能力（较强自我意识，能不断反思，清晰阐释教学缄默知识，以使其被真正获得，并能理论联系实践）；（4）具备高超的交流技巧；（5）具有语言和文字表达能力，能清晰表达自身观点；（6）与不同背景学生交流的能力；（7）为参训教师与学生互动提供示范的能力；（8）与系统外人士或机构进行有效交流的能力；（9）激励新教师发展反思的能力，如要求所述内容具体化、总结相关内容等；（10）彰显自身优势的自我营销能力，作为从专家型教师转变而来的教师培训者，彰显自身学术优势、从周边获取资源是其看家本领。

续表5-1

素质维度	主要内容
专业能力	3.组织能力：（1）培训团队组建的能力，如物色选聘培训教师的能力，带动其他教师共同研究问题的能力。（2）团队协作能力，一是能为被指导者提供情感支持（包括总结对方提及的内容，并给予肯定意见，示以关注和真诚，概述自己的感觉和提供与被指导者一致性的信息等）；二是能为被指导者提供任务援助（包括要求描述具体化，帮助寻找和选择替代方案，寻找新事物，劝告/教诲和提供来自新视角的信息等）；三是能与其他教师合作开展培训教学（如与来自中小学实践基地的实践导师合作，为参训教师提供教学指导）。（3）平衡工作者、持家者、休闲者和学习者等不同角度之间关系的能力。（4）发展并应用普遍联系的观点的能力。（5）与教师教育机构外界建立联系的能力。一是能为其同行、学生教育行业和社区树立教育愿景；二是和社区有效合作共同支持学校发展，促进学生学习；三是建立教师教育与基础教育实践的联系，使“理论研究”与“实践”紧密结合。（6）有效处理行政管理方面事务的能力。一是有卓越的人际交往能力和领导才能，处事公正公平，富有同情心，具有内在力量；二是协调和合理安排培训团队或者学习团队的活动进程。（7）培训管理实施能力，如培训流程设计与实施能力、培训项目绩效评估能力等。 4.教育学方面的能力：（1）作为一名教师的教学能力。一是教学设计能力，能从学生知能基础出发以学生未来知能发展为目标，规划和设计教学活动；二是教学实施能力，能充分利用教学内容特点和各种教学技巧实施教学计划，并能根据实际情况创设和调控教学情境，把握教学进度，调整教学方法和交流模式；三是学业检查和评价能力，包括设定评价目标和研制评价标准的能力、收集评价资料的能力、选择运用评价方法和工具的能力、分析或解释评价资料与结果的能力、反馈矫正的能力等；四是反思、研究和创新教学的能力。（2）作为一名教师的教学技巧，如导入技巧、强化技巧、变化刺激的技巧、发问的技巧、分组活动的技巧、教学媒体运用技巧、沟通与表达的技巧、结束的技巧、补救教学的技巧。（3）帮助学生发展，以满足学生学习需要的能力。（4）从学生经验中学习的能力。（5）运用评价与自我评价机制实现专业发展的能力。（6）认识到他人才能并激发其发挥潜力的能力。（7）教学影响力，围绕各种教育教学实践技能的教学示范能力、教学交流能力和教学浸润能力。（8）对学员实践教学给予正确反馈的能力。（9）根据不同发展水平学员采用适合的教学方式的能力。（10）对教师教学问题开展研究，并为教师提供咨询与指导的能力。一是具备需求调研和问题诊断的能力，能对被指导者的教育教学提供信息、给出鉴定和提出劝告和给予教诲。二是能结合教师教育教学问题及其解决的实践来分析教师素质能力发展状况，进而指导教师设计专业发展计划。（11）根据国家教育发展形势，地方、学校和学员发展需要设计培训项目

续表5-1

素质维度	主要内容
专业能力	的能力。（12）开发培训资源的能力，包括开发课程资源（如能研究和撰写案例），挖掘和利用基地资源、教师资源以及其他培训支撑性条件资源的能力。（13）具有良好的培训授课技巧（如表达能力、主持技巧、洞察力、控场力、感染力），能对教师有效开展知识与技能培训。（14）质量分析与培训研究能力，能够对培训质量进行评价分析，对培训相关问题开展行动研究，致力于改进培训质量。（15）研究成人学习并开发成人有效教与学的方式的能力，这些模式有案例教学模式、主题研讨模式、任务驱动模式等。 5.实践的能力：（1）学员专业发展设计能力；（2）实践和指导实践的能力；（3）正确反馈学生实践教学的能力；（4）适时彰显教育教学机智的能力。 6.专家咨询能力：（1）教育教学咨询指导能力；（2）学校管理咨询指导能力；（3）新教师发展有效指导能力，如提升新教师职业判断与决策能力，训练新教师洞察力、战略理解力和批判思维能力的能力。
专业品质	1.形成了关于教师培训行为的理论原则和道德原则，如“学术无禁区，课堂有纪律”，课堂要充满正能量等。 2.在专业实践中具有探究的态度和创新的精神。问题研究意识强，能采用批判性的分析方法和问题解决技巧来解决教育问题，其行为能彰显专业性；具有自己擅长的研究领域，如培训教学领域、基础教育领域、学科建设领域等。
专业态度	1.专业理想。向往成为一名成熟的教师培训者，并以此为目标，信念坚定，进而产生了专业发展的巨大动力。 2.专业情操：（1）理智的情操，深刻理解作为一名培训者的社会责任和价值意义，并产生光荣感、自豪感；（2）道德的情操，在追求实现专业理想的过程中，形成了对于作为一名教师培训者的专业认同，他们适应并认同该角色的工作、学习、生活方式和职业道德规范，并将实现自身素质提升、促进教师专业发展、改进学校办学质量作为自己专业态度的专业责任和义务，工作中充满激情，愿意将专业智慧贡献给教师专业发展和学校质量改进。 3.专业性向：（1）作为教师，首先具有社会型劳动者的个性特征，富有同情心和内在力量，积极向上，乐于助人，合群合作，耐心负责，友好仁慈，善解人意，慷慨温暖，有说服力；（2）具有创新求异思维，问题意识强烈，作为优秀教师乃至专家型教师，要形成进取型问题解决方式和在能力极限边缘工作的职业生活方式，具有不断发现问题、解决问题的个性倾向，并借此实现专业发展；（3）作为教师培训者，具有自信、鼓励、赞美、尊重、信任、情感丰富等人格特质。 4.专业自我：（1）具有良好的自我意向，专业达到较高的成熟水平，对自

续表5-1

素质维度	主要内容
专业态度	身作为一名教师培训者有深刻的体认，能在专业自主框架内表达观点；（2）自我尊重，对做一名优秀教师和教师培训者充满价值感、神圣感；（3）具有较强的专业动机，为提高培训教学质量而不遗余力，具有自我发展意识，能自觉制订自身专业发展计划，有热情意愿并持续致力于自身的学习和发展；（4）具有工作满意感；（5）有清晰的任务知觉，对教师培训的核心工作有深刻的理解和认识；（6）具有良好的职业愿景，涉及围绕个人愿景建立起来的师生、行业和社区教育愿景。

综上可知，在职教师教育者要想成长为一名合格的教师培训者，需要具有系统丰富、结构良好的专业知识，较强的专业能力，良好的情感态度和价值观及较强的综合素质。有研究（李玲、邓晓君，2010）认为我国对教师教育工作者的专业要求尚停留在知识和技能方面，对其专业情感、态度和价值观方面关注不够。①需要指出的是，在职教师教育者的专业发展是一个完整全面的系统，需要立足于自身的角色定位，基于自我的经验，基于关系性的认识，不能落入对一般教师专业发展及素质结构的认识，要将其独特性揭示出来，将其引领教师专业发展的优势展现出来。

第一，基于在职教师的自我经验。我们每个人都是在“过去—现在—未来”的时间之流中成长发展，过去的种种经历塑造了现在的我们，我们是各种条件的产物，这些条件包括社会的、环境的、气候的、政治的和经济的，它们构成了我们每个个体的背景。理解了这个背景，有助于我们更好地理解我们自己。②每个个体正是依据这种独特性，不断积累和生成着自我的经验并进而成为独特的自己。尽管我们是个体的、具体的有机体，但我们的自我也是在与其他身体、物体、自我、境况、观念的相遇中和我们对自己先前自我的反思中建构起来的。③对于在职教师教育者而言，他

① 李玲，邓晓君.荷兰教师教育工作者专业标准研究[J]. 西南大学学报（社会科学版），2010（1）：67-70.

② ［印］克里希那穆提著，李瑞芳译. 论关系[M]. 北京：中信出版社，2013：36.

③ ［美］内尔·诺丁斯著，龙宝新译. 幸福与教育[M]. 北京：教育科学出版社，2009：153.

正是在“成为”的过程中不断积累、沉淀形成自己的素养体系。了解自己本身，意味着需要“回溯”、梳理、理解自我的经验。在自我经验模式的基础之上，去综合、整体看待自身的素养体系。脱离这个主体性的基础，难以建构在职教师教育者的素养体系。

第二，基于关系性的认识。在儒家看来，人是意义的本原，人通过反省自己的在世经历确定生活意义。在儒家设想的宇宙中，人与宇宙之间不存在整体与部分的划分，人只要专注于体验当下存在的意义与价值便可以进入“天人合一”的境界，这与西方的存在主义传统有些相似。加拿大教育学者许美德认为，儒家思想首先是“关系性”，理解一个人的生活经历，确实得去研究这个人的各项关系。其次是“（内外）一致性”，要想体会一个人在各个阶段的人生意义，必须走进他的内心世界。[①]人是关系性的存在，关系是人存在的本体性基础。诺丁斯认为，将关系作为本体性的基础意味着我们意识到人类存在的基本事实是人类的相遇以及随之而来的情感回应。[②]在职教育关系就是在职教师教育者与学习者的相遇及随之而来的情感回应。在职教师教育者也正是在相遇及回应的过程中不断生成自己的素质结构。狄尔泰认为，教育关系以接触为前提，是家庭关系的提升，是建立在基本的、本能的、充满爱的、责任的属性上。正是这样的属性，使得二者之间就像是长期共舞的舞伴。在职教师教育者专业素养的形成，更多是在职场中与学习者这种关系性的存在中，逐渐积淀、磨砺而成。在职教师教育者素养体系的建构，要考虑到在职教师教育者的这种现实情况。

第三，基于整全生命的考虑。生命本是一个相互联系的整体，只是我们为认识方便，人为将其分割成不同的部分。人的生命是身、心、灵相互联结、依存并相互转化的统一体，它自身是一个不断内部循环的小宇宙。同时，人的整个生命体又与外部世界、他人发生联结，在种种或远或近的

① ［加］许美德著，周勇等译. 思想肖像：中国知名教育家的故事[M]. 北京：教育科学出版社，2008：16-17.

② ［美］内尔·诺丁斯著，武云斐译. 关心：伦理和道德教育的女性路径（第二版）[M]. 北京：北京大学出版社，2014：导3.

关系（时空）中度过生命，获得属于自己生命的独特感觉与经验。无论哪一个方面都意味着：人在“关系”中才可能维持生命作为一个完整体顺畅地“运转”、协调地发展。所以，笼统一般地谈生命还不够，须涉及生命的内外部关系，涉及作为主体的人对生命内外关系的意识，包括觉知、感受、体验、反思等不同表现。在今天这个科学技术日益强大并被越来越多地运用到教育中的时代，在职教师教育者很容易过于“技术化”地或割裂地看待自己的知识、能力和专业素养。教育，本应为着生命的成全而非其他。

因此，从内生式培训和学习者主体性激发的角度出发，在职教师教育者的以下素质都需要得到发展：提升可作为示范的教育教学能力；掌握专门的培训理论、技术和方法；关于教师专业发展和学习方面的知识，要研究教师的成长和发展规律，摸清中小学教师专业发展的阶段性需求和特点，把握中国自己的教师专业发展阶段理论；学校教育教学及管理问题研究、改进能力；教师培训者需要具备良好的情意素质，绝不仅仅局限于知识、技能的发展，还要关照其人格、人性的精神丰满，专注其情感、态度、价值观发展的全面成长，是超越工具理性的人的发展。

（二）教师教育者的专业性

按照霍利的理解，专业化更多的是与“教师专业化”相关，即更多的是从社会学角度考虑，关注教师群体的、外在的专业化提高；而专业性与“教师专业发展”相连，是从教育学角度界定的，更多的是关注教师个体的、内在的专业性提升。哈格里夫斯（Hargreaves）则认为，专业性指提高教师实践的质量和标准，专业化指提高教师的身份和地位，而且在通常情况下二者是互补的，因为在提高教师实践的质量和标准的同时，也会客观上促进教师身份与地位的提升，但是如果定义专业标准时用过于科学或技术性的方法，如同定义知识与技能的标准一样，可能会打击教师对于教学的热情。因此，高度专业并不一定意味着更强的专业性（Hargreaves，2000）。从建构主体角度进行区分，教师专业性可分为要求的专业性（demanded professionalism）、规定的专业性（prescribed professionalism）、实行的专业性（ enacted professionalism）、假定的专业性（deduced or assumed professionalism）四种形态（Evans，2011）。要求的专业性反映职业群体或工作场所对特定专业服务水平的要求及规定，规定的专业性类似于能反映专业服务水平的、来自专家的设想或推荐，实行的专业性指由来自相关专业群体内外人员及那些进行实践的人员观察、感知和解释的专业实践状态，假定的专业性指对专业性本质的合理推论、假设或猜测，与规定的专业性不同，假定的专业性不涉及指令。对“专业性”的概念进行界定是具有挑战性的，因为学界目前对专业性的研究相对不足，现存的相关研究也被认为含糊不清且缺乏坚实的理论基础（Kolsaker，2008）。越来越多的研究表明，教师专业性是一个社会建构的概念，其内涵随着时间的推移服务于不同的利益群体，而且以不同的方式不断变化着或者被重新定义。教师教育者专业性初步理解为对教师教育者专业本质的描述，包括教师教育者在开展专业实践的过程中秉承一种什么样的专业品性、专业理念、专业准则，在何处、如何获取及运用多大程度的专业知识与理解，根据不同场合与不同个体进行怎样的专业判断与专业执行，形成何种水平的教育智慧、专业服务质量及在此基础上构建的一种不可替代的专业风格，强调的是教师教育者的专业任务、专业身份、专业角色或实践层面。①

教师教育者的专业角色、专业任务领域决定了教师教育者应具备哪些专业知识、技能。考斯特等认为，“能力”是个体在特定环境中，为了成功完成任务必备的知识、技能、态度、动机及个性特征的结合。教师教育者在促进自己个体发展的同时也承担着重要的社会职责，能够设计教师教育的计划或项目、参与制定教育政策、进行教师教育研究，对师范生进行遴选。教师教育者应具备学科研究能力、交流反思能力、组织能力以及教学能力，其中，交流反思能力是其所有能力中极为重要的方面（Koster et al.，2005）。史密斯（2005）对教师教育者的专业素养做了全面研究，提

① 罗丽君.荷兰教师教育者专业标准研究[M].北京：科学出版社，2018：4-6.

出教师教育者应具有反思与元认知的能力；拥有可理解的、丰富而有深度的专业知识；了解如何创生新知识的相关知识；具备教授儿童与成年人的知识与技能；全面了解整个教育体系；达到专业成熟与自主。

美国教师教育者协会认为教师教育者应具备教学能力，熟悉学科和专业知识、技能、研究倾向、技术和评估以及教师教育中已被接受的最佳范例；运用文化能力，促进教师教育中的社会公平；探究并促成扩展教师教育知识基础的学术研究能力；系统探究并反思和完善自身实践，致力于持续发展自身专业的能力；与利益相关者在重要方面定期合作，以改善教学、研究和学生学习的能力；能够明确地、有建设性地倡导面向所有学生的高质量教育的公共倡导力；为提升教师教育专业做贡献的能力；为建立教学、学习和教师教育愿景贡献力量。

荷兰教师教育者协会认为教师教育者应具备熟悉教学内容与方法，能明确阐述自己的教育观念，其教学行为可以成为一种特殊的教学方法来诠释和讨论，促进并能有效评估（准）教师的专业发展的教育教学能力；能运用人际交往技能、新媒体等手段建立安全且具有挑战性的学习环境，能处理（准）教师的学习差异性，帮助（准）教师形成职业认同感的督促专业学习的能力；能有效协调教师教育机构与中小学之间、多学科小组内成员关系的组织管理能力；能通过研究教育教学实践、自我研究保持专业性并促进自身专业发展的能力。

佛兰德教师教育者协会在辩证分析美国《教师教育者专业标准》、荷兰《教师教育者专业标准》与自身教师专业概况的基础上，提出了教师教育者区别于其他教师的特征：教师教育者更加熟练地掌握了教师技能；教师教育者了解自己和其他人所作的选择，并且能够明确表达出这些选择是基于什么理论或这是他们专业活动中的主要任务之一；教师教育者拥有更强的技术能力，可以提出新方法或帮助他人的专业实践；教师教育者对普通教学法和学科教学法有深入、广泛的理解，并可以将其用于自己和他人的专业实践之中；教师教育者有很强的口语和书面交流能力，他们可以迅速识别教学情境的优势和不足；对于教师教育者来说，目标和媒介、显性知识与隐性知识具有一致性，教学不只是打开和表达特定内容的媒介，还要求教师教育者有很高的反思能力；教师教育者必须批判地思考教育在社会中的地位。

我国学者对国外教师教育者关于专业素养的研究进行了介绍（张小菊，2009），但对于教师教育者应具备的专业素养的直接研究较少。刘鹂和王娜在构建教师教育者教学能力模型的基础上，使用AMOS工具验证了该能力是多维度复杂能力的构想（刘鹂、王娜，2014）。我们应在对国外教师教育者专业素养研究的基础上，针对我国教育背景与教师教育者现状，对教师教育者能力提出适合国情的要求。[①]如果不从教师教育的源头上下手，仍然很难切实有效地促进教师专业发展。特别是在高等教育机构中的教师教育者，除了很少一部分是中小学教师通过学历提升等方式转变而来的担任兼职教师，大多数是从学校毕业的具有硕（博）士学位的毕业生。他们普遍具有较强的学术研究能力与理论知识背景，但在培养过程中并没有注重教学技能训练。由于远离基础教育一线，他们很难有机会发现现实教学情境中的需求与困惑，对中小学课程设置、课堂教学等了解不够，研究也很少关注教师教育实践，课堂教学内容往往与基础教育实际情况脱节。同时，高校对教师教育者的管理和考核与普通高校教师相同，科研占了较大比重，这在一定程度上导致很多教师教育者没有时间与精力钻研教学。近年来，我国逐步开始关注教师教育者的中小学从教经历，或者聘请中小学和幼儿教师作为兼职教师，但是总体来看，我国对教师教育者这一专业群体的关注不够，对其研究还很不全面。教师职业具有专业性，教师的培养也应是专业化的培养。一方面，教师教育被“淹没”到众多的学科专业中，另一方面，教师教育又被要求专业化，这是一个矛盾。在这一矛盾中，人们必然要呼唤专业化的教师教育者。这就要求我们关注教师教育者这一专业群体，包括其区别于其他普通高校教师的专业身份、专业素养要求、专业任务领域，来明确教师教育者的专业性。

① 罗丽君.荷兰教师教育者专业标准研究[M].北京：科学出版社，2018：8-10.

（三）专业标准[①]的建构

教师培训者属于教师教育者。国外学者对教师教育者的专业标准进行了广泛、深入的研究。目前，荷兰、美国、澳大利亚、以色列都研制了教师教育者专业标准。在关于各国教师教育者专业标准的研究中，史密斯（2005）从教师教育者对实践知识的阐释、知识创生、在教育事务上作用的发挥、在自身及学员发展上的投入等方面总结了各国专业标准具有的相似之处。有研究（杨秀玉、孙启林，2007）介绍了美国教师教育工作者协会（Association of Teacher Educators）于1996年和2002年先后出台的教师教育工作者专业标准和高级教师教育者专业标准这两个不同层次的专业标准，并对美国高级教师教育者专业标准的内容进行了介绍。还有研究（李玲、邓晓君，2010）跟进教师教育者专业标准的更新换代，介绍了荷兰教师教育工作者协会（Dutch Association of Teacher Educators）先后研制、颁布的第一套、第二套和第三套标准，同时介绍了第二套教师教育者专业标准所涵盖的素质维度，以及第三套之于第二套的先进性。在此基础上，该研究还介绍了荷兰教师教育工作者“自我评价、专业发展和注册”（self-assessment, professional development and registration, SPR）程序及其研制的目的和使用方法。

---

① “标准”一词对应英文standard，英文释义中有“度量衡、规格、公认为优秀的、普遍的”等含义，可以从四个方面理解：一是公认的，即要被公众承认，发布主体应具有一定的权威性，如有组织权威性的政府部门或专业权威性的专业协会；二是标准应有可测量的指标，即具有可操作性，对事物的长短、深浅、达到的程度等反复衡量作出评定；三是标准可以作为一种范例或者应然状态的描述；四是应具有普遍意义，而并非特例。国际标准化组织对“标准”一词的定义如下：“由有关各方根据科学技术成就与经验，共同合作起草，一致或基本上同意的技术规范或其他公开文件，其目的在于促进最佳的公众利益，并由标准化团体批准。”（叶柏林、陈志田，1998）我国国家标准中“标准”的定义如下：“为了在一定范围内获得最佳秩序，经协商一致制定并由公认机构批准，共同使用和重复使用的一种规范性文件。”详见罗丽君.荷兰教师教育者专业标准研究[M].北京：科学出版社，2018：13.

1996年，美国教师教育者协会在总结教师教育者特征，研究教师教育者能力需求的基础上，出台了世界范围内第一套《教师教育者专业标准》。随后，以美国教师教育者协会为主体，大量学者对美国《教师教育者专业标准》的内容、实施效果进行了研究与解读。同时，在总结经验的基础上，美国教师教育者协会还对《教师教育者专业标准》进行了修订，其经验与教训为荷兰《教师教育者专业标准》的科学制定提供了实践经验。美国的高级教师教育者专业标准包括以下内容：要在专业实践方面作出典范；对教与学不断探究并有所贡献；深入系统地探究并反思自身的教学实践以推动个人专业发展；在教育方面担当领导者角色；与教师教育机构内部同事及外部人员保持好协作关系；关注教育质量并推动教育高质量发展；致力于提升教师教育质量。该研究还指出，美国的高级教师教育者必须是具备博士学位或者正在攻读博士学位的人。

荷兰是继美国之后制定《教师教育者专业标准》，并且是目前唯一在国家教育层面实施专业标准的国家。其专业标准从2001年第一版出台至今，在广泛调研与总结的基础上，进行了三次修订，并与知识基础、注册程序及培训相连，以其科学性与开放性得到了教师教育领域的认可。同时荷兰教师教育者协会依托注册程序与培训课程，对不同从业年限、工作背景的教师教育者的专业学习倾向、专业发展特征等进行了实证研究，通过将理论运用于实践产生了大量理论成果，是了解教师教育者专业性的宝贵资料。荷兰的第三套《教师教育者专业标准》是在第二套基础上修订而来的。第二套《教师教育者专业标准》涉及专业能力、专业知识、专业技能、专业态度、专业价值观和专业品质等6个基本维度，第三套经过补充最后达到10个维度。这10个维度是：专业能力、专业知识、专业技能、专业态度、专业价值观、专业品质、专业认同、专业动机、专业责任和专业实践，同时研制了教师教育工作者“自我评价、专业发展和注册”（self-assessment，professional development and registration，SPR）程序，以保证教师教育工作者素质，激励其主动发展。该程序是教师教育工作者专业标准的辅助工具，只有遵守专业标准并完成SPR评价程序的教师教育工作者才被视为是合格的。该程序包括：利用标准评分表来分析自身的优势与不

美国《教师教育者专业标准》概述[①]

标准1：教学能力。教师教育者的示范教学中展现学科和专业知识、技能、研究倾向、对技术和评估的熟悉度，以及在教师教育中已被认可的最佳教学范例。

标准2：文化能力。教师教育者能运用文化能力，促进教师教育中的社会公平。

标准3：学术研究能力。教师教育者应具有探究并促成扩展教师教育知识基础的学术研究能力。

标准4：专业发展能力。教师教育者应系统探究并反思和完善自身实践，致力于持续的专业发展。

标准5：项目发展能力。教师教育者应在开发、实施和评估教师教育项目时进行指导，这些项目与理论研究和最佳实践相关。

标准6：合作能力。教师教育者应能与利益相关者在重要方面定期合作，以改善教学、研究和学生学习。

标准7：公共倡导能力。教师教育者能明确地有建设性地倡导面向所有学生的高质量教育。

标准8：教师教育专业能力。教师教育者应能为提升教师教育专业做贡献。

标准9：愿景。教师教育者应为建立教学、学习和教师教育愿景贡献力量，愿景中要包含技术、系统思考和世界观等问题。

足；与同行教师分享自己的成果；收集来自其他教师教育工作者和学生的反馈评价（不少于30名学生、5名教师教育工作者）；制定专业发展目标和计划；与两位同行评审一起讨论制定专业发展目标和计划；创建成长记录袋，以此来收集教师教育工作者的工作和发展情况；与同行评审一起对教师教育工作者进行总结性评价。该标准和程序的研制和使用，对于明确

① 罗丽君.荷兰教师教育者专业标准研究[M].北京：科学出版社，2018：41-42.

教师教育工作者专业责任、提高教师教育工作质量和推动教师教育工作者专业发展具有重大意义。从标准研制的先进性来讲，第二套标准在个人专业发展能力方面强调教师教育工作者通过反思来改进教育教学实践，在专业态度方面注重教师教育工作者的专业发展和专业成长，在专业品质方面要求教师教育工作者有高度责任感和坚定执着的专业精神；而第三套标准则增加了对于教师教育工作者在专业认同、专业动机、专业责任和专业实践等方面的关注。

各国专业标准有相似之处：第一，教师教育者能够在清晰阐释关于教学缄默知识及将实践经验上升到理论层面作出典范。荷兰、美国、以色列都将教师教育者在教育学方面所应发挥的重要作用列为主要标准。第二，教师教育者更多地参与对实践性知识及理论知识的创生。第三，教师教育者在教师教育机构内外部教育事务上发挥重要影响，能在教师教育方面发挥更积极的作用，特别是能够担当教育领导者角色。第四，教师教育者能致力于自身专业发展，同时能协助并推动其他教师教育者专业发展。

在我国，《教育部关于大力加强中小学教师培训工作的意见》明确提出，要加强培训团队研修，每年研修时间不少于72学时。2012年初教育部还颁布试行了中小学幼儿园教师的专业标准，组织研制并试行了中小学幼儿园教师培训者“国培计划”课程标准。虽然正式的中小学幼儿园教师培训者专业标准并未出台，但前期的实践探索却为专业标准的出台奠定了基础。2009年“国培计划”项目启动以来，教育部实施了诸多中小学教师培训团队研修项目，先后遴选出三批“国培计划”专家库成员。[①]但由于国

---

① 在“国培计划”专家库首批人选中，包含“国培计划”评审评估专家和培训教学专家两类人群。对两类人群的遴选有不同的要求，对于第一类人群，要求：1. 在本学科领域有较深的造诣，在全国教育界或当地有一定影响。2. 熟悉中小学教育教学实际，了解国内外教育发展趋势和改革动态。3. 具有高级专业技术职务。4. 能够认真、公正、诚信、廉洁地履行职责。5. 本人愿意，单位同意，能够参加“国培计划”评审评估工作。而对于第二类人群，即培训教学专家，则要求：1. 教书育人成绩突出，学术造诣较高，在本领域和同行中有较高声誉。2. 熟悉中小学教育教学实际，了解国内外教育改革发展趋势，对素质教育和课程改革中的现实问题有深入研究和一定成果。3. 承担过省级以上教师培训任务，具有丰富的

内对于中小学教师培训者专业标准的认识还比较模糊，专家遴选条件还比较宽泛，评审过程比较粗放，考核过程一直缺乏，忽视了对培训者培训资质的定期考核与使用管理；缺少有效的专家库成员退出机制。《“国培计划”课程标准（试行）》包括课程目标、建议课程内容、课程设置与实施建议三部分，另附主题式培训设计样例。其中的“课程目标”能够反映标准制定者对于培训者应然素质和行动能力的设定，即培训者的能力素质标准；“课程内容”及其“设置与实施建议”能够反映标准制定者对于培训者素质发展指向，发展内容、形成方式和路径的理解，蕴含着标准制定者的素质发展观尤其是关于培训者专业发展的理念。而主题式培训设计样例则完全可以看作是对于以上素质标准描述和实现路径分析的佐证。

从中小学教师可持续发展的角度来看急需建立明确化、理性化和科学化的教师培训者专业标准，以指导教师培训者自我评鉴，进而找差距、定目标，谋求专业发展；同时可据此研制培训团队研修课程，确保培训者知识结构的合理与完善。各国教师教育者专业标准的研制及相关研究为研制教师培训者专业标准提供了可供借鉴的思路。

就其知识基础而言，可参考以下知识基础模型：（1）“核心领域”，是每位教师教育者都应具备的知识。其中，“教师教育者专业”指教师教育者职业的专业性，包括教师教育者身份和专业发展等方面的知识；“教师教育教学法”“学习和学习者”“教学与指导”分别从教师教

培训教学经验。4. 具有高级专业技术职务，中小学特级教师或业绩显著的高级教师。5. 能够为人师表，认真、负责、高质量地完成“国培计划”培训教学任务。在2012年遴选“国培计划”专家库第二批人选时，条件明显倾向于培训教学专家的遴选，强调要“培训经验丰富，学员反映良好，优先推荐承担过‘国培计划’任务的专家”，对培训专家库人选在培训教学中的实用性给予充分关注。而在2013年遴选推荐“国培计划”专家库第三批人选时，条件更加倾向于培训教学专家的选择，遴选范围更加集中，相关要求更加具体——在教书育人方面原则上获得过省级以上荣誉；教育科研成果方面，优先推荐省级以上教学（科研）成果奖获得者；培训经验丰富，培训效果突出，承担过省级及以上教师培训任务，优先推荐承担过“国培计划”任务的专家。详见孟繁胜.教师培训者专业发展研究[M].长春：东北师范大学出版社，2018.

育者与（准）教师的角度讨论“教”与“学”的规律与方法。（2）“特定领域”，“教师教育的特定项目”针对不同工作背景的教师教育者而设，“教师教育的特定学科”主要关注学科教学法。（3）“扩展领域”主要是为深入研究其中某一领域的教师教育者而设计，“教师教育的背景”是指教师教育政策背景、质量保障体系等宏观层面的相关知识，“教师教育的组织”是指如何协调教师教育机构与中小学之间的关系及内部质量保障等中观层面的知识，“课程开发与评估”主要指课程与评估方面的知识，“教师教育者进行的研究”主要指教师教育者进行自我研究所需的知识。①

就专业能力而言，可参考下列框架：教育教学能力、促进专业学习能力、组织和管理能力及发展能力。②（1）教育教学能力，主要指教师教育者熟悉教学内容与方法，能明确阐述自己的教育观念，其教学行为可以成为一种特殊的教学方法来诠释和讨论，能促进理论与实践的转换，促进（准）教师有意义地学习，并能有效评估（准）教师的专业发展。具体来讲包括以下几点：一是教师教育者要对相关的教学内容有广泛的认识，在组织（准）教师学习过程时运用多种（教育）教学方法。同时，教师教育者关注（教育）教学法领域新发展，适时引进具有教育教学价值的新媒介。二是教师教育者明确自己所持教育教学观念，清楚地向（准）教师阐释自己的每一个教学决定，并以自己的教学行为为例，使（准）教师的学习过程形象化。三是教师教育者要促进理论与实践的转换，帮助（准）教师深化与拓展个人经验，激励与支持（准）教师系统地分析、评估、研究自己的教学实践。四是教师教育者与同事一起用开放的态度，以及可靠的、有效的且透明的方式评估（准）教师的发展。（2）促进专业学习能力，主要指教师教育者能够运用人际交往技能、新媒体等手段建立安全和具有挑战性的学习环境，能处理（准）教师的学习差异性，帮助（准）教师形成职业认同感。具体来讲包括以下几点：一是教师教育者能为（准）教师构造一个安全的、有挑战性的学习环境，以自己为例，能把自己的教

① 罗丽君.荷兰教师教育者专业标准研究[M].北京：科学出版社，2018：69.

② 罗丽君.荷兰教师教育者专业标准研究[M].北京：科学出版社，2018：73-78.

学行为与（准）教师的学习联系起来。这里的“安全”指一种自由、民主的学习氛围，教师教育者能理解和尊重学生的想法。二是教师教育者能运用人际交往技能，利用新媒介促进教师教育与（准）教师及（准）教师之间的交往。三是教师教育者关注、了解不同类别的（准）教师群体，准确把握不同群体（准）教师的关注点并创造条件促进他们成长。同时，自己作为角色模范，向（准）教师展示如何将教学对象之间的差异性作为学习的来源。四是教师教育者监督（准）教师的专业身份形成，鼓励（准）教师反思和掌控自己的学习过程，通过（准）教师反思能力与学习态度的养成帮助其形成终身学习理念。（3）组织和管理能力，主要指能有效协调教师教育机构与中小学之间、多学科小组成员的关系。具体来讲包括以下几点：一是教师教育者是教师教育机构与中小学校责任共担教师教育模式的组织者之一，需明确自己的责任，采取行动以最佳方式组织、协调高校教师教育者与校本教师教育者的教学工作。二是教师教育者关注所有参与者的学习，通过协调（准）教师学习的不同情境，支持（准）教师优化学习空间。三是教师教育者与专业团队成员分享在专业环境中学习的知识和愿景，为促进形成一个有效的、具有启发性的学习环境的管理和发展做出贡献。（4）发展能力，主要是指能通过研究教育教学实践、自我研究等，保持专业性并促进自身专业发展。具体来讲包括以下几点：一是教师教育者注重对自己专业任务的系统评估，了解自己的优势与不足，对自己的经历进行反思，积极寻找机会继续深化学习。二是教师教育者用分析的方式展开工作，批判地从不同的理论视角掌控教育领域的新发展，利用教师教育者知识基础和（实践）研究的其他成果来解释和发展自己的教学实践。三是教师教育者通过专业团体活动更新和发展自己的专业知识。

四、在职教师教育者的专业发展

目前国外在职教师教育者的专业发展主要呈现出两种取向：一种是在职教师教育者专业发展的自主研究取向，关注自身教学反思，强调在职教师教育者专业发展的内在动力；[①]另一种是以专业标准为在职教师教育者专业发展提供参考框架，强调专业标准为参考框架的外部引领。自我研究作为教师教育研究的新动向，不仅减轻了教师教育中理论与实践脱节的问题，而且对有关教师教育者议题的提出和探究起到了推波助澜的作用，同时也为教师教育者这一专业群体的专业发展提供了一定理论基础和实践取向。但总体来说，目前对自我研究的理论介绍较多，而对自我研究的具体实践关注不足，很多研究关注的是自我研究对教师教育者发展的方法论意义，而较少有针对具体问题的研究。除此，大多数学者对自我研究多为赞美之声，鲜有批判之意，对自我研究的局限研究不足。虽然教师的学习首先是内在激发的，但是也需要有外来的力量帮助他们在思想上反省，在行动上走出个人的“舒适地带”，寻求个人的突破。教师教育者的专业发展不仅需要教师教育者具有自觉自愿的专业意识、清晰明确的发展目标、持之以恒的发展动力，也需要专业标准的外部引领。

以因格瓦森（Ingvarson）为代表的很多学者认为，专业标准的出台

① 汉密尔顿（Hamilton）在1996年第一届自我研究国际会议论文集的基础上，编撰了第一部论述自我研究理论的著作。该书关注了师生关系、文化影响、促进批判性思维和改进信念等内容，分别从哲学视角、方法论视角、个案及集体案例等方面进行了介绍，为研究教师教育者的教学实践提供了帮助（Hamilton et al.，1998）。洛克伦（Loughran）对自我研究进行了大量研究（Loughran et al.，2004），其研究结果呈现了一幅清晰的实践者反思和研究教育实践的画面。随后，来自美国、荷兰、比利时、澳大利亚、加拿大、爱尔兰、英国和新西兰等国的学者编撰了《自我研究国际手册》，通过对自我研究领域进行百科全书式的回顾，见证了自我研究领域的发展和成熟（Loughran et al.，2004）。由洛克伦担任主编，从2005年开始连续出版了10卷的《教师教育自我研究》丛书，为教师教育者实施自我研究提供了清晰、有力的案例。荷兰学者伦恩伯格在荷兰教师教育者中开展了自我研究实践，基于教师教育者的电子记录、采访结果与问卷调查，提出了7个有利于教师教育者在教学实践中开展自我研究及构建知识基础的关键因素，也提出了自我研究需要进一步关注和研究的4个主题（Lunenberg et al.，2010）。基于荷兰教师教育者的研究缺乏知识与学术背景较弱等原因，除了自我研究，伦恩伯格等还尝试着进行了以学生为中心的学习、对准教师进行道德教育的职前培养等项目，来探索教师教育者专业发展的多元途径。

引领了教师教育者的专业发展，在一个基于标准的专业发展体系里，专业标准为个人专业发展规划提供了指南与参考（Ingvarsen，1998）。除此，目前很多国家与地区建立了教师教育者协会，如佛兰德教师教育者协会（Vereniging Leraren Opleiders Vlaanderen，VELOV）、澳大利亚教师教育协会（The Australian Teacher Education Association，ATEA）和欧洲教师教育协会（The Association for Teacher Education in Europe，ATEE），都制订了教师教育者专业发展指导方案或出台了专业素养要求，如佛兰德出台的《教师教育者专业发展总则》。但是，如同标准化运动受到学术界的指责和质疑一样，教师教育领域也不乏针对教师教育者专业标准的批评之声。研究者对于专业标准的质疑，主要有三个方面：专业标准制定的方法、运用与科学性。[①]

我国在职教师教育者的队伍主要由三类人群构成：大学教师教育者（以大学课程与教学论专业教师为主体）、教研员（在有些地方被称为“研训员”）和具有一定教育教学或研究专长的中小学优秀教师。基于强化课程实践性、提高培训实效考虑，教研员和中小学教师在国培项目培训团队中的占比也已由40%提升至50%。教研员大都有中小学一线从教经历，了解中小学教师需要；同时是指向教学指导的理论学习者、研究者和应用者，具有一定理论积淀，他们作为链接理论思维与实践形态的专业中介，[②]本节将二者放在一起探讨他们的专业发展。

（一）教研员和中小学教师

教研员在传统教学中是教学能手，指导教学驾轻就熟，在引导教师学习教育教学理论，开展教学研究，提高教师基本素质等方面不可替代。然而，伴随新课程实施及教育教学的深化改革，教研员他们与一线教师在同一起跑线上，无论是理论还是方法对他们来说都是全新的，其教育观念和业务能力都面临挑战，固守原有的教学指导及行政管理难以适应新时代

① 罗丽君.荷兰教师教育者专业标准研究[M].北京：科学出版社，2018：26.

② 潘勇.教研员：教研重心下移与学理素养提升[J].人民教育，2010（10）：35-39.

教育教学的要求，许多教研员研究教材动力不足，自身理论素养陈旧，视域狭窄，限制了教研创造力发展，无法游刃有余地为基层教师提供新课程实施及其他理论指导，影响到教育理论与教师实践的有效契合，导致各级教研部门在一定程度上不适应课程改革、教育教学改革和考试评价制度改革，他们的职业倦怠较明显。

目前教研员的教育教学指导能力也不足。原因很多，其中最重要的一条是一线教学经验不足。教研员一般从在职教师中择优选聘，但这种做法近年来有所改变，为提升教研员队伍理论素养和研究能力，不少地方开始吸收硕士、博士毕业生直接进入教研室并委以重任，进而出现教研员因一线教学经验不足而致使教学指导不力的情况。高学历固然是成为高水平教研员的良好基础，但教学是极为复杂的活动，仅有理论知识不可能成为该领域出类拔萃者。作为一线教师的教育教学经验的积累比单纯高学历更重要。为改进这种状况，许多地方要求新入职教研员到一线中小学挂职锻炼。然而，这些缺少教育教学经验的教研员却由于不能胜任中小学教师业务指导工作，而在挂职身份上受到质疑。这便使教研员陷入两难境地：理论知识不足，会导致教研创造力不足；而一线教育教学经验缺乏，又使他们难以胜任一线教育教学指导工作。除此，即使来自一线的教育教学经验丰富的教研员，其作为教师的专业发展也迫在眉睫，现在许多地方教研员队伍中特级教师的比例都远低于本地重点中学，这就必然导致出现作为非特级教师的教研员如何指导作为特级教师的一线教师教育教学的尴尬问题。

教研员在参训过程中也未能成为积极的学习反思者，缺乏成为培训的参与者、思想的“反刍”者、教改的实践者的意识，在培训中甚至还存在“失聪、失明、失声、失踪”的不良现象。教研员专业发展归根到底是自我发展，需要唤起自身专业发展的内驱力。其专业发展内驱力不足主要源于对自身职能认识不清、角色认同不够。只有清晰认识自身职能角色，对自己在中小学教师专业发展中的作用理解到位，才能产生应有的责任感和使命感，进而产生主动学习发展的动力。教研员职能角色认识问题，是唤醒教研员专业发展内驱力的首要问题。

在新时期课改背景下，教研员既要研究、诊断、指导中小学教师教育教学，还要研究、诊断和指导他们专业发展。教研员在丰富和完善自身知识、能力结构过程中，不仅需要具备以一般文化知识为基础、学科内容知识为核心、学科教学知识为特色的教师知识，还需要具备培训教师和指导教师发展的相关知能素质，如教育模式建构理论、成人学习理论、教师专业发展理论等，具备教育教学问题研究能力、需求调研和问题诊断能力、培训模式建构能力、资源搜集整理和课程开发能力、活动组织和示范引领能力、质量分析和培训研究能力、学校发展规划和指导能力、学校“三级课程”实践指导能力、校本课题研究指导能力、校本教研和培训指导能力、基于新中高考的命题研究指导能力、中小学教学视导能力、学校四课（公开课、汇报课、研究课、竞赛课）策划和评价能力等。

在新时代，教研员和优秀中小学教师如何提升自身的专业素养？以下几个方面的发展路径可供参考。

1. 明确角色定位，做好生涯规划

教研员主要由一线教师成长而来，其职业生涯发展不能忽视其由新任教师向优秀教师发展过程中的情意态度、专业素养等方面的变化和积累。在教研员生涯规划内容上，主要涉及教育教学及管理素养、学科专业素养、科研素养和教改实践素养。要做好职业生涯规划，须从以下五方面着手：第一，评估好个人能力、志趣、特质与潜能；第二，认真分析影响个人生涯发展的因素，包括自身综合素质及身心状态、社会环境、人际关系与机遇等；第三，了解教研员生涯发展的五个基本阶段，即适应阶段、练就教研基本功阶段、形成教研经验和技巧阶段、总结提升教研艺术和教研员成名阶段、形成教研思想和教研员成“家”阶段[①]；第四，仔细确立生涯具体目标、远景目标及行动策略；第五，全面设计生涯路径，检视生涯机会。角色定位明确了，教研员才会积极投身于教研实践。优秀教研员成功之道表明，他们除了有博大的教育情怀、扎实的专业功底、丰富的教研实践，更重要的是他们以一种精神上的积极态势投身于教研工作，

① 时曦.论教研员的生涯规划与专业成长[J].广西教育，2006（1-2）：43-44.

把教研工作当作事业去奉献，将事业作为专业去研究，将专业作为科学去探索。[①]

2. 加强自我研究，实施反思实践

“自我研究”源自心理学领域，[②]20世纪70年代“自我研究”成为教师教育者研究领域的开端，并于80年代在西方得到扩展，进而在“研究学习者”“教师即研究对象”“教师参与研究”和“教师即研究者”等教育研究取向上发展，并将“自我研究”的内涵拓展为：个体（教师教育者、教师和学生）将自身置于其行为、实践活动中，通过自传、叙事研究、行动研究和反思来呈现“自我”的丰富性，从而促进个体“自我”的发展。对教师教育者来说，“自我研究”以个体为研究起点，主要聚焦于自身教学实践研究，它始于问题、困境、矛盾或者关注——关注自身思考、行为过程及其发生环境，研究内容涉及教师教育者在大学、中小学开展教师教育实践的各个方面，其中的任何问题、兴趣、困境、挑战等都可成为研究对象。他们会将某一理论或者实践问题带入教学实践活动或与学员共同学习、实践和研究的过程，运用各种方法研究和反思教学实践，并由此解答理论或实践问题，不断修正其教学实践指导的策略和方法。为了检验有关教学观念、体验有关行为模式，确保教学行为对教学期望的符合性，进而有效指导教师教学，他们会重返中小学课堂，通过与同事或其他教师合作，边实践边研究，解决教学问题，积累教学经验，获得教学新知。

“自我研究”采取的研究方法有教师叙事、传记法、教学日志、网络博客、行动研究、教师反思、教育佳话和田野日记等；采取的研究策略有合作、自我提问与问题清单、身体力行、交流研究成果与自我研究札记等。从研究介质来看，自我研究可以是文本形式的研究，也可以是对话交

---

① 孟繁胜.教师培训者专业发展研究[M].长春：东北师范大学出版社，2018.

② 1890年美国实用主义哲学家、心理学家詹姆士（W.James）对“自我”作了系统研究后，弗洛伊德（S. Freud）、库利（C.H. Cooley）、米德（G.H.Mead）、沙沃森（R.J. Shavelson）、马斯洛（A.H. Maslow）、伯恩斯（Berns）、格根（K.J.Gergen）、包梅思德（R.F.Baumeister）等心理学家对自我展开广泛研究并形成大量成果。

流形式的研究，还可以是利用影像、图片等可视手段的研究。“自我研究”作为一种重要的学习和发展方式，既是一种科研理念和研究类型，也是一种方法技术。它重视描绘个人观点与困境，还持有证据，分析困境和观点，并在研究主题确定后，收集相关资料和数据，以揭示教学矛盾。它开展的流程与一般教育研究无异，都包括确定研究问题，制订研究方案，数据收集、整理及分析，最后还包括撰写研究报告，只是更强调反思和合作的作用。

3. 遵循成人学习特点，实施内生式培训

参加培训，是教研员专业成长的主要组织性助力方式，是拓展知识最直接有效的渠道，它能使教研员就某个专题进行系统学习、研究，学习内容具有“局部系统性”，参加的课程培训越多，教研员的“局部系统性”越丰富，熟悉的理论知识范围就越广。为使培训取得实效，我们需要遵循成人学习特点[①]，实施内生式培训。内生式培训是一种强调尊重学员主体地位，唤醒、激发学员学习内驱力，激励、支持学员自主建构知识、习得专业技能，获得情感体验和价值感的培训模式。它重视以问题解决激发学员学习动机，驱动其自主发展。重视引导学习者认识和构建事物起因与事物内部各种因素之间的关系，并从中找出规律，形成概念，举一反三地解决问题。内生式培训鼓励学员反思自身实践，质疑“没有问题”的问题，把问题发现看成捕捉学习契机，把问题解决看成学习和发展过程。他们积极面对挑战，更愿意“在能力的边缘工作”。内生式培训倡导学员珍视自身经验，并对其进行批判性分析、解构和重构，从而使自身默会知识显性化；重视参与性实践，在理论应用的具体情境和大量变式练习中，对“正式知识”进行个人诠释，从而将其活化为个人实践知识，修正和发展主观

① 在学习上具有自我导向的观念，愿意自己选择学习的主题和内容；具有内驱式学习动机，学习愿望由内而生，不太愿意接受外部要求；其专业发展以个人生活所需为指向，学习是为了改进自身工作和生活状况；其学习中心任务以解决问题为导向；成人都具有丰富的经验背景，这是他们学习可以利用的基础和资源，也可能成为他们学习中不可忽视的障碍因素；成人的理解记忆能力不断增强，而机械记忆能力趋于弱化；成人学习者在学习中更倾向于参与互动，在参与中获得知能发展。

理论；重视反思关键事件和撰写案例，自主学习、总结、形成并不断积累问题解决策略，发展教育教学实践知能。

内生式培训坚持以学习者为本，它认同主体性理论，接受建构主义、实践知识理论，重视培训文化作为潜在课程对于教师学习的意义和价值。其模式由一系列培训组织模式和教学形式，在“学习动力内生、知识技能内生、情感体验内生”理念统领下按照培训专业流程需要组合而成。内生式培训倡导实施参与式教学、案例式教学、探究式教学、体验式教学等，强调参与性、实践性、操作性、体验性较强的教学方式；关注问题教学、任务驱动等情意激发过程，强调问题解决对于学员主动学习的激励拉动作用和问题解决过程中的知能转化过程；追求学习者的快乐学习和主动发展。①

4. 立足实践，建设学习共同体

教研员只有扎根于一线实践，才会有用之不竭的案例资源和丰富有效的指导策略。挂职锻炼是使教研员扎根于一线的有效方式，它有利于教研员在实践中运用理论知识、积累丰富经验。它侧重于实践历练，可借助针对性研究和指导了解一线实际、发现问题，并在解决问题过程中提高实践能力和应用水平；它需要用教育教学理论指导课堂教学实践，需要教研员沉下心去研究课标和教材，尤其要研究课堂、教法和学法指导，这些行动迫使教研员完全褪去教学管理的浮躁，真正提升教学水平和教学指导能力。从教研员挂职情况看，主要有三种情况：到中小学挂职学习；到上一级教研部门或者教育发达区域挂职学习；在高师院校兼职教学工作或在培训机构兼职学科教师培训。除此，教研员要实现专业发展，可争取专家指导、同伴帮助。为此可成立一个教研共同体，比如QQ群、微信群等，成员可多样化，但要有高水平专家参加，这样的共同体才能对领域内问题进行深入研究和探讨，从理论和实践两方面解决教研实际问题。在诸多专业发展方式中，无论是参加学历进修、挂职、听专家报告，还是参加专题培训都是偶尔行为，不是每个教研员都有机会的，教研员需要常态化研修。从中小学教师专业发展趋势看，基于教研室工作实际、以教研室为本、着

① 孟繁胜.教师培训者专业发展研究[M].长春：东北师范大学出版社，2018.

眼于教研室发展的教研员专业发展方式值得期待。为此，除了课题研究、自主阅读，教研员发展共同体建设也需要得到关注。

（二）高校教师

高校教师作为中小学教师培训者，在指导一线教师专业发展及培训工作中遇到过诸多棘手的问题：缺乏有效调动学员学习积极性的策略；缺乏按需施训的能力；缺乏将教育教学理论与教学实践有效结合的能力。通过对比高校教师和一线教师教研员的专业困惑，可以发现，他们认为比较棘手的问题都涉及以下三项内容：中小学教师缺乏相关专业知识；缺乏学习、研究的积极性和主动性；理论不能在实践中有效运用。除此，高校教师反映，自己在指导中小学教师专业发展或培训中，由于缺少一线中小学的教学经验，对于一线教师的专业需求把握不准，在课堂教学评价能力和上示范课能力方面存在不足，比较担心自己所讲内容不能满足学员需求。之所以如此，一是他们缺少中小学一线教学实践经验，对基础教育不了解（如不了解教师、学生需要，不了解实践基地情况，不了解课改在一线中小学执行的实际情况等），缺少实践案例及对学科教学实际问题的案例分析和解决能力，缺少教学评价能力。二是缺乏相关专业知识，如学科史知识、跨年段知识、学科内容知识等。①

有研究者指出，高校教师需要在以下几个方面加强自身专业素养②：一是作为培训者的职业道德和专业精神③。二是作为中小学教师培训者的专业知识，包括掌握中小学教师专业发展规律和职业生涯阶段理论，具备成人学习心理和社会心理方面的知识，掌握《“国培计划”项目管理规范》和有效培训流程等方面的知识，有对于优秀培训者的专业特征的理性

① 孟繁胜.教师培训者专业发展研究[M].长春：东北师范大学出版社，2018.

② 同上。

③ 需要有积极为基础教育服务的心向和态度，以及由此产生对培训服务能力、教育教学业务发展指导能力的激情和奉献精神；需要有引领中小学教师推进课改的勇气、发展实践智慧和相应策略的强烈动机。

判定和标准设想，有关于优秀培训者的行为表现和价值取向的判断标准，掌握所教学科丰富的学科知识和新课标、中小学教育教学实践知识、教育研究方法方面的知识。三是作为培训者的专业能力，包括对学员需求进行调研和分析的能力，优质方案设计与实施能力，培训资源建设能力[①]，培训方式选择使用的能力[②]，培训项目绩效评价能力，指导学员实施自我导向性学习和教学研究的能力，借助信息技术改进学科教学、促进学员发展的能力，实践基地遴选与建设能力，教师培训者需要具备的其他能力。

高校教师作为中小学教师培训者的专业发展策略方面，以下两个方面的模式可供选择。

（1）“U-G-S”模式，即按照“教师教育一体化”的思路，借助教育行政部门（Government，简称G）的力量，使大学（University，简称U）、中小学（School，简称S）有效结合（建立起教师教育的“U-G-S”模式），对培养、培训和研究统筹规划，使它们相互支撑、协同发挥作用，实现大学与中小学互助双赢，从根本上破解高校中小学教师培训师资团队建设中存在的部分师资不了解基础教育实践，授课缺少针对性；高师院校缺少教师承训激励机制；高师院校与中小学合作机制不健全，对中小学实践基地重“用”不重“建”；培训师资专业发展激励机制不健全，师资水平难有提高；选聘式培训团队组建方式，难以保证培训师资按时到位等问题，从而建设成一支高素质专业化的教师培训者队伍。

在实践中，以“为基础教育服务”作为办学方向，引导高校教师走向基础教育实践的田野，使大学教师深入中小学校，在了解课堂、诊断课

---

① 包括师资队伍建设能力、课程资源建设能力、相关信息收集能力。在培训资源互通互联不够的情况下，占有充足的培训师资成为按需施训的先决条件。在这种情况下，建设培训师资库、课程库和相关信息收集的能力成为培训者需要具备的基础能力。

② 培训方式的选择与培训方案设计能力、课程设计能力密切相关，是项目方案设计和课程设计能力的延伸，属于项目实施和课程执行能力的一部分。培训方式涉及培训组织模式和培训教学形式两个方面。前者如集中面授式培训、网络研修、送教下乡、协同培训等，后者如案例教学、小组研讨、参观考察、专题讲座等。培训方式之间可以根据项目要求和课程特点搭配组合使用。

堂、指导教学、开展合作研究中强化对基础教育一线实际的理解和把握；借助一定的组织形式（如教师教育发展委员会）或平台（如组建教师教育研究院、教师教育研究所、学科教育研究所等）推进职前培养、在职培训和教育研究有效结合，加强基础教育师资培训团队建设；在走向实践的同时，邀请一线优秀教师和管理者到大学，通过开设“基础教育改革前沿问题系列讲座”，以个人或教学团队形式，为大学师生开设基础教育改革方面的讲座或课程；为了使教师教育师资不仅“立地”亲实践，还要“顶天”懂理论，就需要教师能够有机会参加海内外学术研讨会，参加高层次重大教育科研课题的研究，进而在教育教学研究与教育教学思想交流中获得理论提升。

（2）研训一体模式：一是研与训在内容上的一体化。大学有教学、科研和社会服务功能，在高师院校，教师除了要培养人才，还要从事教育科研。这些教师的学术活动除了科学研究的学术，还包括“教学的学术”①。“教学的学术”包括学者们围绕教学所做的一切工作，要求对学

---

① 20世纪90年代，美国教育学者欧内斯特·博耶（Ornest Boyer）通过检视当代高校教师工作，重新为“学术”分类和定位，指出大学里存在着发现的学术（scholarship of discovery）、综合的学术（scholarship of integration）、应用的学术（scholarship of application）与教学的学术（scholarship of teaching）等四种学术。他强调，不同种类的学术都应受到尊重，鼓励大家各尽所能，为学术、教育和社群服务。作为学者的大学教师，其学术活动不仅意味着参与研究，还意味着寻求学科间的相互联系，在理论与实践之间搭建桥梁。舒尔曼（Shulman）继博耶之后，对“教学的学术”作了进一步阐述，将其发展为“教与学的学术”（the scholarly approach to teaching and learning），突出体现学生学习，并认为“教学学术的成果同科研一样，有将成果公开、交流、评价和建构的特点”。“教学的学术”概念扩展了学术内涵和外延，使大学教师教学和专业发展受到更多关注。“教学的学术”常被与一系列专业概念放在一起讨论，如“行动研究”“反思性实践”“教学有效性”“教师专业发展”“知识的发现和推进”等。在实践中，加拿大英属哥伦比亚大学以博耶的“教学的学术”理念为根基，从组织化层面建构了“高校教师教学证书”项目（Faculty Certificate Program on Teaching and Learning in Higher Education），制订了大学教师教学水平提升计划，为教师“量身定制”课程，鼓励反思和研究教学，促进形成大学教师学习共同体。

科本身具有丰厚的知识储备，并对教学进行缜密计划与不断反思。教学不仅是传送知识，而且还在于转变与扩展知识。“教学的学术”就要将研究、教学和学生学习结合起来。高校教师对教学进行研究，可帮助其更好地理解学生学习的过程和特点，设计整合的和有针对性的课程，探讨具体情境下的有效教学，并与同行分享教学研究。

二是研与训在主体上的一体化。高校教师教育者（中小学教师培训者）既是参训者又是研究者。他们做交流访问学者和进博士后科研流动站学习，就属于研究和培训一体的专业发展模式。作为一名自我研究者和教育者，教师教育者的自我专业发展包括其分别作为教师职业者和教师教育者的自我专业发展，前者需要高校教师来自一线又经常到一线了解基础教育实践、参与基础教育一线的教育改革研究和经验总结；后者则是在教师教育专业研究、建设过程中实现的。高校教师访问学者这种教师教育者专业发展模式以研究作为主要任务，拉动作为访问学者的教师教育者自主导向性学习和技能训练，在完成科研任务的过程中主动接受研修培训，实现自我成长。高等学校青年骨干教师国内访问学者项目是加强高校教师队伍建设的重要举措，国家每年都会划拨一定经费给予支持。这种学习属于专业领域的短期进修和学习，国内访问学者访学的时间一般为3个月至1年，国外如密歇根大学则是6个月至1年。

第六章　学科视角下的在职教师教育

一、新时代教师教育学科建设的现状与方向①

纵观我国教师教育的发展，从21世纪之初开始，经历了从“师范教育”到“教师教育”的话语转换，再到现在呈现出强烈的学科建设诉求，教师教育发展至今，无论从政策、实践还是学术层面，都积累了一定的发展基础。在当前建设中国特色社会主义的新时代，教师教育学科建设迎来了良好的发展契机，但同时也面临着诸多的挑战，需要大力加强。

（一）背景：教师教育学科建设的发展历程梳理

2001年，《国务院关于基础教育改革与发展的决定》第一次在政府的政策文本中以“教师教育”替代“师范教育”，提出要“完善教师教育体系，深化人事制度改革，大力加强中小学教师队伍建设”。2002年2月，教育部颁发的《关于“十五”期间教师教育改革与发展的意见》正式将

---

① 2018年6月23日，北京教育学院组织召开了《教师发展研究》创刊一周年座谈会暨教师教育学科建设研讨会（以下简称北京教育学院会议），邀请来自全国10所师范大学的13位知名学者，立足基础教育改革与发展进程中中小学教师的专业发展，共同探索当前教师教育学科建设的基本问题。事后，笔者撰写了《新时代教师教育学科建设的现状与方向——北京教育学院教师教育学科建设研讨会综述》一文，在回顾教师教育学科建设实践探索进程中三次重要学术会议的基础上，梳理了北京教育学院会议与会学者的主要观点，并在此基础上总结了当前教师教育学科建设的基本思考。详见刘胡权，李雯.新时代教师教育学科建设的现状与方向——北京教育学院教师教育学科建设研讨会综述[J].2018（3）：118-124.

“教师教育”界定为“教师职前培养、入职教育和在职培训的总称”。由此，随着教师教育改革实践及理论研究的推进，教师教育学科建设越来越多地受到关注。在教师教育学科建设学术研究与实践探索的进程中，有几次学术会议具有里程碑式的意义，梳理和汇集了前期的研究成果，也激发和催生了后续研究的开展。

1. 南京师范大学会议与浙江师范大学会议

在21世纪初，全国召开了两次关于教师教育学科建设的有影响的会议，以这两次学术会议为契机，涌现出一批关于教师教育学科建设的成果。第一次会议是2006年12月8～9日在南京师范大学召开的首届“全国教师教育学科建设研讨会”，会议由中央教育科学研究所、南京师范大学和江苏省高教学会教师教育研究委员会主办，中央教育科学研究所教育理论研究部和南京师范大学教师教育学院承办。与会者讨论了教师教育学科创生和发展的现实基础和历史必然，认为教师教育学科建设既是教师教育专业化的时代诉求，又是教师教育大学化的必由之路，教师教育学科建设的目标指向应以教师教育专业化实践为导向。

第二次会议是2008年12月13日在浙江师范大学召开的“中国教师教育改革开放30年：回顾与展望”高端论坛，论坛由中国教育报、浙江师范大学共同主办。论坛围绕中国教师教育改革开放30年的主要成就与经验、面临的主要问题与创新举措、发展的战略前瞻三个主题进行了热烈的讨论。论坛发布了两本著作——《中国教师教育30年》和《聚焦中国教师教育》，以对国内外教师教育发展的历程、现状和未来走势的准确把握为基础，通过对大量历史文献的梳理，纵横、立体而全方位地探讨了教师教育的相关问题。

2. 华东师范大学会议

2017年底，中央全面深化改革领导小组第一次会议审核通过了《全面深化新时代教师队伍建设改革的意见》，明确提出“加强教师教育学科建设”“突出教师教育特色”“创新教师培养形态”等意见。2018年初，教育部等五部委联合发布《教师教育振兴行动计划（2018—2022）》，明确

“开展教师教育改革实验区建设行动”，鼓励支持有条件的高校自主设置“教师教育学”二级学科等。在这两个政策文件的感召之下，面对教育改革与发展进程中诸多教师教育的实践问题，在此前研究成果的基础上，教师教育学科建设受到极大的关注，全国师范院校纷纷成立教师教育学院，积极开展教师教育学科建设实践与研究。

在这样背景下，2018年5月11日，华东师范大学教师教育学院举办了“中国首届教师教育学院院长高峰论坛”，聚焦了我国教师教育学院推动教师培养中的核心问题，例如教师教育学院机构建设与运行模式、学科教育教师队伍建设的机遇与挑战、教师教育课程建设的现状与困境、未来卓越教师培养的探索与实践等。会议也谈及了教师教育学科建设相关问题，认为应该加强教师教育学科建设，提升教师教育的学术地位。

3. 北京教育学院会议

作为聚焦中小学校长和教师继续教育的成人高校，北京教育学院在“十二五”期间持续开展了继续教育学科建设的实践探索，并在学院“十三五”发展规划中明确提出学科建设的系统部署，以此作为学院事业发展的重要支撑和关键领域，部署实践探索与理论研究。2018年6月23日，北京教育学院组织召开了《教师发展研究》创刊一周年座谈会暨教师教育学科建设研讨会，邀请来自全国10个师范院校的12位教育学院院长、资深学者到会，包括：西南师范大学副校长靳玉乐教授、北京师范大学教育学部部长朱旭东教授、华东师范大学教育学部副主任李政涛教授、北京大学教育学院陈向明教授、东北师范大学国际与比较教育研究所所长饶从满教授、首都师范大学教师教育学院院长田国秀教授、山东师范大学教育学部常务副部长徐继存教授、陕西师范大学教育学院副院长龙宝新教授、陕西师范大学教育学院郝文武教授、华南师范大学教师教育学部常务副院长王红教授、西北师范大学教育学院院长赵明仁教授、西北师范大学教育学院李瑾瑜教授。

北京教育学院会议聚焦中小学教师职后专业发展来探索教师教育学科建设，议题包括以下七个方面：教师教育学科与教育学其他下属二级学科的关系；教师教育学科建设的基本定位，与学科教育学、成人教育学的关系；教师教育学科建设的学科结构或者图谱，主干学科及其核心内容；教师教育学科建设要研究的主要理论问题和实践问题；教师教育学科建设知识生产与创新的主要领域及实践转化；教师教育学科建设的基本路径和主要策略；教师教育学科的国际比较与借鉴。与会学者紧紧围绕这七个议题，结合各个高校的学科建设的实践探索和自身的学术研究，发表各自的真知灼见。

（二）观点：教师教育学科建设的核心问题回应

梳理13位与会专家的发言，基本是围绕教师教育学科建设的基本问题展开：教师教育学科建设的意义、教师教育的研究对象、教师教育的学科性质、教师教育的知识体系和职后教师教育的学科建设问题。

1. 教师教育学科建设的意义

多数专家高度认可教师教育学科建设的意义。他们认为教师教育学科建设存在非常强劲的实践需求，具有非常有利的政策环境，也具备丰富的学科建设基础，当前非常必要且要大力推进教师教育学科建设。例如，朱旭东教授认为，新的时代背景下，应该抓住政策机遇，凝聚力量破解教师教育的相关难题。靳玉乐教授认为，在当前研讨教师教育学科建设问题，聚焦“职后教师教育学”，显然是和北京教育学院的定位相契合的。李政涛教授认为，教师教育的学科建设要立足中国本土的经验与实践，在放眼中国中走向世界。王红教授认为，国家发展对教师教育人才的需求、教师教育专业化发展的需要以及填补教师教育理论空白等，都势必要求加强教师教育的学科建设。

但也有专家表达不同观点，确切地讲是对于教师教育学科建设的忧虑。例如，徐继存教授认为教师教育的研究对象、研究问题、研究范畴仍然比较模糊，难以凝练成一个基本的研究范式，形成基本的知识体系基础，因此应该“审慎成学”。李瑾瑜教授认为虽然教师教育学科建设具备了良好的发展基础，但是从“学科”要素来看，相关的概念、范畴、原理、命题等还不是很清晰严谨，知识体系、理论基础凌乱缺乏深度，研究方法相对单一，对实践问题的回应、解释及跟进能力有限，教师教育仍面临一定的“学科”距离，“难以成学”。

2. 教师教育学科的研究对象

郝文武教授认为，教师教育对象的重要性决定了教师教育学科建设的重要性，教师教育对象的问题决定教师教育学科建设的经验教训和需要解决的问题，甚至也决定了教师教育学科建设的主体，教师教育学科建设的目标、任务、内容和方式。他认为，教师教育者及其活动、规律是教师教育现象和规律的基本现象和规律。教师教育学的对象不是一般的人，而是教师，或者作为教师的人。教育学的对象是教育现象，教师教育学的对象是教师教育现象，任务是揭示教师教育的规律，或者教师教育的合理性。即便是教师也有不同层面、类型，不同学科、不同地域等，也就构成了不同的教师教育现象及教师教育学和学科建设的不同特点。他认为，职前教师教育在很大程度上是学科知识和实践技能导向，职后在很大程度上是现实和实践问题导向。

朱旭东教授认为，要确立教师教育学科的研究对象，首先要厘清教师教育学和其他学科之间的关系。他认为要处理好三个关系：教师教育学学科与教育学之间的关系是包含关系、目的与手段的关系；教师教育学科与学科教学论之间的关系是“人”（师范生）和“事”（学科教研）的关系；教师教育学科与大学中学科教育学的关系，大学的学科教育学是教师教育学科建设的基础，急需关注大学中学科教育学的发展。

王红教授认为，教师教育学科的研究对象具有特殊性，主要体现在：与教育学研究对象的不同，教师教育的研究对象是具有职业定向性的教师（professional student）；在教师教育学科内部存有两种对象，一种是无个体经验的“准教师”，一种是具有丰富个体经验的在职教师。她认为，教师教育学范式就是教师教育科学共同体成员共有的东西，由共同的信念、价值、技术等构成的整体，她基于哲学范式、社会学范式和人工范式的分析，认为教师教育学科的研究对象是“教师培养与发展现象与问题”。

龙宝新教授也强调了教师教育学科的特殊性，主要体现在：（1）作为领域知识聚合体的复杂性，即领域知识主宰，学科知识稀薄；外借知识为主，自产知识较少；共识知识主打，科学知识为辅；学科范式不定型，“边界漂移”现象普遍。（2）人人皆为教育家的泛主体，即学者、政客、家长可以轻易跻身教育学术圈；教育学家与非教育学家间界限模糊，缺乏硬标准；教育学术与教育实践的“分体”现象明显。（3）“教育+学科”构架的复合性，即教师教育学科都是“大教育学科”；以学科教学实践为轴心的统合体；学科生命的双依赖性：学科与教育共融性。

3. 教师教育学科的学科性质

朱旭东教授认为，教师教育具有三种属性：政治属性，涉及教师教育的管理；实践属性，涉及培养的教育模式；学术属性，建基在学术学科之上。

李政涛教授认为，教师教育学科建设应遵循从问题、领域再到学科的逻辑。他以北京教育学院职后教师教育学科建设为例，认为应该以问题、实践为逻辑起点，再逐步以学科为视角和眼光，整体布局教师教育学科建设。

陈向明教授也强调教师教育学科的实践属性，她认为职前教师教育应从问题入手，以核心实践为主要内容开展，而职后教师教育则可以引入学科理论和逻辑体系，但要与教师的自身实践反思相结合。

靳玉乐教授认为，教师教育学科建设不能排斥由概念到概念，通过逻辑的方式建构理论体系，但更重要的是通过问题、通过实践的探究，把经验升华为理论，要坚持问题先导，实践为重。

徐继存教授认为，教师教育作为重要的研究领域，具有多学科的交叉、综合与互补。教师教育学科需要确立自己相对独立的研究对象与研究领域，在这个问题没有完全取得共识之前，不主张把教师教育学科分化为无数个学科或庞大的学科群。他认为，教师教育要解决的问题或基本矛盾是日益增长的教育需求和优质师资匮乏的矛盾，根本目的也不过就在于培养和招收一批优质的教师队伍，因此优秀教师的成长与发展可能成为一个焦点，这个应该是教师教育学科确立的知识基础或经验基础。他认为，只有当知识积累到一定程度，教师教育学才能真正成为一个具有学科内涵的学科。教师教育学科应该是个行动的学科，是思想与行动相统一的学科，正是思想和行动的统一才可以凝练从事这个学科的人的德性，可以提升这个学科的尊严。

4. 教师教育学科的知识体系

朱旭东教授基于教师教育学科与教育学其他二级学科的关系，提出教师教育学科的人才培养逻辑，设立幼儿园、小学、中学、职教、特殊教育、大学六大教师教育专业。同时，完善教师教育学科知识体系逻辑，包括教师教育原理、教师教育史、教师教育课程和教学、教师教育研究方法（论）等。此外，他认为教师具有全专业属性（学习的专业、教授的专业、学科的专业、伦理的专业）。基于教师的全专业属性，他提出教师教育的学科突破，即教师教育学科怎么围绕这样四个专业来构建教师教育支撑的学科体系。

陈向明教授认为，教师教育的知识创新应遵循教师工作的实际。她指出，教师工作具有复杂性，很难用一些原理、原则性的东西说清楚，教师很难联系到自己的日常工作中去，他们就像在低洼的沼泽地里面挣扎，甚至连自己的问题到底是什么都说不清楚，不像理论工作者可以在高地建构自己的理论。她认为，教师的知识不论是为了实践的知识（knowledge for practice）还是实践中的知识（knowledge in practice），都是不够的，都有偏颇性。如果能够将两者结合起来，成为实践知识（knowledge of practice），更有利于教师的培养和发展。

饶从满教授基于教师教育学科的知识基础，提出教师教育研究的四方面课题。第一，教师研究。主要包括教师素质结构研究（核心素养研究），教师学习方式及其特征研究（作为成年人的研究，学徒期观察对教师的影响，转化学习理论视角下的教师学习），教师发展轨迹及其影响因素研究（生涯阶段理论视角、生命历程理论实际视角）。第二，教师教育者研究。主要包括教师教育者的素质结构研究，如教师教育者（不同类型、不同阶段的教师教育者）的核心素养，教师教育者专业标准；教师教育者的发展轨迹与方式研究，如教师教育者的发展轨迹、教师教育者的发展方式；教师教育师资队伍建设研究，如教师教育者的培养、教师教育者的在职教育。第三，教师教育模式研究。主要讨论教师教育中大学与中小学的关系，教师教育的学科专业与教育专业的关系，教师教育中理论与实践的关系。第四，教师教育效果评价研究。主要涉及评价指标体系的有效性，评价的公平性、可行性和可操作性等。

徐继存教授认为，教师教育学是个交叉的学科，基本范畴很难是单一的，但也不能过于分散，所以必须从分层交叉走向多元的整合、聚合。教师教育的研究范畴既包括教师个体的素质结构与发展过程，也包括教师教育的结构与功能、测量与评价，围绕这些板块可以确立教师教育学科的基本逻辑框架，也可以从别的角度探讨。

郝文武教授认为，教师教育学既然是教育学科的分支学科，就应该重视基本理论、教育哲学、教育学、普通课程教学论等知识的教学；教师教育学既然是面向不同学科教师的教育学教育，就应该重视学科教学论的教学和课程建设；教师教育学既然是面向中小学教师和大学教师、职前职后的教师，既然有专科、本科、硕士、博士层次等不同层次，教学目标和内容也应该有不同的层次和类型。

赵明仁教授认为，教师教育学是研究教师成长与培养的知识系统，是以教师成长规律为基础，探究教师职前与在职发展过程的学问。他以美国的《教师教育研究手册》为例，认为教师教育研究的主题包括教师教育基础、教师专业性、教师教育模式、教师教育课程、教师教育教学、教师教育评价、学科教师教育课程、教师教育管理等。在职教师教育学科的主要内容应包括教师的生涯周期、优秀教师的特征、教师的成长机制、在职教师教育课程设计、在职教师教育教学、在职教师教育评价、教师管理等。在职教师教育学科建设应坚持理论取向、实证取向和本土取向。

5. 职后教师教育的学科建设

靳玉乐教授认为，强化职后教师教育建设非常重要。他认为，职后教师教育学科建设首先不能回避一个哲学前提“教师是什么”，它制约着教师教育学科建设的方向。教师因社会而存在，教师因学生而存在，教师为个人而存在，教师是一种社会存在，是一种关系存在，也是一种个体存在。教师教育学是为了教师发展和成长的学问，必须把教师放在第一位，这是学科建设的前提。其次，职后教师教育应以职后为重，但不忘职前，一定要从一体化的同等的概念来考虑职后的教师教育学科建设，职前职后一体化，不能把两者割裂，割断。最后，教师教育学科建设，既要探讨教师的职业发展，更要研究和思考教师个体作为人的成长，把这两个方面整合起来，这是教师教育学得以建立的核心议题。教师的职业发展关注的是教师的专业伦理、专业知识、专业智慧的发展，而教师的个体成长关注的是教师的价值、心理和行为的改变。

王红教授特别强调职后教师教育学科建设的重要性。她形象地比喻职前教师教育和职后教师教育是“4年”和“40年”的关系，即职前培养是通过4年的师范教育对潜在的未来教师培育的过程，而教师培训是注重教师职后的专业成长，是对在职教师长达40年的专业提升过程。由此可见，职后教师教育学科建设的必要性。

李政涛教授认为，北京教育学院的职后教师教育学科建设要立足北京教育，立足北京实践，立足北京问题，立足北京经验，以问题、实践为逻辑起点，同时放眼中国，勾勒教师教育学科的学术地图，找到标杆，寻找优势、劣势和发展点。在此基础上，走向世界，讲好北京的教师教育故事，走出中国的教师教育学之路，做出中国贡献。

田国秀教授提出了“优势取向的职后教师教育”。她认为，教育的本质是关系。谈教师教育学科建设既要涉及这个学科的从业者与整体学术共同体的关系，又要关注与学科建设密不可分的教育对象的关系，包括职前教育对象和职后教育对象。前一个问题关乎教师教育学科在学术共同体中的地位、声音、权力，后一个问题关乎教师教育学科建设的实践价值与时代定位。对于职后教师教育而言，以往基本是问题取向、缺陷取向，即假设教师们来进修是因为知识陈旧了，教法落后了，需要充电了。基于这样一种假设，培训者与受训教师的关系成为我有你无、我多你少、我知你不知的结构。导致的结果是，培训者以自我为中心、真理在握、居高临下。很少深刻反思在职教师的真需要、真问题，形成的教育关系是我讲你听、我说你记，基本没有发挥职后教师的能动性与内驱力。优势取向也叫资源取向，基本假设是职后教师有着丰富鲜活的实践经验，形成了富有特色的知识特征。他们对于教育现实的理解与应对，可能不是高深的、学理化的、系统的理论知识，但却是鲜活的、个性化的、有针对性的实践知识。这恰恰是教师知识的优势所在。因此，职后教师教育学科的建设与发展，必须充分认可职后教师的实践知识、个性化知识，才能从根本上激活职后教师主动学习、自我发展的动力。从教育政治学的意味上说，是推进教育平等，给一线教师赋权、增能的路径之一，也是教师教育学科建设不可或缺的内容。

钟祖荣教授介绍了北京教育学院特色的教师培训体系和“3+1+N”（三大计划：启航、青蓝、卓越；一项协同创新学校计划：基于学校需求与现场的行动研究与培训；N项教育改革专题培训：短、小、新、实的专题培训）的人才培养模式，以及基于学院实际工作需要的、具有功能导向和实践导向的学科建设状况及其取得的部分成果。他认为，教师培训学科是教师教育学科的一个组成部分，学科建设应基于教师培训的工作，这是实践基础。在此基础之上，从学术学理的角度，从学科的角度探讨相关的问题。

（三）共识：教师教育学科建设的基本判断

纵观教师教育的发展历程，经过了从话语转型到学科诉求的发展过程。教师教育发展至今，无论从政策、实践还是学术层面，都积累了一定的基础。较之2006年南京师范大学会议对教师教育学科建设的讨论，与会专家一致认为，新时代教师教育迎来了一个良好的发展契机，虽面临诸多挑战，但应该明确建设主体，遵循学科建设规律，加强整体布局，坚持四项基本取向，大力加强教师教育学科建设。

1. 具备一定的发展基础

首先，从知识体系基础来看，教师教育学科在分化，开辟了教师教育基础、教师专业性、教师教育模式、教师教育课程、教师教育教学、教师教育评价、学科教师教育课程、教师教育管理等研究领域，使得教师教育研究逐步深入，给教师教育学科发展带来新的生机和活力。教师教育学科在分化的同时又与横向学科综合、交叉和渗透，形成教师教育哲学、教师教育史、教师教育政策、教师教育管理等研究内容。其次，从制度基础来看，经过20多年的发展，教师教育学科建设逐渐呈现出规范化的局面，相关学会、专门研究机构、学术刊物已经建立和创办。再次，从队伍基础来看，相关的硕博点已经设立，专门的教师教育学院也陆续设立和发展，教师教育研究的队伍逐渐壮大，作为独立学科的构建工作也逐步提上议事日程。最后，从理论基础来看，出版了一批系统介绍国外教师教育理论与经验的专著和译著，也出版了一批本土的教师教育学专著、教材、系列丛书，奠定了学科建设的基础。

2. 仍面临诸多发展困境

首先，较之2006年南京师范大学会议，教师教育学科建设在学科性质、研究对象、研究方法等方面已经取得了很大的共识，但是在学科概念、范畴、原理、命题、知识体系等方面仍存在一定分歧，相关的研究及理论基础尚欠缺。其次，较之蓬勃发展的教师教育实践，教师教育研究的深度跟进与更新不足，教师教育本应扎根教师教育实践以回应实践或问题所需，然而实践迅猛发展，理论建设明显落后。再次，“教师教育”作为舶来品，屈从于西方的话语体系，尚未生成立足国情、解释本土的话语体系，因此难以彰显中国特色，也难以与世界交流，做出应有的中国贡献。最后，尽管教师教育建设目前具备一定的知识体系基础、理论基础，但教师教育的理论研究力量仍然十分薄弱，教师教育的学科发展缺乏系统筹划，理论基础出现偏差，研究内容过于肤浅，理论视野过于狭隘，研究方法相对单一等。因此，教师教育的学科建设仍需加强。

3. 可努力的建设路径

一是要明确建设的主体。教师教育是以教育学学科和专业为核心的多学科协同运行发展构成的综合学科和专业，建设一流教师教育必须使各学科优化组合、协同发展，必须首先建设好决定师范院校性质或本质的教育学学科。建设教师教育学科，必须强化师范大学的师范性，以师范大学为主带动师范院校和其他教师教育组织、机构。

二是要遵循学科建设的一般规律。从一般“建设”的意义上看，教师教育学科建设主要包括构建学科知识体系，确定学科内容范围，完善学科学术组织，建立专业师资队伍，建设学科发展基地，建立学科保障制度等。学科制度、课程体系、学术队伍是保证学科建设的重点，其中学术队伍是学科建设的核心。知识的创造、转化和应用，都必须通过培养一支优秀的，有创造力的学术研究队伍来实现。我们也可以从“学科”的特质进一步看教师教育学科建设，也就是通过理论体系的构建，使教师教育获得独立性，然后通过学科设置和学科性的专业建制等过程，建立起该学科稳定的研究制度和训练制度。学位点、学术组织、学术平台、学术刊物等是学科制度建设的“核心”，在具体实施方面可以参考高等教育学及教育技术学的学科建设路径。

三是加强整体布局。教师教育成“学”需要多层努力。在宏观布局层面，进一步明确学科定位、目标、方向，加强学科规划，完善学科结构与体系等。在中观层面，加强学科制度建设，例如学位点、学术组织、学术平台、学术刊物等的建设，科学的组织管理机制，合理的评估机制等。微观层面，主要是通过学科创新平台的建设进一步凝练学科方向，遴选与培养学科带头人、学科骨干等，建设好学术梯队，加强学科基地的保障等。

四是坚持四项基本取向。首先，坚持教师取向。教师教育学科建设必须首先回答“教师是什么？”对这个问题的回答，制约着学科建设的方向。教师因社会而存在，教师因学生而存在，教师为个人而存在。“教师”是一个“活人”与“全人”，教师教育就是关于教师的“整体全面发展”与“全人教育”。因此，必须树立“教师第一”的观念，这是学科建设的前提。其次，坚持中国取向或本土取向。与会专家一致认为，中国有着全世界最伟大的教师教育实践，有着深厚的师道传统，我们必须要有属于自己的教师教育知识体系。所以，教师教育学科建设，应当具有非常清晰的中国取向，总结、提炼中国智慧，讲好教师教育的中国故事。再次，坚持问题取向或实践取向，这是由教师教育的学科性质决定的，作为一门学科存在，理论体系建设自然重要，但实践本源更为重要，应坚持问题先导，实践为重，从问题到领域再到学科。最后，坚持多学科或跨学科取向。教师教育的学科建设本身就是学科不断分化、整合、交叉、融合的过程，因此必须借助多学科的视角、知识、理论、方法，以“跨学科”为路径和抓手，带动相关学科聚焦攻关。正如有的专家所言，用“穿越思维”“跨界思维”加强教育学与具体学科间的内部整合，用“横断学科”思维建设教师教育学科，用“教育思维”统整教师教育相关学科。

二、在职教师教育的学科属性

从学科视角来看，在职教师教育是教师教育的有机组成部分，考察在职教师教育的学科属性，首先要考虑教师教育的学科属性。有关教师教育的学科属性，已经有比较多的讨论。陈永明教授认为，教师教育学作为教育学的二级学科，与教育科学的其他分支学科有何联系，在教育科学学科体系中居于何种位置，都是思考教师教育学学科属性的首要问题。他考察了现已存在的教育科学各分支学科，大致有以下几种形成方式。[①]第一种方式是：像教育哲学、教育经济学、教育心理学这些学科的形成，主要是把所运用的学科——哲学或经济学或心理学作为一种理论分析框架，它们

① 瞿葆奎，唐莹. 教育科学分类：问题与框架[G].教育科学分支学科丛书.北京：人民教育出版社，1998：5-27.

研究的对象就是通过这些框架观察到的那部分教育现象。其论述方式是各自运用这些学科的解释，研究达到目的的种种条件，从某一角度在教育领域中创造性地提供一种好的方法或好的活动结构，把这些学科所作的一般承诺转化为对教育活动作出的特殊承诺。第二种方式是：运用的学科是以一种具体的方法为特征，如比较教育学；或具有工具性，如教育统计学。这些学科与教育的结合点在于，教育领域在哪些方面可以运用这些方法进行研究？如何运用？由此而形成的教育学科，其对象是这种方法所能达到的地方。第三种方式是：综合运用多门学科的解释（或成果）来解决教育的某一相对具体的实际问题。这类学科带有较强的操作性，在这类教育学科中又有两种不同的情况：一种是学科研究的对象是属于教育领域内部的活动，是教育活动独有的问题，这种学科有课程论、教学论等；另一种是学科研究的对象并非教育领域独有的问题，如管理、技术、规划等问题，这些问题是教育行政（管理）学、教育技术学、教育规划学的研究对象，但这三门学科在研究这些问题时本身就综合运用了多门学科的研究成果，因此，教育行政（管理）学、教育技术学、教育规划学看上去是一门学科运用于教育领域的结果，实际上是综合运用了许多学科而形成的。上述由三种形式而形成的教育科学分支学科，都是以教育活动这一实践形态为对象的，最终以理论形态表现出来。随着这些学科在理论上的不断发展和逐步成熟，教育科学也同许多其他学科一样，需要自我反思，也就是要对教育理论本身进行研究和分析，由此一些新的学科正在形成，并跻身于教育科学的行列，如元教育学、教育学史。

通过分析教育科学各分支学科得以形成的具体路径后，陈教授认为，教师教育学属于第三种路径，即综合运用多门学科的解释（或成果）来解决教师教育这一相对具体的实际问题，其研究对象属于教育领域内部的活动，是教育活动独有的问题。教师教育学科是介于宏观理论学科与微观应用学科之间的一门中观学科，一门具有综合性和边缘性的“实践教育学”，教师教育学科建设不是为研究而研究，而是为培养教师、促进教师专业成长的实践行动提供指南。从教师教育研究和实践的现状和历程来看，无论是中国还是西方，对现实问题的关注始终是教师教育研究的动力和源泉，并不刻意追求理论的建构，在很大程度上是由实践驱动、以实践为导向的研究。应用学科的知识体系建构应是根据实践需要来构建，而不是像“纯”学科那样按照严格的逻辑体系来构建：基于一个明确划分圈定的客观、独特对象，运用一个唯一、独特的研究方法，衍生出一套特定的学科概念、范畴，形成了一个逻辑严密、内在凝聚性强、高度一致的成熟理论体系，从而拥有了一个学科的头衔和标志。同时，这一个学科又作为规训制度，以特定的学科教育形式培养学科人才并继承特定的学科知识和学科工作方式，保证了学科“法统”的纯正，从而保证学科的永久存续。[①]

也有学者认为，“教师教育学”就是关于“教师教育”的价值立场、规律、原理与方法、政策与法规以及制度建设等的学问。教师教育学的研究对象是对从事各级各类教育、教学工作的教师进行的职前培养、入职教育和在职培训的实践和理论，是教师培养与成长中的特殊矛盾和客观规律；教师教育学的研究目标即在揭示各级各类教师的不同成长阶段的规律以及针对不同成长阶段进行的职前、入职、在职教育实践活动的规律（三个不同阶段的教育规律和三阶段间一体化的教育规律）；研究的核心问题是如何依据教师成长规律来有效地促进教师专业发展，具体研究问题诸如“合格教师需要具备哪些专业素养”“师范生达此标准需要具备哪些专业知识、能力和品德”等，是教师教育学与普通教育学（学校教育学）、成人教育学、高等教育学、职业技术教育学等学科相区别的重要标志，更是教师教育必须坚守和拓展的研究领地。[②]

对在职教师教育而言，国内传统的“培训”是以技能训练为主的，是简单的技能传递。故有人一直认为培训不可能成为专业，也没有研究的必要。殊不知，培训作为教师在职教育，本属于教师教育。教师培训涉及成人学习特点和规律，又不同于青少年教育。培训不止于训练，还有培育、

① 陈永明等著.教师教育学[M].北京：北京大学出版社，2012：94-95.

② 杨跃.教师教育学[M].北京：北京师范大学出版社，2016.

培养和发展之意。现在培训领域出现了新形势[①]：首先，培训者由“知识传播者”向“知识生产者”转变。培训者不是知识贩卖者，而是知识的选择者和生产者。那么培训者可以产生怎样的知识？培训者产生知识的过程是怎样的？这些知识以怎样的形式被认可和使用？……这些都值得研究。其次，培训方式由“承袭式”向“创新式”转变。现代社会需要培养未来人才，原有的知识已经不能满足需要，如何指导参训教师掌握反思的技巧，使其能够创造性地学习知识和未来所需技能，已成为教师指导者的必备功课。这样的培训已远非承袭式培训所能及，充满挑战和创造性的培训模式正如雨后春笋层出不穷，而这需要具有创造性的培训者方能理解、驾驭和创生。再次，培训内容由“补缺型”向“挖潜性”转变。面对知识经济的挑战和日益激烈的市场竞争，培训仅为“补缺”已经远远不够，“挖潜”已经逐渐成为培训的重点。挖潜的过程是激发学员和培训者创造性的过程，需要学会思考、更新观念、释放潜能。这样，学员的成人学习心理创造性激发的相关理论都需要研究和发展。最后，由“注重组织发展”向“注重组织发展和个人发展相结合”转变。教师的发展不再只是为了学校和基础教育质量的提升，教师的自我发展已经成为培训的目标之一。教师的专业发展、培训者的专业发展都已经成为教师培训者需要关注的议题。不同教师教育者角色发展问题是在职教师教育发展的应有之义。唯有通过学科建设与发展，才能为教师培训工作提供大批专业人才。教师专业发展理论的不断丰富和成人教育学、成人学习学乃至教师培训学的发展，为在职教师教育的发展提供了良好的基础。

在国外，在职教师教育即是“在职教师培训与发展”，然而在职教师教育与“在职发展”“专业发展”“课程改革与实施”“组织更新”“职员教育”“继续教师教育”等关联起来，尤其在实践中，人们将“教师培训”与“员工发展”（stuff development）、“教师专业发展”混为一谈。其实，“员工发展”经常是指向员工传播某些信息、理念、知识等方面的短期教师工作坊或培训课程。在这些活动中教职员工常常是被动的，

① 孟繁胜.教师培训者专业发展研究[M].长春：东北师范大学出版社，2018.

而“教师专业发展”常常是指教师终生持续展开的教师培养活动，它常常围绕综合性、更加主动的教师学习活动展开，并以教师小组与学校群体的形式展开。相对而言，促进“课程改革与实施”、加速学校“组织更新”只是教师培训的延伸功能，难以构成在职教师教育的核心内涵。在教育实践中，在职教师教育一般是指“针对所有学校员工展开的教师专业发展活动”，其中受训对象既有正式教师又有非正式教师，既有管理者又有普通教师，有时是偶然临时举行的工作坊讨论，有时是连续举行、系统规划的教师专业学习活动。其中，在职进行、针对实践、专业发展、面向全员是在职教师教育的关键词。在职教师教育是一项系统工程，其实质是教师教育机构实施的一项教师主动参与、集体商议的持续性教育实践活动，其目的是促使教师持续专业发展，提升教师素养。

在职教师教育就是研究在职教育实践活动的规律，研究的核心问题是如何依据教师成长规律来有效地促进教师专业发展，这是教师教育学与普通教育学（学校教育学）、成人教育学、高等教育学、职业技术教育学等学科相区别的重要标志，更是在职教师教育必须坚守和拓展的研究领地。在职教师教育的过程就是在职教师“持续专业发展”（continuing professional development，CPD）的过程，是教师进入教职后参与各种“促进教师知识发生变化，促使教师技能更有效应对实践问题的活动”。美国学者Slabine将教师在职发展的规律视为“继续学习”（learn forward）。[①]

从类型上看，教师持续专业发展有四种，即有效教师发展模式、反思型教师发展模式、探究型教师发展模式与变革型教师发展模式。当代世

---

① 他们为教师学习活动确立的原则有六条：一贯性，所有教师培训活动都在既定专业学习的标准、定义与核心信念的指导下进行；个性化，教师学习活动严格按照参训教师需要进行，为他们提供量体裁衣式的服务，鼓励州与学区深入把脉教师发展需要；系统化，教师培训活动要意识到，要确保培训服务有效，就必须推进教育系统内各个层次上的变革发生；重结果，教师学习与培训活动必须辅之以项目评价活动，鼓励使用标准评价系统来监测学生的每一点进步；持续性，至少在五年中，州与学区领导必须持续大力支持本项目；重能力，所有教师培训与学习活动必须关注州、学区、学校、课堂层面上的创造力，确保项目具有可持续性。详见龙宝新.当代国际教师教育研究[J].北京：科学出版社，2016：158.

界教师持续专业发展的主要模式是有效教师发展模式，它强调技术性的一面；反思型教师发展模式在英国较为流行，强调的是教师间持续性与合作性专业学习活动；探究型教师发展模式强调的是教师工作中的明显研究取向；变革型教师发展模式要求将教学视为一项变革活动，以此激发教师专业的辩论性活力。从时间上划分，教师持续专业发展包括入职培训（post-qualification induction）阶段[①]与在职培训阶段（in-service training）。就前者而言，一般指教师参加工作后刚开始1～3年中参与的教师培训活动。就后者而言，它是指教师职业稳定之后持续整个教师职业生涯的教师培训活动。实践证明，职前准备教育根本不可能满足教师终身专业发展的需要，而且在入职前，许多高级、实际的教师专业发展需要根本不可能产生。由此，在职教师教育异常重要，它构成了卓越教师成长的核心环节。在该阶段，教师的专业知识、经验、能力已经有了一定程度的积累，其专业发展目标是超越当下专业发展水平，实现更高水平的“专业自由”境界，故教师职后专业持续发展常常是“自我导向”的，自我教育、自我发展、自我设计比外来培训更重要。同时，本阶段教师培训活动应该强调问题导向（inquiry-oriented），即引导教师捕捉自己教学中的关键问题，并借助教师团队的力量来研究这些问题，使教师在教学实施、班级管理、职业情意等方面得到实际发展。应该说，是否强调自主性、问题性是上述两种培训间的分界线所在。

我国的在职教师教育比较复杂。它从任务上主要是服务基础教育，从内容上讲主要是学科教育，从功能上讲是职业教育（职业教育指受教育

① 这一阶段是教师离职的高危期，教师培训活动支持是帮助新教师度过这一危险期，提高教师留职率的有力手段。美国 SCNTP（Santa Cruz New Teacher Programme，即圣克鲁兹新教师项目）研究表明：全国教师在入职后前六年的留职率为56%，而参加了该项目的教师留职率高达88%。进言之，32%的教师留职是教师入职培训的功劳。在该阶段，国外举行的教师培训活动通常是个性化的导师培训、课堂观察、反思与课例研究行动研究、引导教师参与合作性组织文化等。在美国，为了确保教师顺利入职，各学区一般为新教师提供系统化的入职支撑性项目。据统计，美国公立学校中有56%的教师在入职前三年中参加了正式的入职支撑性项目，一般都有辅导教师或有经验的教师手把手指导。

者获得某种职业或生产劳动需要的职业知识、技能和职业道德的教育。职业教育的适用范围较广，如对职工的就业前培训、对下岗职工的再就业培训等各种职业培训以及各种职业高中中专、技校等职业学校教育等都属于职业教育。职业教育的目的是培养应用人才和具有一定文化水平和专业知识技能的劳动者，与其他教育形式相比较，最大的不同是职业教育更侧重于实践技能和实际工作能力的培养。职业教育的目的是满足个人的就业需求和工作岗位的客观需要，进而推动社会生产力的发展，加快国家产业结构的调整与转型），从属性上讲是成人教育（成人教育指区别于普通全日制教学形式的一种教育形式，进入成人教育学阶段的学生不限年龄和性别。通过这个教育过程，提高成人生活能力、普遍知识、科学技术和专业准入资格，或使他们在参与社会经济、文化活动中的时候态度和行为得到改变），从办学层次上讲是高等教育，它既要“顶天”，又要“立地”。如果按照学科建设的要素或学科制度化的标准来要求，要成为一门独立学科，亟待建构学科理论体系、学科内涵确立、学科研究对象建构、学科理论体系建设等的学科内在制度建设，还需要在学科代表人物、经典著作、大学里的相应建制、专业出版物、研究基金、专业研究者、培养研究生的相关课程组合等方面大力加强。目前国内许多大学已经建立了教师教育学院或教师教育研究所（院）、继续教育学院或远程与继续教育学院；有些大学设立了教师教育专业，有的设立了教师发展与管理专业，有的设立了成人教育专业；有的把这些专业设置在教育（科学）学院，有的放在培训与基础教育学院；有的大学设立教师教育研究方向，有的设立教师教育比较方向；等等。在研究领域，还出现了《教师教育学》《校本培训学》《教师培训原理》《教师培训师专业修炼》等著作。这些专业的开设以及这些与学科建设相关的研究成果的出现，对于在职教师教育的理论构建具有积极意义。就学术组织和刊物而言，2003年9月25日，中国高等教育学会教师教育分会（简称全国教师教育学会）正式成立，使我国出现了教师教育学术团体。2016年，中国成人教育协会教师继续教育委员会成立，有许多教师培训领域的专业人员也参加进去。在职教师教育的学科建设之路还很漫长。在这样的情况下，当前我国在职教师教育研究的重心应立足在职教师教育实践本身，适当构建在职教师教育的理论体系，以为其发展争取一定的学术话语权。在职教师教育研究要面对实践形态的在职教师教育，将实践形态的在职教师教育现象或模式作为研究对象，将寻找实践轨迹、解释实践逻辑作为在职教师教育研究的重要内容。“我们在历史的场域中寻找教师教育的实践轨迹，不仅要寻找教师教育曾经走过的轨迹，还要研究它在我们身上留下的轨迹，其实这原本就是两条融合的轨迹。”①

三、北京教育学院的学科建设实践

北京教育学院是由北京市人民政府主办、北京市教育委员会直管的成人高等师范学校，是从事首都基础教育干部教师专业发展的专门机构，承担着北京市中小学干部教师继续教育及成人高等师范教育任务。自1953年成立，已经度过68载春秋。北京教育学院坚持以学生为本、教师为先、科研为基，以服务基础教育改革发展、干部教师专业成长和学校办学质量提升为己任，形成了“专业引领、实践取向、理实结合、优质服务”的办学特色，充分发挥了作为首都基础教育校长教师培训基地和党建研究中心的引领作用，为北京市基础教育、干部教师队伍建设贡献了巨大的力量。作为从事在职教师教育的重要机构，北京教育学院在“十二五”“十三五”期间持续开展教师教育的学科建设工作，为在职教师教育的学科建设奠定了良好的基础。

（一）“十二五”时期继续教育的学科建设

学院在“十二五”期间开展了继续教育的学科建设的实践探索，按照两条功能线（校长培训和教师培训）、四个层面知识（基础理论性学科、

① 康丽颖.教师教育研究的实践意蕴[J].比较教育研究，2006（7）：27-31.

实践内容性学科、人才发展性学科、培训规律性学科）的逻辑结构，构建了北京教育学院的学科结构。具体见表6-1。

表6-1　“十二五”期间学院学科结构

<table>
<tr><th>层面
系列</th><th>校长培训</th><th>教师培训</th></tr>
<tr><td>培训层面</td><td>校长培训学</td><td>教师培训学</td></tr>
<tr><td>人才层面</td><td>校长学</td><td>教师学</td></tr>
<tr><td>实践层面</td><td>学校管理学</td><td>学科教育学、德育学</td></tr>
<tr><td rowspan="2">基础理论层面
（双基础理论）</td><td>领导与管理科学</td><td>各学科的专业理论
（语言学、文学、数学等）</td></tr>
<tr><td colspan="2">教育理论（教育学、心理学）</td></tr>
</table>

“十二五”期间，学院开展了重点学科建设，提出了包括8个学科群（学科组合）、28个（类）具体学科和一些分支学科。具体见表6-2。

表6-2　“十二五”期间学院学科分类

<table>
<tr><th>学科分类</th><th>具体与分支学科</th></tr>
<tr><td rowspan="2">校长学与校长培训学</td><td>1. 校长学</td></tr>
<tr><td>2. 校长培训学</td></tr>
<tr><td rowspan="2">教师学与教师培训学</td><td>3. 教师学（班主任学）</td></tr>
<tr><td>4. 教师培训学</td></tr>
<tr><td rowspan="2">教育行政学
与学校管理学</td><td>5. 教育行政学</td></tr>
<tr><td>6. 学校管理学</td></tr>
<tr><td rowspan="8">学科教育学与德育学</td><td>7. 语文教育学（对外汉语教育）</td></tr>
<tr><td>8. 数学教育学</td></tr>
<tr><td>9. 英语教育学</td></tr>
<tr><td>10. 思想政治教育学（国际理解与可持续发展教育）</td></tr>
<tr><td>11. 历史教育学</td></tr>
<tr><td>12. 科学与技术教育学（科学教育、通用技术教育）</td></tr>
<tr><td>13. 物理教育学</td></tr>
<tr><td>14. 化学教育学</td></tr>
</table>

续表6-2

学科分类	具体与分支学科
学科教育学与德育学	15. 生物教育学
	16. 地理教育学
	17. 信息技术教育学
	18. 体育健康教育学
	19. 美育与艺术教育学（美术教育、音乐教育）
	20. 德育与班级管理学
教育技术学与远程教育学	21. 教育技术学（微格教学）
	22. 远程教育学
教育类基础学科	23. 教育学
	24. 心理学（学生发展、心理健康教育、智能与创造性）
非教育类基础学科	25. 人文与社会科学（语言学、文学、哲学、经济学、政治学、法学、社会学、历史学）
	26. 数学与自然科学（数学、物理、化学、生物学、地理）
	27. 艺术
职业教育学	28. 财经类职业教育

在28个（类）具体学科和分支学科中，依据首都教育事业发展需要、学院功能定位和今后几年工作重点，结合已有优势和人才队伍基础，考虑关键问题的突破性作用等，确定了20个重点学科，具体包括：校长学、校长培训学、教师学、教师培训学、学校管理学、学科教育学、语文教育学、英语教育学、思想政治教育学、国际理解与可持续发展教育学、数学教育学、科学教育学、通用技术教育学、体育健康教育学、美育与艺术教育学、信息技术教育学、德育与班级管理、心理健康教育、终身学习生涯发展与智能创造性研究、远程教育学。

（二）“十三五”时期的学科创新平台建设

为落实好《北京教育学院“十三五”改革和发展规划》关于学科建设

与科学研究的重点任务，统筹推进学科创新平台建设，进一步提升学科建设水平，北京教育学院（以下简称学院）于2017年5月9日正式出台《北京教育学院学科创新平台建设与管理办法》（京教院科发〔2017〕1号）。学科创新平台建设立足学院具有较好发展基础和优势的学科及学科领域，围绕基础教育改革与发展的重点、难点、热点问题和重大需求，通过开展系统、深入、扎实的研究与实践，在特定问题解决的科研攻关、知识创新、政策咨询、实践探索等方面取得突破。学科创新平台是学科建设的重要推进载体，学科建设是学科创新平台的重要建设内容。要以聚焦学科发展方向、突出应用特色、关注学科前沿、创新科研组织模式、强化学术人才培养等为着力点，通过学科创新平台建设切实优化学科布局，凝聚学科优势，提升学科水平，打造学术高地，推动学科建设取得显著成效。学科创新平台的建设坚持目标导向、突出重点、协同创新、统筹推进的基本原则，进一步凝练聚焦优势学科领域，进一步明确主攻学科领域，重点支持急需、新兴、交叉学科领域。学科创新平台的建设周期为三年，实施分级管理与目标管理相结合的管理方式。

在学院的"十三五"规划和《学科创新平台建设与管理办法》中，明确提出了学院"十三五"期间学科创新平台建设的三个类别：一是"进一步凝练聚焦优势学科领域"，主要包括德育、教师教育、初等教育、教育管理学、课程与教学论、教育心理学、学科教育学等；二是"进一步明确主攻学科领域"，主要包括数学与科学教育、人文与艺术教育、语言与文学教育、体育与健康教育、学生发展、学前教育等；三是"重点支持急需、新兴、交叉学科领域"，主要包括文学、历史学、艺术学等学科方向面向基础教育形成新的学科生长点，和促进基于互联网的新兴学科领域和跨学科教育的研究。这为学院"十三五"期间的学科建设明确了基本架构和主要内容。

学院第三次党代会报告明确提出了"聚焦干部教师继续教育，一批学科形成明显优势，人才培养质量全面提升，创新成果服务实践效果显著，高水平师资队伍建设取得重大进展，办学资源条件不断优化，党的建设全面加强，治理体系更加完善，学院治理体系更加完善，办学实力进一步增强，在国内外教育领域的影响不断扩大，成为以一流教师继续教育著称的高等学校”的奋斗目标。这为学院“十三五”期间的学科建设明确了价值取向和最终成效。

2017年，学院以教育改革发展的重点领域和重大需求为导向，启动了学科创新平台建设工作。经过谋篇布局的顶层设计、统筹共议学科发展动态、精准调研学科发展基础、动员征集学科创新平台意向，凝聚国内知名权威学科专家，权威论证专业审批，完成三轮学科创新平台立项评审工作，成功立项了 7 个一级学科创新平台和 9 个二级学科创新平台（见表6-3）。经过两年的实践探索，学科创新平台建设布局初步构建，学院教师学科意识得到强化，以学科建设统领课程建设、人才培养、队伍建设和社会服务的格局初步形成，学科团队得到组建和发展，有力促进了学科教学研究的深度发展。学院学科布局不断优化，学科建设水平不断提升。

表6-3 “十三五”时期学院确定的16个学科创新平台

平台类型	序号	平台名称
一级学科创新平台	1	中小学健康教育
	2	三位一体美育
	3	教师职后教育创新与发展
	4	学校领导研究
	5	幼儿园园长专业教育
	6	小学生学习评价与发展研究
	7	中小学体育与健康课程研究
二级学科创新平台	1	中学化学实验教育
	2	中华优秀传统文化教育
	3	学校积极心理学
	4	3～6岁儿童综合艺术教育研究
	5	语文知识教学论
	6	素养导向的数学教学研究
	7	基于概念跃迁构建的科学教师培训体系
	8	中小学教师信息素养提升研究
	9	中小学生英语阅读素养的发展研究

四、未来研究的重点

（一）在职教师教育如何促进教师持续专业发展

历史上人们为在职教师教育确定了两大基本原则：一是将职前、入职与职后教育融为一体，让教师自愿参与持续性教师专业发展活动；二是按照学校发展需要原则来为教师设计培训目标，以此不断提高学校的办学效率。显然，前一原则的立足点是教师自身发展需要，这一目标源自对教师现存发展水平的尊重与关注，期待将教师专业发展实践持续其终身；后一原则的立足点是学校自身改进的需要，它假定教师在专业发展上是“空白”或“无要求”的，在职教师教育的实质是在学校发展目标指导下对教师的专业态度、知识与经验进行另一种形式的补偿教育。

在美国，前一理念显然在教师专业发展实践中占了上风，美国国际救援组织向援建国家提出的10条在职教师专业发展项目设计原则中的第一条就是“把在职培训视为教师专业发展连续体的一部分”。在持续发展理念指导下，教师能够受到系统的个性化培育，得到全面、深入的专业发展，而在补偿性的主导下，教师培训可能会走向零散、琐碎的学科知识与技能教育，甚至可能陷入“凭证主义”泥潭，停留在满足教师一般性专业发展需要的水平上。对教师专业发展活动进行职前、入职与职后的一体化设计，在教师职前发展基础上为教师设计出个性化、系统性的持续专业发展方案，成为未来在职教师教育的重要方向之一。为了实现这一目标，欧美等国家和地区也已经进行了诸多尝试。

对我国而言，我们期待能将职前、入职与职后教育融为一体，让教师自愿参与持续性教师专业发展活动，但在实践中融合或一体化的经验不多，或者效果不佳，这方面的努力亟待探索。目前校本研修在我国大行其道，许多教师教育机构会按照学校发展需要原则来为教师设计培训目标，但也存在忽视学校主体需要的情况，使得持续性教师专业发展活动很难

“校本”。未来，校本研修如何更多地促进教师持续专业发展，也亟待探索。

（二）如何真正实现从“教师培训”走向“教师学习”

这一转向彰显着当代教师改革的基本立场，强调并落实教师的专业自主权与专业发展责任，增加教师参训的时间与机会。随之，教师学习成为教师培训的基本依托与一般形式，无论在特征上还是在组织形式上，教师学习对当代各国教师质量提升而言都有非凡意义。

从特征上看，教师学习具有五个明显特点，即聚焦内容、主动学习、主题一致、持续进行与集体参与。其中，内容与主题是将所有参训教师凝聚一体的物质链接，主动学习为教师培训提供了必要的精神动力支持，而集体参与则是实现教师学习活动的基本机制，持续进行是确保教师培训活动效能累积的时间条件。要构建最有力的教师学习活动，教师教育机构或教师教育者应该从以下方面考虑：在集体参与的基础上积极促进有效的群内沟通活动；搭建好教师网络与学习小组；创建持续、集中、长期的教师培训项目；把教师专业发展活动整合进学校教师专业项目中，将其与学校的课程、评价、质量标准关联起来；基于合作学习、主动学习与反思性学习展开；聚焦在具体的教育教学知识点上；关注学生学习内容与考试成绩；等等。这些操作性要求使教师学习的理念落地有声。[①]然而，目前有关教师学习的研究特别是实证研究还很不够，基本停留在理念倡导阶段，缺乏具体的操作经验或实践模式。因此，有关教师学习特别是中国情境下的教师学习研究亟待加强。

从组织上看，教师学习共同体是教师学习的有效组织形式。随着教师教育核心理念——参与、互动、自主等的确立，欧盟将教师培训改革重点锁定在培训组织上，大力推进教师专业学习共同体建设便是其近年来教师培训改革的主题。欧盟认为：一方面，教师学习嵌在社会背景与经验中并通过反思性、互动性交流得以发展；另一方面，只有参与教师学

① 龙宝新.当代国际教师教育研究[J].北京：科学出版社，2016：215.

习共同体才可能真正引导教师开展教学变革，实现提升学生学习质量的目标。据此，建立“以强调学生学习、共享价值、集体负责、注重反思、关注合作、重视探究”为主要特点的教师专业学习共同体，大力推进教师学习方式的变革，成为欧美国家造就大量优秀教师的坚实依托。教师学习共同体的核心要素有两个：一是合作的氛围，二是评价反思机制，二者在相互催生中推动着教师专业的持续发展。在教师学习共同体中，教师培训活动的主要形态是教师学习或教师专业学习活动，它是以教师的自主、自觉、自省为基础的教师专业发展实践。就其实质而言，基于专业学习共同体的教师学习活动是合作式教师专业发展（collaborative professional development）的一种表现形式。国外学者研究发现，这是一种比教师个体专业发展更有效的发展途径，代表着未来世界教师培训变革的主流方向。为了实现这一培训形态，教师培训模式改革应该从以下七方面着手：压缩学校规模与公共培训时间；降低员工组织的复杂性；赋予教师以决定权；提倡支持型领导；多途径理解抽象专业知识；集体决定教学质量标准并引导教师调整教学行为；建立支持探险与创新的文化氛围。近些年来，我国基于对西方教师学习共同体的认识和了解，已在逐步反思和研究我国本土的学习共同体，但目前尚处于对西方概念的借用和消化阶段，没有形成中国本土的概念，对我国教师合作学习的研究也处于模糊、朦胧阶段，无论是理论基础还是概念体系都亟待加强。

（三）在职教师教育主体如何更好地促进教师专业发展

鼓励教师个人专业发展是在职教师教育的立基点，完善组织结构是在职教师教育的坚强依托；在教师个人发展的基础上构建多样化的培训组织，实现教师个人与培训组织间的良性互促，是欧美教师培训模式变革的重要思路。2010年，经合组织在其专题报告中指出：当下最有效的教师培训形式首推“个人与协作研究”，约有90%的教师认同；其次是参加教育培训会议、研讨活动与走访参观，约有75%的教师认为有一定培训效果。这一数据充分表明：基于个人与组织的培训方式是教师在职教育的有效形式。

在我国，在职教师教育机构如何实施有效的教师培训，是大家研究和关注的重点。许多西方的探索实践证明，有效教师培训的四个基本原则是问题导向、参与者中心、跨学科贯通、“理论—实践”关联。其显著特点如下：以中小学教师的主体参与为基础，借助教育教学问题的发现、探讨与解决，努力将所有培训内容在培训课程系统与教育教学实践中关联起来，积极创建一种问题贯通式教师培训形态，借此把培训活动与先进理念融入中小学教师的教学实践机体中，真正提高教师应对复杂教育环境的能力，助推教师专业的有效、快速、健康发展。在美国，著名教师教育专家Darling-Hammond主笔的报告《学习型专业中专业学习：美国及国外教师专业发展现状报告》（*Professional Learning in The Learning Profession: A Status Report on Teacher Development in the United States and Abroad*）直接言明了有效教师专业发展的四个特点：具有精细性、持续性并与实践相联系；关注学生学习及具体所教内容；与学校优先发展目标相一致；与同事建立密切关系，以成功解决实践难题。在这些特点中，能否促进教师面临实践问题的解决是所有教师培训与发展活动的最终目标，是衡量教师培训品质的关键指标。总之，相对于教育知识理论而言，教师离真实教育问题的距离更近一些，他们更愿意在解决问题中以解决问题的形式来顺便学习先进的“活知识”“活理念”。

培训组织变革的坚实根基是教师的个人专业发展，科学的教师培训组织变革一定是基于教师个体专业发展，并服务于教师个体专业发展的。学者Zeichner和Tabachnick指出，在背后支持当代教师培训活动的四个重要培训观念如下：行为主义（behaviouristic），其旨在提高教师表现与技能的效率；手艺主义（craft），它将教师培训理解为以能力教授为核心的学徒制；个人主义（personalistic），它关注教师自我的专业发展；探究主义（inquiry），其旨在培养教师的反省式研究能力，发展教师的评判性实践。其实，在教师培训活动中，教师个体的专业发展一般是基于这四种专业发展方式的。在职教师教育中，要综合利用这四种方式，满足教师专业发展需要，教师教育机构应该采取以下培训变革行动：一是改变课程结构，主要手段是调整课程种类，保持或增加课程，引入广域课程等；二是在不同阶段采取不同的指导方式，如在教师刚入职的生存阶段，培训者应该给予其直接指导；在教师发展中的专业调适阶段，可以采取合作指导方式；在教师成熟阶段，培训者应该强调教师工作的独立自主性，给予其独立创新的机会与空间。[①]目前，我国很多在职教师教育的主体对促进教师专业发展的研究仅停留在经验总结阶段，缺乏相关的实证研究，也缺乏相关理论基础的支撑。教师培训的理论性及学术表达亟待加强。

（四）在职教师教育如何激发教师自我效能感

在20世纪，世界各国教师培训强调培训的综合性与补偿性，把大量专业性教育内容纳入教师培训活动之中，尤为关注个别教师的知识结构缺陷问题，专业知识补偿成为教师培训的主体内容。到20世纪末期，教师培训的重点发生转向，教师专业自主（professional autonomy）成为教师培训的新焦点，新设计的教师培训项目中赋予受训教师以更多的个性化、自主化选择的机会。正如学者Hargreaves所言，一个职后培训的好项目应该具有如下特征：鼓励教师去创新专业知识、为教师提供积极参与革新的机会、教给教师验证改革效能的技能、建立把验证过的好做法在校内外付诸实施的机制等。这些特征的共同特点是尊重、赋予、发展教师的专业自主性。然而，在实践中真正的教师专业自主难以实现。随之国外教师培训中引入了两个有利于增强教师专业自主性的重要手段：一是“喷泉式培训模式”（cascade mode）[②]，二是培养具有自我效能感（self-efficacy）的教师。经合组织2009年调查发现：教师培训活动只有与教师自我效能感培养结合起

① 龙宝新.当代国际教师教育研究[J].北京：科学出版社，2016：215-225.

② 所谓“喷泉式培训模式”，就是精选一批经验丰富的中小学教师，对之进行教育教学理念方法方面的精心培训，然后派遣他们到基层学校去传播最新教学理念，指导教师课堂教学，以期短期改变学校的教育文化，增强教师自身参与教育改革的主动性。在德国、法国，这种教师培训理念一度流行。在这种教师培训中培训者就好似喷泉的中心，他们能够把最新的教育教学理念辐射到各地学校教学实践与教师社群中去，把教学改革的“种子”植入周边中小学中去。

来才是持续有效的，自我效能感才是激发教师参训、实现专业持续发展的精神动因。总之，教师专业自主与有效培训服务支持构成了当代教师培训模式变革的内外两个层面。

在职教师教育如何提升教师的自我效能感？在培训策略上，要以能力为本位，让教师成为自身职业实践的活动主体，并在机构交往中获取特定的话语权。在职教师教育机构应树立“教师本位”的教师专业发展观，调动教师积极性，将教师的工具价值与教师的本体价值相结合。在培训方式上，应关照“主体精神”与“个体生活实践”，把了解、研究、体验教师及其工作作为培训工作的重要方面，经常下到基层学校去听课、评课，了解教育教学的具体工作，参与或支持基层学校的教改教研和课题研究工作。在教师专业成长上，要关切教师的自主发展。在强势框架下的科层体制中，教师变成了“沉默”的群落，他们很难找到自己的个人位置和自主话语，更谈不上对个体发展有自觉清醒的建构意识。近些年来，学者们提出了反思型实践、行动研究、参与式研究等研究课题，教师自主得到广泛重视。人们也逐渐认识到教师发展不可能通过机制教育来取得，而只能通过深刻理解教师探索过程的“生活世界”（life world）来实现。因此，在职教师教育研究要关注教师的“生活体验”，开展“生活体验研究”，在教师的日常实践中发现、总结、提升并推广教师个人独特的、身体化的、很多时候是无法言说的“缄默知识”和“个人理论”。只有教师自身已有的“理论”和“知识”被发掘出来，教师在接受外来理论时才能找到结合点，才会进一步去思考是否要改变自己已有的行为规范、价值观和情感感受以及其他影响教师专业发展的外在因素。[①]

---

① 李进主编.教师教育概论[M].北京：北京大学出版社，2008：538-540.

后　记

本书系北京教育学院2018年度重点关注课题的结题成果，课题名称：在职教师教育学科体系建设的理论与实践，课题编号：ZDGZ2018-01。在此十分感谢学院对本课题及本书出版的大力支持！

2016年，我到北京教育学院工作，开始接触教师培训这一领域，负责教师教育的相关研究工作。在工作中，深感教师培训领域缺乏系统的理论建构，于是申报并承担了学院的重点关注课题《在职教师教育的理论与实践研究》。恰逢学院开展新一轮的学科创新平台建设，我又作为平台骨干，参与构建了余新教授领衔的“教师职后教育创新与发展”一级学科创新平台，负责其中的理论体系建构。2018年5月4日，学院统一安排青年干部到相关职能部门及二级学院挂职，我挂职到科研处，负责学院学科建设的研究、管理和推进，起草学科建设发展规划（初稿），同时参与到“首届教师学习与专业发展国际研讨会”（2018年11月）的筹备事宜，负责会议学术方面的相关工作。这系列的相关工作为本研究的开展奠定了良好基础。

本书从教师个体学习的内在机制出发，选择三个影响教师学习的外部关键因素：校本研修与合作学习、教师培训、教师教育者的专业引领，建构了在职教师教育的理论体系。我深知，无论是在职教师教育的概念，还是这一理论框架，都存在诸多问题，有待深化。本研究只是我对在职教师教育阶段性学习的心得与体会，权且作为体系建构的尝试。对于本研究参考、借鉴及引用的相关学者的学术观点，一并表示感谢！